U0856832

孔庙国子监论丛

2016年

孔庙和国子监博物馆◎编

中国社会科学出版社

图书在版编目(CIP)数据

孔庙国子监论丛.2016年/孔庙和国子监博物馆编.—北京:
中国社会科学出版社,2016.12
ISBN 978-7-5161-9543-7

Ⅰ.①孔… Ⅱ.①孔… Ⅲ.①孔庙—北京—丛刊
Ⅳ.①K928.75-55

中国版本图书馆CIP数据核字(2016)第325545号

出 版 人 赵剑英
责任编辑 孙 萍
责任校对 李 莉
责任印制 王 超

出 版 中国社会科学出版社
社 址 北京鼓楼西大街甲158号
邮 编 100720
网 址 http://www.csspw.cn
发 行 部 010-84083685
门 市 部 010-84029450
经 销 新华书店及其他书店

印刷装订 北京君升印刷有限公司
版 次 2016年12月第1版
印 次 2016年12月第1次印刷

开 本 787×1092 1/16
印 张 19.25
字 数 345千字
定 价 89.00元

1 2016年1月22日，“大美寻源 还原经典—— 中国历代名画精品学术研究展”于孔庙国子监开幕，吴志友馆长发言

2 2016年1月22日，“大美寻源 还原经典—— 中国历代名画精品学术研究展”现场

1 2016年3月8日，“墨池古韵——郑怀义书法展”开幕式在国子监彝伦堂举行，吴志友馆长发言

2 2016年3月8日，“墨池古韵——郑怀义书法展”现场

3 2016年3月19日，“蓝色消费由我主张——地球一小时”活动于国子监举办

1　2016年4月1日－15日，“问道・汤立花鸟画展”于孔庙国子监举办，吴志友馆长发言

2　2016年4月1日－15日，“问道・汤立花鸟画展”现场

1 2016年4月22日，中国孔庙保护协会秘书长工作会议于孔庙国子监召开

2 2016年4月22日，中国孔庙保护协会秘书长工作会议与会领导合影

3 2016年5月29日，第十三届科举制与科举学国际学术研讨会于孔庙国子监举行，吴志友馆长在闭幕式上发言

1 2016年7月4日，我馆党总支组织到“没有共产党就没有新中国”纪念馆开展“寻梦之旅”实地党课教育活动

2 2016年7月14日，北京市文物局副巡视员田淑芳同志于国子监做了《认清重大意义、强化政治自觉，努力学习，做一名合格共产党员》专题党课

1 2016年7月18日—22日，“走进古代最高学府国子监——体验‘小小太学生’”主题暑期夏令营活动学生合影

2 2016年7月21日，孔庙和国子监博物馆新更换的孔子像栏杆

1 2016年7月25日，孔庙和国子监博物馆石刻文物数据采集和三维测绘扫描工作会议于国子监召开

2 2016年9月1日，分司厅小学开学典礼于北京孔庙举行

1 2016年9月12日，“首善之地 昌明国学——孔庙和国子监文化展”巡展活动于衡阳博物馆成功举办，陈静书记与其他领导合影

2 2016年9月12日，“首善之地 昌明国学——孔庙和国子监文化展”巡展活动现场

1 2016年9月28日，北京孔庙祭孔大典佾舞生表演

2 2016年9月28日，北京孔庙祭孔大典正献官行礼

3 2016年9月28日，北京孔庙祭孔大典隆重举行，亚献官献帛

4 2016年9月28日，北京孔庙祭孔大典献官、陪祭官合影

1 2016年10月14日，中国孔庙保护协会第十九次年会于四川德阳孔庙隆重召开

2 2016年10月14日，陈静书记代表孔庙和国子监博物馆捐赠“昌明仁义”拓片

目 录

孔庙 国子监研究

中国第一座学庙考 …………………………………………… 张晓旭（ 3 ）
民国时期孔庙国子监匾联概述 ……………………………… 王琳琳（16）
从《钦定京师大学堂章程》看清末官学教育的转型 …………… 邹鑫（28）
《新建太学之碑》考略（上） ………………………………… 李瑞振（36）
石质文物三维测绘扫描工作若干问题的思考
——以孔庙和国子监博物馆乾隆石经和御制碑
三维扫描为例 ……………………………………………… 马琛（46）
日本现存最古老的学校——足利孔庙
——谈赴日本交流考察体会 ………………………………… 绳博（57）
论明代郑州地方士绅阶层
——以《重修文庙之记》碑补证 …………………………… 邢薇薇（70）
进士趣事（九） ……………………………………… 魏黎瑾 郭小铨（78）
武陵山民族地区儒学建筑遗产的预防性保护与合理利用
——以贵州铜仁思南府学文庙为例 ………………………… 庚华（85）

儒家思想研究

道义不可背离 ……………………………………………… 周桂钿（95）
大数据时代下儒学的生存与发展 …………………………… 孔喆（101）
浅议儒家八德对海外华人的影响 ………………………… 黄文波（110）
儒家慈爱之道对家庭伦理与德育的双重启示 ……………… 崔锁江（120）
重读《论语》有感
——浅谈《论语》中孔子的理想和现实 ……… 田树标 颜培建（131）
《论语》六章新解 ………………………………………… 马文增（139）

孔子生平事迹考（下） …………………………………… 常会营（146）
刘宗周的慎独工夫论 ……………………………………… 师丽娜（166）

博物馆学研究

对文物及博物馆馆藏文物若干问题的再认识 ……………… 李学军（177）
中国历代军事陈列展览大纲解读 ……………………… 李杨　李超英（188）
传统文化类廉政教育基地的展览序厅定位
——以《中国古代官德文化展》为例 ……………………… 白雪松（195）
论鞍山市博物馆文化创意产品开发 ………………… 陶俊竹　李晓頔（204）

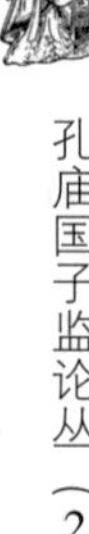

博物馆探索与实践

北京孔庙《中国礼乐文化展演进校园》活动策划与
乐舞曲目解析 ……………………………………………… 吴志友（215）
党组织在运用“四种形态”中的职责定位和实践要求 ………… 陈静（230）
孔庙进士题名碑和十三经碑保护棚修缮工程纪事（下） …… 高树荣（236）

专题研究

话说耤田兼述耤田礼在中国古代社会的重要意义 …………… 董绍鹏（251）
红瑶花裙研究
——以修复的广西民族博物馆花裙藏品为例 …… 张璟　赵旭铭（260）
社稷文化起源与变迁 ……………………… 杨明进　盖建中　贾明（282）
京剧古典精神（三） ……………………………………… 姚秉正（288）
陆锡熊“题匾”赘言 ……………………………………… 陈春玲（295）

2016 年大事记 ………………………………………………………（301）
征稿启事 ……………………………………………………………（304）

孔庙 国子监研究

◇中国第一座学庙考

◎ 张晓旭

【摘　要】 中国孔庙主要有四类①：一是家庙（包括孔子祖庙、本庙和政府认可批准，并传承有序的孔子嫡裔建立的家庙）；二是国庙（包括历朝历代设在京城的孔庙和国子监）；三是纪念性孔庙（纯属纪念性质）；四是学庙（这类孔庙数量惊人，是各地府州县学等官方学校，历史上有1700座，是中国孔庙的主力军，有些书院也有孔庙，也归入学庙类）。平城即现在的山西大同，是我国北魏时期的国都。平城文庙是北魏的太学或国子监和孔庙，即国家级学府和孔庙。2015 年 10 月 7 日，笔者考察并考证了中国第一座学庙（孔庙）——山西平城文庙的现状及其历史，展示了除曲阜孔庙外的我国第二座孔庙、第一座学庙的史实，在理论和实践两个方面奠定了平城文庙在中国孔庙发展史、中国教育史上的历史地位。

【关键词】 学庙之首　平城文庙实地考

一　考察缘由及经过

笔者对孔庙怀揣着一种情怀，那就是想弄清楚中国孔庙是如何从曲阜孔庙一家开始，而后经过两千多年的发展至清末为止，数量达到1700座这样惊人的数量的。2002 年 3 月笔者在《南方文物》第 2 期发表了《中国孔庙研究专辑》。其中论证了北魏平城文庙的两种身份：一是继曲阜孔庙以后的中国第二座孔庙；二是中国孔庙“学庙”之首。但是笔者从未实地考察过平城文庙。2015 年 10 月 10 日至 13 日恰逢在山西汾阳召开中国孔庙保护协会第十八届年会，借此机会自费考察平城文庙以圆梦。笔者于 10 月 7 日全天考察平城文庙。平城，即现在的大同，是我国北魏时期的都城。大同是中国昔日的煤都，以煤闻名华夏。说实话很

① 笔者将中国孔庙分成四种类型：家庙、国庙、纪念性孔庙和学庙，见拙文《中国孔庙研究专辑》，《南方文物》2002 年第 2 期。

难想象这里竟然是中国第二座孔庙的诞生地和曲阜域外中国第一座孔庙、第一座“学庙”的发祥地。大同现在建设得非常好，为了发展经济，在老城之外建造了大同新城。为了保护老城——北魏古都平城，在原址上拆除了众多新中国成立后陆续建造的违规、违章建筑，并按照都城旧址将古城四周用城墙围住。修建了城门、护城河和护城河绿地公园。上午九时笔者越过新城徒步到达古城。进入古城后，发现古城优雅别致，无一处工业，只有古街道、旅馆和饮食业，以及众多的古寺院。很可惜，平城文庙就连大同本土居民都不太清楚究竟在哪里？但都知道大同文庙，即历史上的大同府文庙。路人所指笔者并不认同，因为建于明代的大同府文庙或大同文庙和历史上的北魏平城文庙不是一回事。沿着古城马路一路问询平城文庙，却无一人知晓。笔者在百般无奈中突然灵机一动换了一种问法，询问当地古城居民：代王府邸①在哪？这一招果然奏效，一位白胡子大爷顺手指了指前方说，再过三条马路，往右拐就到。兴奋之余我赶紧往前走。15 分钟后马路对面一座被各种施工围挡团团围住的建筑映入眼帘，透过围挡的缝隙我依稀看到了一组全新的仿古建筑群，心中纳闷并喃喃自语：难道这就是我梦寐以求的代王府邸吗？焦急的我一直在寻找大门入口处，但是毫无结果，于是沿着南向马路朝东一直走，然后在东北拐角处向左径直向前，一路走着，眼前是左侧被建筑围挡围住的栅栏，右侧则是拆迁后遗留下来的一大片各种废建筑物和长满青草的废址。

废址总面积约有两个足球场地那么大。再向前走了约五百米，终于在左侧栅栏处找到了一扇竹子小门，欣喜若狂的我迫不及待地推开竹门，顿时一座高大的红黄色围墙出现在眼前，拾级而上，入门，豁然开朗。一组全新的庑殿顶仿古建筑群迎面扑来，其金碧辉煌，气势非凡。有五进院落，木石结构，斗拱参差错落，雄起壮观，古构梁架之俊美在这里得到最完美的诠释，可惜它是一组仿古建筑。笔者从头至尾，再从尾至头反反复复看了两遍，但并没找到梦寐以求的平城文庙。于是走出建筑群，向西来到一片莫大的空地，空地上面堆放着一些建筑材料。

问建筑工人此地是平城文庙否？曰不知晓，再问他人还曰不知晓，无奈之下我脑海中突然呈现一幅已经掌握的代王府的平面图。

---

① 代王府邸指山西大同古城东，明洪武二十九年（1396）建成的王府。代王朱桂是明太祖朱元璋分封于山西的诸侯王，和后来的明成祖朱棣是亲兄弟。代王府邸是占用了北魏平城文庙而修建的。平城文庙后来为明大同府学，由于被代王府邸用，大同府学迁至古城东南隅的云中驿。因此，找到代王府邸就找到了北魏平城文庙。

代王府邸东路遗址

代王府邸西路原平城文庙遗址局部

于是，我立即按图索骥：这幅图分中、东、西三路建筑群，经过仔细思索和现场观察，原先我所在的五进院落，正好是代王府邸中路核心建筑群——代王办公区域。而现在所处的西路位置正是当年巍然屹立的平城文庙所在地。此景此情，我的心情此起彼伏，难以形容。继续按图索骥：西路平城文庙。

由南往北，最前的社稷坛、风云雷雨坛、泮池院落。第二进是大成门

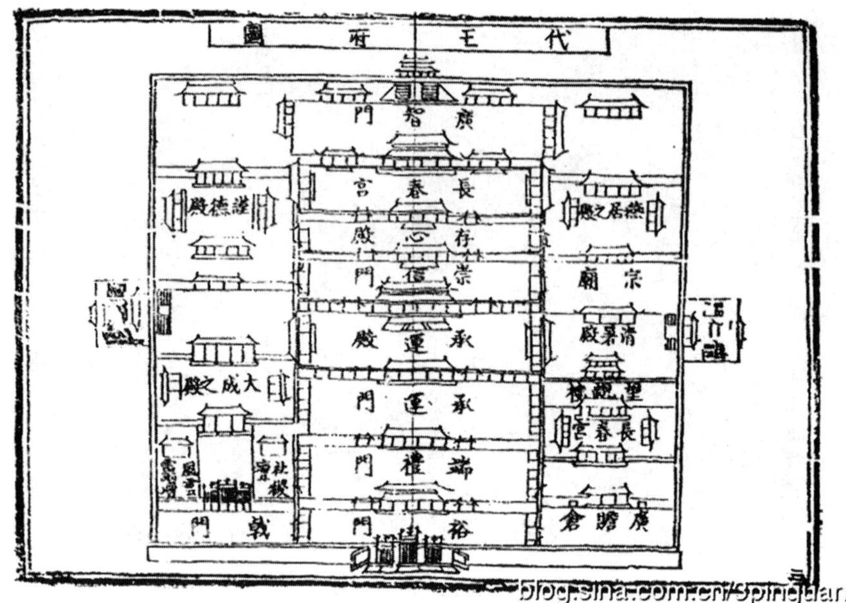

学庙之祖——北魏平城文庙（明代王府邸）

图片来源：（明）张钦《正德大同府志》代王府邸。

代王府邸西路原平城文庙遗址局部

至大成殿院落，左右两侧为配殿。第三进为大成殿至尊经阁院落，左右两侧为配殿，尊经阁左侧是教授（署）。第四进是谨德殿院落。笔者叹息昔日的辉煌转眼人去楼空。但是原址毕竟找到了，后来笔者问了建筑工地的管理人员并看到了代王府邸施工图。

代王府邸施工须知

该施工图与笔者掌握的代王府邸平面图和此次考察的结果完全一致。施工负责人询问了笔者的来历后指着施工图介绍说，代王府邸中路建筑恢复后将作为中国建筑艺术博物馆使用。

代王府邸中路仿古建筑

西路确实是原平城文庙旧址，但现在不在恢复之列，我仔细观察了施工图，西路建筑赫然写着“大成殿”字样。此刻，我的心情无比激动，无以言表。因为，曲阜域外中国第一座孔庙（中国第二座孔庙）、中国第一座

学庙的遗址——北魏平城文庙遗址终于被笔者发现并找到！眼前一大片空地足足有两个足球场地那么大。

代王府邸西路平城文庙遗址

原先是平城文庙所在地，新中国成立后被居民和商业所占用，2010 年后被政府陆续拆迁。原先的文庙古迹荡然无存。而笔者进入代王府中路建筑前，途经右侧长满野草的空地实际上是代王府邸的东路建筑：代王府邸家庙所在地。

代王府邸东路遗址，原代王家庙处

二　平城文庙是个总概念，北魏平城文庙在不同历史时期有着不同的称呼

一是国（子）学文庙：在官学中兴建孔庙始于北魏平城。北魏明元帝拓跋嗣于永兴五年（413）下诏“祀孔子于国学，与颜渊配”①。这就是中国历史上除曲阜孔庙之外的全国第二个孔庙、第一个学庙的北魏平城国（子）学文庙。何谓国子学，实际上就是后世的国子监，是北魏的最高学府，以区别于地方府州县学等学府。但由于没有具体的方位，所以不能说它是否就是后来代王府邸内的平城文庙。

二是太学文庙：《魏书·本纪第四上·世祖太武帝》记载，世祖始光三年（426）二月，太武帝拓跋焘“起太学于城东，祀孔子，以颜渊配”②，这就是我国历史上第二个学庙的北魏平城太学文庙。由此观之，在中国历史上在学校立孔庙由平城开始。

中国孔庙真正意义上的“学庙”或“庙学”从此诞生。这里必须重申，北魏时期山西平城有两个孔庙，一是国学文庙（413），二是太学文庙（426）。它们是中国历史上最早在学校立孔庙的国家级最高学府。从文献记载来看，413年建立的国（子）学文庙比太学文庙还要早13年。如前所述，因其没有具体的方位记载，故不能断定究竟它在大同何处。但太学文庙地址有明确的方位记载：“城东”。而城东的太学和代王府邸所处的方位和官方历史文献记载则完全一致。因此，可以断定426年建立的北魏太学文庙就是历史上统称的北魏平城文庙。其位置就在后来的明代简王府邸内。

何谓太学文庙？何谓国子学文庙？两者的关系如何？国子学和太学都属于中央官学。国子学最初出现在西晋，当时称为国（子）学。南北朝时称国子寺，有时也称国（子）学。隋朝时国子寺具有双重职能，一方面它是全国最高的教育行政管理机构，相当于现在的国家教育部，下辖国子学、太学、四门学、书学、算学等具体学校；另一方面，它也是全国最高学府。唐朝时改称国子监，后代一直沿用这个名字。比如现在的北京孔庙和国子监博物馆，就位于元明清三朝的孔庙和国子监。太学出现时间较早，西周就已出现，其辉煌时期主要在汉代。隋、唐、宋时期，太学有时是国子监的一个组成部分，有时又独立存在，有时又被取消，它的职能是单一的，即教育教学。

在国子学和太学并存的时代，国子学招收学员的要求更高，国子，意

① 《魏书·本纪第四上·世祖太武帝》。

② 同上。

思是国家的儿子，泛指国家的栋梁之材。就荫监（荫，指恩荫；监，指监生）讲，国子学招收的学员都属于五品以上的中高级干部子弟①，而太学的入学门槛则要低一些，即身份不一定是中高级干部子弟，主要凭的是考试成绩入学。总之，太学的地位要低于国子学。根据历史文献，北魏是先有国子学，后有太学，是国子学和太学并存的时代。

三是辽西京国子监文庙。四是金代太学文庙。除北魏外，辽朝和金代等三代中央王朝的国子学或太学属于平城文庙概念，都设在同一个地点，即后来的代王府邸内。明朝正德年间的《大同府志》载，代王府邸“在大同府城内东，洪武二十五年（1392）以辽、金西京国子监改建”②。

五是元代大同县学文庙。六是明洪武八年（1375）至二十八年（1395）的大同府学。七是洪武二十九年（1396）的代王府邸。清乾隆《大同府志·学校》卷十四：“大同府儒学在府城东南隅。旧学在府治东，即元魏中书学、辽西京国子监、金时之太学、元之大同县学也。明洪武八年（1375）建为府学，二十九年以府学为代藩府，改云中驿为府学，即今学也。”③

这段史料说明后来的大同府儒学文庙在府城“东南隅”（云中驿）。而所说“旧学”，指北魏太武帝拓跋焘于426年在府治东建的太学文庙（代王府邸），即平城文庙。两者名称不同，新学和旧学；方位不同，新学在府治东南隅（云中驿），旧学在府治东（代王府邸）。

综上所述，平城文庙，在北魏叫作太学文庙（中书学）；在辽朝，叫作国子监文庙；在金代叫作太学文庙；到了元代改称大同县学文庙；明洪武八年至二十八年为大同府学；明洪武二十九年改为代王府邸。而此后的云中驿（今大同市东南隅府学门街）成了新的大同府学地址，一直延续至今。

北魏建文庙学宫的原因。平城文庙，指的是北魏中央官学，即国子监或太学。其实除了中央官学，乃至整个北魏州、郡、县文庙都是北魏王朝鲜卑族主动接受汉化时建立的。现在能查到北魏地方州县始建的文庙，如北魏恒农孔庙、北魏的寿光文庙等。北魏恒农孔庙（北魏为恒农郡，今河南省陕县），现已无从考察。寿光文庙始建于北魏孝文帝拓跋宏太和三年（479），在今山东省潍坊寿光市，是北魏孝文帝在全国郡县推广时建立的。

---

① 笔者《古代中国官文化》认为古代中国三品以上为高官，类似现在副省以上官员；四、五、六品为中级官员，类似现在正厅、副厅官员；七、八、九品为基层官员，类似现在县处、乡科官员。

② 明正德《大同府志·代王府邸》。

③ 清乾隆《大同府志·学校》。

鲜卑族是中国历史上一个古老的北方民族，拓跋部则是鲜卑族活动在大兴安岭北端的一个分支。后来，拓跋部不断南迁，先建立代国，后被灭。复国后，改国号为魏，称皇帝，史称北魏。北魏于439年统一了北方。历史上，鲜卑族是第一个主动接受汉化的少数民族，反映了中华文化的大融合。北魏明元帝拓跋嗣于永兴五年（413），当时还未正式统一中国北方，即下诏“祀孔子于国学，与颜渊配”，一直到孝文帝，均不同程度主动接受汉化，特别是孝文帝因由汉族的冯太后抚养，深受汉文化影响，即位后实行“汉化”政策。如吏治、税制、俸禄制、官制（太和年间，制定百官秩品，分九品，每品又分正、从。从品为北魏首创，影响中国官制至今[①]，在中国政治史上具有划时代意义）、均田制等均仿照汉族政权。为了汉化，孝文帝还禁胡语、胡服，改汉姓，说汉语和尊孔。494年迁都洛邑后，孝文帝立即下令加紧修建孔庙祭孔。并给予孔子后裔土地与银子，让他们世代祭祀孔子。[②] 由于尊孔，促进了中华民族文化的交流和融合，为结束长期分裂局面，重新走向国家统一奠定了思想和文化基础。孝文帝的改革体现了中华民族大融合的局面，同时证明中国儒家文化的发祥地在中原，如先秦时代的曲阜孔庙、魏晋南北朝时期的山西平城孔庙，前者是中国汉文化的代表，后者是中国少数民族主动接受汉文化的代表，这是从积极意义上说的。

三　代王府邸和平城文庙的关系

说起代王府邸和平城文庙的关系有一段历史：原来明代初年的代王府邸是建立在平城文庙基础上的。代王朱桂是朱元璋的儿子，是明成祖朱棣的亲兄弟。代王共传11代，第一代代王朱桂的正式称呼是代简王。明初，朱桂被封到山西做代王。建文帝时被废。成祖时恢复。代王府邸规模宏大，在原平城文庙的基础上扩建。府邸共三路建筑，其中中路和东路建筑是后建的，西路则基本保留了原平城文庙的建筑格局。为何保留文庙？史载代简王朱桂建造王府时选中了平城文庙这块风水宝地，但不敢怠慢孔夫子，保留原文庙后，作为代王子弟读书所用。中路和东路则是在文庙旧址上另行开辟。其中，中路建筑是王府的核心区域，东路则是朱桂的家庙。史载代王府兴建时，代王朱桂不敢将大成殿毁之，遂将原“大成之殿”及配殿保存下来，作为王府祭孔和子弟学校。明代王府邸西路，从南到北有泮池、戟门、大成殿（左右配殿）、尊经阁（左右配殿、左教授署）、谨德殿（此

① 《魏书·本纪第七·高祖孝文帝》。

② 《新唐书·太宗本纪》。

殿内还建有东西南三配殿）和西后殿等。明代王府邸占地总面积 17 万平方米，比原先的平城文庙（明代洪武年间的大同府学文庙）扩大了十倍以上。

四　平城文庙唯一的历史遗存是九龙壁

走出代王府邸，回到原先的代王府邸南面栅栏处，一条马路之隔的正南面就是大同赫赫有名的九龙壁。

九龙壁（原平城文庙照壁）

据说九龙壁在 20 世纪七八十 年代由于扩建马路，向前整体移动了几十米。作者花了十元门票进去观瞻。九龙壁是代王府邸的照壁。按理说除了北京故宫有此物外，是不允许其他地方有的，因为，这是皇帝所专用。为何代简王朱桂可以规模僭越呢？查考历史文献得出的结论是朱桂是朱元璋的亲儿子，和明成祖朱棣是亲兄弟。建文帝和朱桂是叔侄关系，建文帝当朝时曾经废了朱桂这个代简王，叔侄关系紧张。明成祖朱棣通过战争夺取皇权后，需要得到舆论和民意支持，尤其是自己的亲兄弟。所以，朱桂在自己的府邸建九龙壁，明成祖也只能睁一眼，闭一眼了。但是，在规制上还是做了限制，将龙的五爪改为四爪（笔者按：五爪为龙，四爪为螭）。

明洪武二十八年前平城文庙没有九龙壁之说，此壁原本只是平城文庙的照壁，明代简王营造王府时将其改造为九龙壁，原来照壁中轴线是正对着平城文庙旧址的。后来移动时，改为对着代王府邸中路建筑群。照壁又名“宫墙”或“屏墙”。辟有正门的孔庙，一般在门前道路的对面。照壁本来的实用功能是障蔽庙前的集秽和视野，起到卫生和障眼法之功效。照壁上有题字赞颂孔子的，有雕刻鲤鱼跳龙门等艺术图案反映学子成长和渴望的。平城文庙照壁在明代的代王府邸中已不见踪影，已将文庙照壁改建成代王府邸九龙壁，并将照壁移动到了代王府邸中路建筑的最前面。

五 平城文庙和大同府文庙的关系

明洪武八年（1375）至二十八年（1395）平城文庙由元代的大同县学改为大同府学。洪武二十五年（1392）年底迁往云中驿（今大同市东南隅府学门街）成了新的大同府学地址，一直延续至今。因此，真正的平城文庙原址在明洪武二十九年（1396）后的“代王府邸”内西路，一直延续至今。现在的大同府学，从地址上看已非昔日的平城文庙（今大同市城东代王府邸内）。从时间上讲，平城文庙太学始建于北魏世祖始光三年（426）二月，现在的大同府学则建于明洪武二十八年，两者相差969年，近千年历史。再者，平城文庙，特指北魏太学、辽国子监和金太学，而非后来元代的大同县学和明洪武年间的大同府学。

大同府学文庙棂星门

六 对代王府邸修缮的思考

笔者考察代王府邸的主要目的是通过代王府邸寻找原平城文庙，现实情况是原代王府邸存在的违章、违规建筑已大部被拆除，形成中、东、西三路建筑空地。目前，中路已基本建好仿古建筑群，据施工方介绍，中路

大同府学文庙大成门

大同文庙大成殿（今大同市东南隅府学门街，原名云中驿）

是为中国古代建筑艺术博物馆而修建的，西路原平城文庙旧址和东路代王家庙旧址目前没有打算作为何用。

笔者对已经建造好的全新的仿古建筑这一做法实在不敢苟同，认为建全新仿古建筑作为中国古代建筑艺术博物馆实在没有必要。对古建筑修缮应遵循“修旧如旧”的原则。笔者知道代王府邸在新中国成立后已基本不复存在，原址被民居、商业和市政占用。因此，不存在修旧如旧问题。但是也不能在代王府邸旧址建仿古建筑作为中国古代建筑艺术博物馆所用。中国古代建筑艺术博物馆应该是实实在在的古代建筑代表，而不是通过仿造来体现。因为，博物馆讲究物本身的“真”，如果用仿的东西冒充博物馆，那就违背了建博物馆的初衷。

中国故宫、全国各地的文庙学宫，以及佛教、道教寺观，其建筑本身就是一座古代建筑艺术博物馆，实在没有必要建立一座仿造的建筑艺术博物馆。其实从文化的角度来思考应该恢复的是整个代王府邸，从教育的角度来说，应恢复的是西路的平城文庙。尤其是恢复平城文庙，不仅能够彰显中国孔庙“学庙”之祖的龙头地位，而且能重塑大同在国内、国际的文化影响力。应恢复代王府邸整体旧观，如能如愿其知名度不在北京恭王府之下，再加上中国学庙之祖——北魏太学文庙，其旅游效益也不可估量。

西路平城文庙的恢复应包括照壁、棂星门、圜（环）池（中央太学、国子监称辟雍，其形制：中间高处为一圆形建筑，名辟雍，四周环水，水与辟雍间有桥相通；地方学宫称泮宫，为半圆形泮池，东、西、南三面环水）、辟雍、大成门、大成殿、尊经阁、谨德殿及其配套建筑，展陈中国学庙之首即中国学庙历史。平城文庙是北魏、辽、金三朝中央太学或国子监所在地，恢复辟雍意义重大，说明古代中国重视教育的历史悠久。中路建筑应恢复代王府邸原有建筑及其名称：门裕、端礼门、承运门、承运殿、崇信门、存心殿、长春宫、广智门及其配套建筑，展陈王府历史。右路建筑应恢复代王家庙原有建筑及其名称：广赡仓、长春宫、望亲楼、清暑殿、宗庙、燕居之殿及其配套建筑，展陈家庙历史。

张晓旭，男，江苏苏州人，研究员、兼职教授，原苏州碑刻博物馆副馆长、苏州文庙管理所副所长。现任苏州市儒学研究会会长、中国孔庙保护协会副秘书长、中国范仲淹研究会副秘书长、苏州市范仲淹研究会副会长

◇民国时期孔庙国子监匾联概述

◎ 王琳琳

【摘　要】匾额楹联是孔庙国子监建筑的重要组成部分，充分体现了孔庙国子监的独特地位。民国时期，政权更替，战乱频仍，孔庙国子监命运多舛，孔庙国子监匾额也历经变迁，见证了民国时期孔庙国子监的历史。

【关键词】民国　孔庙国子监　匾额楹联

北京孔庙国子监是元、明、清三代皇家祭祀儒家创始人、至圣先师孔子的专门场所，是国家最高学府和教育管理机构。历史上，孔庙国子监悬挂很多匾联：大成殿内悬挂清代康熙至宣统九位皇帝御书的匾联；辟雍内皇帝讲学的题匾；彝伦堂内皇帝谕旨匾；各处建筑悬挂的匾额；东西厢内大量的文人题匾；就连国子监的土地祠内都悬挂有很多匾联。这些匾联上的文字大多出自儒家经典，体现了孔庙国子监独特的地位。民国时期，由于社会动荡，孔庙国子监匾联出现较大变迁。

一　孔庙国子监新增匾额

1912 年清帝退位，民国建立。袁世凯和黎元洪曾效仿旧制亲自为北京孔庙大成殿题写匾额并悬挂。黎元洪任北洋政府大总统时为消除清朝统治的影响，下令将大成殿内康熙至宣统九位清代皇帝御书的匾额全部摘下。黎元洪题写的“道洽大同”匾额悬挂在大成殿内孔子牌位上方正对大门处，也就是原“万世师表”匾额悬挂的位置。

（一）“大总统告令”匾额

“大总统告令”匾额现悬挂在大成殿内正门上方，与北面黎元洪的“道洽大同”匾相对。因“大总统告令匾”面向北，悬挂得高，匾上字多且密，所以不易被发现。匾芯长约 465 厘米，高约 153 厘米，四周边框宽约 50 厘米。横式木匾，四边框雕刻描金花草纹，匾额黑漆底，金字楷书袁世凯的

民国年间大成殿内只悬挂“道洽大同”

图片来源：中国文化遗产研究院提供。

《举行祀孔典礼令》，俗称“大总统告令”，钤章“中华民国之玺”，整块匾保存完好。匾额除了大字牓书，也有将重要公文以匾额形式高悬。清代就将从顺治皇帝到咸丰皇帝给国子监颁布的七道谕旨制作成匾，高悬于彝伦堂。1914 年 9 月 25 日，袁世凯发布《举行祀孔典礼令》，文中表达了袁世凯对孔子和儒家思想的崇敬，并定于 9 月 28 日亲自率领百官来北京孔庙祭祀孔子。这块匾是袁世凯祭孔的见证，全国各地孔庙仅北京孔庙大成殿有此一块，因此具有重要的历史价值。

袁世凯“大总统告令”匾额

匾文内容如下：

中国数千年来，立国根本在于道德。凡国家政治、家庭伦纪、社会风俗，无一非先圣学说，发皇流衍①。是以国有治乱，运有隆污②，惟此孔子之道，亘古常新，与天无极③。经明于汉④，祀定于唐⑤，俎豆馨香⑥，为万世师表⑦。国纪民彝⑧，赖以不坠。隋唐以后，科举取士，人习空言，不求实践，濡染⑨酝酿，道德浸⑩衰。近自国体变更，无识之徒，误解平等自由，逾越范围，荡然无守，纲常沦弃，人欲横流，几成为土匪禽兽之国。幸天心厌乱，大难削平。而黉舍鞠为荆榛⑪，鼓钟委于草莽⑫，使数千年崇拜孔子之心理，缺而弗修，其何以固道德之藩篱，而维持不敝⑬。本大总统躬膺⑭重任，早作夜思，以为政体虽取革新，而礼俗要当保守。环球各国，各有所以立国之精神，秉诸先民，蒸为特性⑮。中国服循圣道，自齐家、治国、平天下，无不本于修身⑯。语其小者，不过庸德之行，庸言之谨，皆日用伦常所莫能

① 发皇流衍：发皇，宣扬。流衍，广发流布。

② 运有隆污：喻盛衰兴替。

③ 与天无极：与天一样长久，没有终极。

④ 经明于汉：儒家经典“五经”在汉代被确立和继承发扬，汉代出现很多经学家“传经”“注经”。

⑤ 祀定于唐：贞观四年（630），唐太宗下诏州县皆立孔庙，形成“庙学制度”，孔庙自此遍及全国，祭祀孔子也随之遍及各地，并一直延续下来。

⑥ 俎豆馨香：俎和豆，古代祭祀、宴飨时盛食物用的两种礼器，泛指祭祀、奉祀。馨香，指用作祭品的黍稷。

⑦ 为万世师表：康熙二十三年（1684），康熙皇帝到山东曲阜祭孔，书“万世师表”匾额，颁行全国孔庙，以此赞颂孔子千秋万世永远都是人们的老师和表率。

⑧ 国纪民彝：国纪，国家的礼制法纪。民彝，人伦，人与人之间相处的伦理道德准则。

⑨ 濡染：沾染受熏陶。

⑩ 浸：渐渐。

⑪ 黉舍鞠为荆榛：黉舍，校舍，亦借指学校，这里指国子监。鞠，困窘。荆榛，泛指丛生灌木，多用以形容荒芜情景。这里指国子监衰败，杂草丛生。

⑫ 鼓钟委于草莽：钟鼓，古代礼乐器。草莽，草木丛生。礼乐之器，淹没于杂草之中。这两句意思是国子监孔庙衰败，祭孔礼乐废弛，尊孔之心淡漠。

⑬ 维持不敝：敝，衰败。不敝，不衰败。

⑭ 躬膺：躬，亲自；膺，承当、担当。

⑮ 蒸为特性：“蒸民”亦作“烝民”。出自《诗经·大雅·烝民》。“天生烝民，有物有则。民之秉彝，好是懿德。”烝，众。秉，执。天生众民，民所执持常道，莫不好有美德之人。“秉诸先民，蒸为特性”这里指各国人民执持常道，形成各自特性。

⑯ 齐家、治国、平天下，无不本于修身：出自于《大学》，“修身、齐家、治国、平天下”。这是儒家由完善自我德行“内圣”而至建功立业“外王”的最高理想。

外，如布帛菽粟之不可离①；语其大者，则可以位天地，育万物，为往圣继绝学，为万世开太平②。苟有心知血气之伦，胥在范围曲成之内③，故尊崇至圣，出于亿兆景仰之诚，绝非提倡宗教可比。前经政治会议议决，祀孔典礼，业已公布施行。九月二十八日为旧历秋仲上丁，本大总统谨率百官，举行祀孔典礼。各地方孔庙，由各该长官主祭，用以表示人民俾④知国家，以道德为重。群相兴感⑤，潜移默化，治进大同⑥。

本大总统有厚望焉。此令。

中华民国三年九月二十五日

祀孔大典举行后，袁世凯下令整修北京孔庙，这是清末将祭孔升为大祀后扩建孔庙的延续。在此次修缮中制作了“大总统告令”匾，最初悬挂于大成殿门外（今“万世师表”匾悬挂的位置）。“恭查上年举行秋丁祭孔典礼，祗奉告令一通，煌煌涣号，海内同钦，本部现特恭录原文制成匾额，于大成殿门首，敬谨悬挂，用垂久远。”⑦ 这方匾后来何时移至大成殿内，目前无相关材料，有待进一步查找。

（二）“道洽大同”匾额

“道洽大同”匾额为时任中华民国大总统黎元洪于1917年题写。匾额长为468厘米，高为186厘米。木质，黑底，正中为楷书“道洽大同”四个大金字。匾额四边框为双灯草线边。匾额左侧上款为：“中华民国六年三月吉日。”“道洽大同”四个大字上端居中钤章：“大总统印”。右侧下款为“黎元洪敬题”。

1917年3月，大总统黎元洪效仿旧制为北京孔庙亲自题写了“道洽大同”匾额，为了清除清政府的影响，他下令将大成殿内清朝九位皇帝手书的匾额全部取下，将“道洽大同”匾额悬挂在大成殿内孔子牌位上方正对

① 布帛菽粟之不可离：儒家之道，从小的方面看可以为日常言行提供准则，就像布匹粮食一样是必需之物。

② “致中和，天地位焉，万物育焉。”出自《中庸》。北宋大儒张载曰：“为天地立心，为生民立命，为往圣继绝学，为万世开太平。”后世称为“横渠四句教”。儒家之道，从大的方面看可以使万物各安其位，各遂其性，继承先圣之学说，开创万世之太平。

③ 胥在范围曲成之内：胥，都；皆。范围，效法。曲成，多方设法使有成就；委曲成全。

④ 俾：使。

⑤ 群相兴感：群，百姓。相，互相。兴，提倡。感，感应；影响。

⑥ 治进大同：治，统治，治理。大同，我国古代一些思想家提出的一种天下为公、人人平等的社会政治理想。《礼记·礼运》：“大道之行也，天下为公，选贤与能，讲信修睦，故人不独亲其亲，不独子其子，使老有所终，壮有所用，幼有所长，矜寡孤独废疾者皆有所养，男有分，女有归，货恶其弃于地也，不必藏于己，力恶其不出于身也，不必为己，是故谋闭而不兴，盗窃乱贼而不作，故外户而不闭，是谓大同。”

⑦ 教育纪事：“三月二十六日内务部呈报京师孔子庙工程告竣及刊刻告令敬谨悬挂情形”，见《中华教育界》1915年第4卷第4期，中华教育界杂志社编辑，中华书局。

“大总统告令”匾悬挂于大成殿门外旧照

“道洽大同”匾额

大门处，即原康熙皇帝“万世师表”匾额的位置。1983 年首都博物馆准备开放大成殿，经过商议决定：黎元洪“道洽大同”匾额不动，康熙“万世师表”匾额移至大成殿外前檐高悬，其他清朝皇帝御制匾额还按原位悬挂。这就是现在北京孔庙大成殿匾额悬挂的情况。

二　国立历史博物馆收藏匾联

1912 年 7 月，教育部在国子监设立国立历史博物馆筹备处，1918 年，“因原有馆址地处偏僻，房舍狭隘”，教育部决定将该馆迁往故宫午门、端门，国子监 57127 件文物①也随同迁走。孔庙国子监匾联作为藏品也被带走。

① 李守义：《民国时期国立历史博物馆藏品概述》，《中国国家博物馆馆刊》2012 年第 3 期。

在1928年国立历史博物馆出版的《国立历史博物馆陈列室物品目录》中记载在第五陈列室陈列着大成殿对联（木）4件，也就是乾隆皇帝御书的两副对联："气备四时，与天、地、鬼、神、日、月合其德；教垂万世，继尧、舜、禹、汤、文、武作之师。"和"齐家、治国、平天下，信斯言也，布在方策；率性、修道、致中和，得其门者，譬之宫墙。"由于目前没有见到国立历史博物馆带走孔庙国子监所有藏品的清单，无法断定具体带走了哪些匾联，但推断应该不只大成殿这两副对联。

国立历史博物馆第五陈列室中部陈列大成殿楹联一角

图片来源：《国立历史博物馆馆刊》1926年第1卷第3期。

1935年孔庙大成殿经修缮后，管理坛庙事务所准备将祭孔礼乐祭器及一切陈设恢复陈列。曾呈报当时的北平市政府，请求国立历史博物馆将所存匾联送回悬挂。同年9月23日北平市政府函呈内政部，请予协调处理。1936年内政部复函："……准此，查历史博物馆并非隶属本部，相应复请贵市政府就近向该馆接洽办理。"① 市政府于1936年11月23日训令转发内政部复函，令管理坛庙事务所协同办理。

1938年9月6日，历史博物馆向管理坛庙事务所发函："查本馆保存孔庙匾联核与贵所单列名称相符，现仍在本馆保存陈列……"② 并附大成殿匾联名单："清代孔庙大成殿悬联曰：气备四时，与天、地、鬼、神、日、月合其德；教垂

① 《北平市管理坛庙事务所关于历史博物馆所存孔庙大成殿匾联给市政府的呈及市政府的训令》，1936年，北京市档案馆藏，档案号：J 057—001—00456。

② 《孔庙存礼乐祭器在大成殿陈列需派守护及物品清册》，1938年，北京市档案馆藏，档案号：J 057—001—01010。

万世，继尧、舜、禹、汤、文、武作之师。又齐家、治国、平天下，信斯言也，布在方策；率性、修道、致中和，得其门者，譬之宫墙。匾九块：万世师表（康熙二十三年），生民未有（雍正五年），与天地参（乾隆二年），圣集大成（嘉庆四年），圣协时中（道光元年），德齐帱载（咸丰元年），圣神天纵（同治元年），斯文在兹（光绪元年），中和位育（宣统元年）。”①

9 月 8 日，北京特别市公署指令准教育部“函复孔庙大成殿内匾联已令历史博物馆检交建设总署运回”②。至此，孔庙大成殿两副楹联，九方御匾由国立历史博物馆归还孔庙。

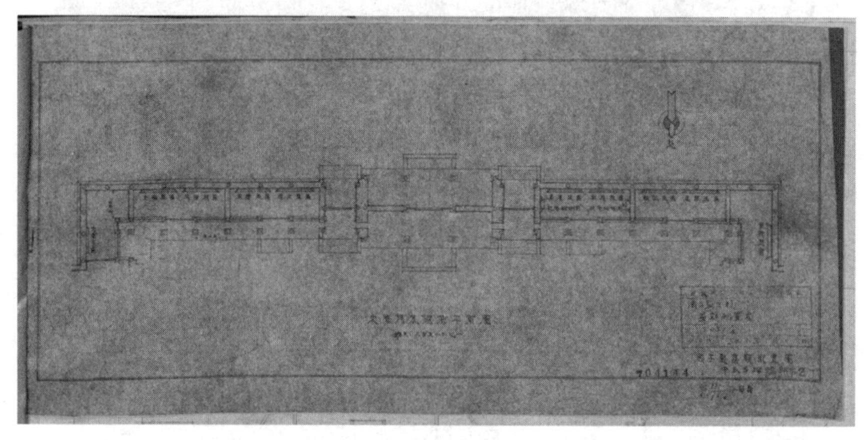

民国三十二年（1943）国子监修缮工程图——太学门及两廊平面图

图片来源：中国文化遗产研究院提供。

根据民国三十二年（1943）国子监修缮工程图——太学门及两廊平面图上所示，由西至东依次悬挂：光绪平匾、光绪陡匾③、同治陡匾、咸丰陡匾、道光陡匾、嘉庆陡匾、嘉庆蛤蜊联④、乾隆陡匾、乾隆蛤蜊联、雍正陡匾、康熙陡匾、宣统陡匾。由此推断，历史博物馆归还的匾联在民国年间悬挂在国子监太学门两侧廊房内。

三　孔庙国子监匾额去除满文

匾额是中国传统建筑的重要组成部分，是对建筑的一种装饰。匾额上的文字简练，寓意深远，措辞文雅，书法精湛，纹饰美观。匾额对建筑有点睛的效

---

① 《孔庙存礼乐祭器在大成殿陈列需派守护及物品清册》，1938 年，北京市档案馆藏，档案号：J057—001—01010。

② 同上。

③ 陡匾：又名“斗匾”“华带匾”。因形如称量古物的“斗”而得名。

④ 蛤蜊联：有些楹联上面镶嵌蛤蜊、螺钿等作为装饰，故俗称蛤蜊联。

果，是中国独有的多种艺术形式融合的产物，它们将中国传统的辞赋诗文、书法篆刻、建筑艺术融为一体，匾额上不多的几个字蕴含着丰富的文化内涵。

清军入关后，建筑上的汉文匾额逐渐演变为满汉合璧匾额或纯满文匾额。孔庙国子监的建筑匾额也逐渐增添上了满文。据道光版《钦定国子监志》记载："门中恭悬高宗纯皇帝御书'先师庙'额。清、汉文……二门为大成门，恭悬高宗纯皇帝御书'大成门'额。清、汉文。……中为大成殿，恭悬高宗纯皇帝御书'大成殿'额。清、汉文。"① "乾隆三十三年，高宗纯皇帝因饬工修庙之时，特颁明诏，增庙门额曰'先师庙'，改殿额曰'大成殿'。二门额曰'大成门'云。"② 孔庙先师庙、大成门、大成殿匾额是在乾隆三十三年（1768）修缮孔庙时更换匾额，并添加上满文。《清朝文献通考》："（乾隆四十九年）谕太学门、集贤门匾及绳愆厅、博士厅六堂等处横额俱换额添写清文。"③ 为了庆贺乾隆登基五十年，乾隆四十八年（1783）在国子监中院修建辟雍和琉璃牌楼，四十九年（1784）建好，五十年（1785）乾隆皇帝"临雍讲学"。这一时期，除了辟雍匾额满汉双文，国子监主要建筑太学门、集贤门、绳愆门、博士厅、六堂等处横额都换成竖匾添写满文。

而今，孔庙国子监院内匾额只见汉文，不见满文。什么时间去除掉孔庙国子监匾额上的满文，目前还没发现直接的文字记载。只能通过老照片及一些资料进行推断。

（一）袁世凯祭孔去除孔庙匾额满文

1911 年辛亥革命胜利，封建世家出身的袁世凯窃取了胜利果实，成立了以袁世凯为临时总统的北洋军阀政府。袁世凯为了笼络人心，巩固统治，表示自己一贯反清的态度，将故宫中的太和殿、中和殿、保和殿、午门、东华门、西华门等外朝宫殿、宫门上的匾额去掉满文，只用汉文书写。同时又为了避免清朝遗老遗少的反对，所以当时溥仪居住的乾清宫、坤宁宫、宁寿宫、神武门等内廷宫殿、宫门上的满汉合璧匾额未做改动。

1914 年 9 月 28 日，袁世凯效仿帝王，来北京孔庙祭孔。9 月 28 日，即仲秋上丁，清晨六时三十分，袁世凯率领各部总长及文武官员在侍从的护卫下抵达孔庙，内政总长朱启钤和外交总长孙宝琦任正献官。袁大总统身着绣有四团花的十二章大礼服，下围有褶紫缎裙，头戴平天冠，三跪九叩，祭拜孔子。祀孔大典举行后，袁世凯下令整修北京孔庙，这是清末将祭孔升为大祀后扩建孔庙的延续。

---

① （清）文庆、李宗昉等纂修：《钦定国子监志》，北京古籍出版社 2000 年版，第 37—38 页。

② 同上书，第 40 页。

③ （清）乾隆官修：《清朝文献通考·卷六十八》，浙江古籍出版社 2000 年版。

1914 年 9 月袁世凯祭孔旧照

目前无法找到袁世凯祭孔有匾额的照片，但在祭孔后不久“大总统告令”匾悬挂于大成殿门外的老照片（见前图）上，可以发现，“大成殿”匾额只剩下汉文而没有满文。由此推断，孔庙院内先师庙、大成门、大成殿等匾额上的满文应该是在袁世凯祭孔前后去掉的：一种可能是在袁世凯祭孔前，为了消除清朝影响，删除匾额上的满文；另一种可能是在袁世凯祭孔后，整修孔庙时将匾额上的满文去掉。

（二）1940 年修缮去除国子监匾额满文

国子监院内匾额去除满文的时间目前也没找到文字记载。我们通过档案上只言片语的记载及国子监老照片，大致推断是在民国二十六年至二十八年（1937—1939）期间修缮国子监时，删除了匾额上的满文。

民国二十六年至二十八年由旧都文物整理实施事务处主持，对孔庙和国子监进行了一次大规模的修缮。关于此次修缮在档案中有记录：“民国二十六年（1937）四月二十九日，旧都文物整理实施事务处公函：‘国子监整理工程拟分三步进行，以期妥速。第一步先行修缮辟雍、彝伦堂、琉璃牌楼、太学门、东西碑亭、钟鼓亭，成贤街牌楼等工程，并经标由永兴木厂承做，拟于本月三十日开工。相应函请查照转知并希予以便利为荷，此致管理坛庙事务所。’”① “民国二十六年（1937）六月五日，旧都文物整理实

① 《旧都文整实施处关于天坛、国子监等处伐树、修缮事宜的公函及管理坛庙事务所的转呈以及市政府的指令》，1937 年，北京市档案馆藏，档案号：J057—001—01017。

施事务处公函：查国子监修缮工程，拟分三步进行。第一步工程标由永兴木厂承做，业经函达查照在案，至第二步整理六堂、四厅、敬一亭等工程，现已标由广茂木厂承修。”①

为纪念此次修缮，立石三方。

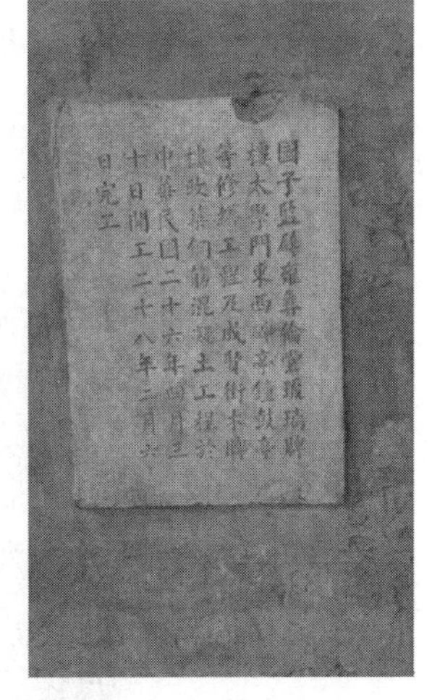

第一方修缮国子监纪念石刻

第一方镶嵌于国子监太学门内东侧墙壁上，宽 44 厘米，高 64 厘米，石灰岩。碑文如下：“国子监辟雍彝伦堂琉璃牌楼太学门东西碑亭钟鼓亭等修缮工程及成贤街木牌楼改筑钢筋混凝土工程于中华民国二十六年四月三十日开工二十八年二月六日完工。”

第二方修缮国子监纪念石刻

第二方镶嵌于国子监太学门内西侧墙壁上，宽 40 厘米，高 63 厘米，石灰岩。碑文如下：“国子监六堂四厅及敬一门敬一亭等修缮工程于中华民国二十六年六月二日开工二十七年十二月二十日完工。”

第三方镶嵌于孔庙先师门内西侧墙壁上，宽 44 厘米，高 76 厘米，石灰岩。碑文如下：“孔庙大成殿大成门先师门及内外院碑亭十四座修缮工程于中华民国二十六年七月十三日开工二十七年十二月二十九日完工。”

此次修缮留下了很多的珍贵的照片和图纸，使我们今天能够看到当时的影像和修缮情况，我们在中国文化遗产研究院查找到其中一些照片和图纸。

从集贤门修缮前后的照片，很容易就能发现，在修缮古建筑的同时，也把“集贤门”匾额上的满文去除掉。修缮一新的辟雍大殿也一样，悬挂的匾额只有汉文。除此之外，国子监的太学门、东西六堂、绳愆博士二厅也都将匾额上的满文去掉了。

第三方修缮国子监纪念石刻

① 《旧都文整实施处关于天坛、国子监等处伐树、修缮事宜的公函及管理坛庙事务所的转呈以及市政府的指令》，1937 年，北京市档案馆藏，档案号：J057—001—01017。

修缮后的辟雍大殿

图片来源：中国文化遗产研究院提供。

集贤门修缮前后照片

图片来源：中国文化遗产研究院提供。

四　民国三十六年（1947）孔庙国子监匾联情况

在民国三十六年（1947）孔庙崇圣祠国子监等处殿宇树株碑匾器物清册①中对孔庙国子监匾联情况记载如下。

1947 年孔庙国子监匾联一览表

匾额位置	备注
大成殿内匾额一方	（应为“道洽大同”匾）
文公祠内匾额十一方	
（文公祠内）对联四副	内欠一联
辟雍殿内匾额三方	乾隆、道光、咸丰
对联三副	应为乾隆、道光、咸丰
彝伦堂内匾额十二方	（后收储大成殿内后边）
东厢内中厅匾额五方	
后轩木匾十三方	
纸匾三方	残毁无存
对联一副	
东房内匾三方	

列表中只记载了匾联的数量而未注明文字情况，因此，无法断定具体为哪些匾联。

五　结语

匾额楹联虽然只是古建筑的附属装饰，但这小小的匾联却如同一面反光镜，折射出当时的历史。民国时期，孔庙国子监匾额楹联有新增加的，有被国立历史博物馆收藏又归还的，还有去除满文的，这些都与当时的重大历史事件相关联。通过梳理民国时期孔庙国子监匾联的变迁情况，也让我们对孔庙国子监民国时期的历史有了更清楚的认识。

王琳琳，孔庙和国子监博物馆研究部主任，副研究馆员

① 《孔庙崇圣祠国子监等处殿宇树株碑匾器物清册》，1947 年，北京市档案馆藏，档案号：J003—001—00189。

◇从《钦定京师大学堂章程》看清末官学教育的转型

◎ 邹鑫

【摘　要】清末，内忧外患的清政府认识到旧有的官学体系已然不适应时代的发展，再也无法培养出国家和社会需要的人才。诞生于戊戌变法中的京师大学堂取代国子监成为国家最高学府。《钦定京师大学堂章程》的颁行，是清政府建立新的官学教育体系的一次重要实践。其表现出的时代特征和对废除科举、裁撤国子监等重大教育事件的影响值得探讨。

【关键词】京师大学堂　《钦定京师大学堂章程》　官学教育　科举

清光绪二十八年（1902）七月十二日，清政府颁布了《钦定学堂章程》。该章程由《钦定京师大学堂章程》《钦定考选入学章程》《钦定高等学堂章程》《钦定中学堂章程》《钦定小学堂章程》构成。由清廷授意管学大臣张百熙主持制定，统领全国大、中、小学学校教育，是学校教育总纲领。这是中国教育史上第一部由政府明令颁布的独立的和较为完备的学制系统，也称“壬寅学制”。其中的《钦定京师大学堂章程》与国子监的关系最为密切，本文拟分析《钦定京师大学堂章程》来探究清末官学教育的重大转变。

一　壬寅学制的政治基础和社会基础

光绪二十八年（1902）七月十二日上谕（内阁）“张百熙奏遵拟学堂章程开单呈览一折，披阅各项章程尚属详备，即照所拟办理并颁行各省。着各该督抚按照条规，宽筹经费，实力奉行，总期造就真才，以备国家任使。其京师大学堂，着责成张百熙悉心经理，加意陶熔，树之风声，以收成效，期副朝廷兴学育才之至意。开办之后，如有未尽事宜，应行增改，仍着随时审酌，奏明办理”①。壬寅学制正式颁行，作为一部颠覆传统教育理念的学制章程能够得到清政府批准颁行主要在于以下三方面条件创造的政治基础和社会基础。

（一）先进知识分子及高级官吏的觉醒

早在19世纪30年代，以龚自珍、林则徐、魏源为代表的有识之士已经意识到科举制度的种种弊端。对八股取士造成所学非用、思想禁锢、人才匮乏、国衰民困的局面进行了深刻的揭示和批判。尤其是魏源，提出以专门技术作为选才的标准，选拔精通西洋军事技术的人才，并对美国政体和选拔人才方式极为赞许，表现出强烈的改革愿望，其胆识与眼光无人能及。在经历鸦片战争、中日甲午战争后，清政府之腐朽羸弱，满朝文武之愚昧无能更是让人们看清了教育体制和科举选才制度的弊病。最早放眼看世界的知识分子逐成为政界、文化界意识到教育危机的代表，他们以文章著作唤醒了一部分官僚士大夫对世界局势和时代发展的重新认知，当他们掌握话语权时，自上而下的教育改革遂成为可能。

（二）戊戌变法的推动

戊戌变法重要内容之一就是对育才选士制度的改革，其一是废除八股取士，改试策论。清代早在康熙三年就进行过一次废除八股、改试策论的科举制改革，但碍于社会阻力，康熙七年又恢复旧制。如果说彼时的八股生机尚存，而此时的八股已是涸辙之鲋，社会各界对八股取士强烈批评，维新派竭尽全力废除八股，在康有为的力谏下，光绪二十四年（1898）六月，光绪帝下谕旨“着自下科为始，乡会试及生童岁科各试，向用《四书》文者，一律改试策论……”② 废八股政策一出即遭到大学士徐桐，兵部尚书、协办大学士刚毅，礼部尚书许应骙等顽固派势力的阻挠。戊戌政变后，10月9日慈禧太后下懿旨复旧制，八股取士复行。百余天的科举考试改革虽然短命，但其对科举制本身的冲击却是致命的，八股无用的观念已妇孺皆知，仅仅三年后，慈禧太后不得不再下懿旨废除八股文，恢复经济特科取士，招揽治国人才。再四年，科举制也寿终正寝了。其二是书院改学堂。书院改学堂是指改旧式书院为新式学堂。这是新旧教育形式的转变，也是中国创立近代教育制度的基础。书院在明清之际逐步由当地政府掌控，经费由政府拨付，教学受政府监控，政府的腐败封闭也导致了书院的衰败不前。至清末，书院所习空疏无用，浮薄不实。掌教者多由不学无术者充之，

① 《清实录》五八《德宗景皇帝实录（七）》卷五〇二，光绪二十八年七月上，中华书局2008年版，总第61611—61612页。

② 朱寿朋编，张静庐等校点：《光绪朝东华录》（四），中华书局1958年版，总第4102页。

书院已成为科举制度的附庸。改书院为学堂，教育内容也发生了根本改变，有的专算学、农学，有的成为兼顾中西各学的综合学堂。虽然戊戌政变后书院照旧办理，停罢学堂，但书院改革大势不可阻挡，与废除八股一样，三年后的清末新政，被清廷扼杀的书院改学堂再次实施，“除京师已设大学堂，应行切实整顿外，着各省所有书院，于省城均改设大学堂，各府及直隶州均改设中学堂，各州县均改设小学堂，并多设蒙养学堂”①。这就从各级教育推动了旧学向新学的转变。对清末教育领域的革新而言，戊戌变法开拓了更为广泛的社会基础，也激发了政府的改革意愿。

（三）顽固派大臣势力的衰弱和主张新学大臣势力的崛起

戊戌变法中，顽固派大臣对光绪帝及维新派推行的教育改革进行了强烈抵制，他们阳奉阴违，表面上赞成和支持改革科举的谕令，而在实际操作中偷梁换柱，在乡、会试的内容和方法上玩弄了许多花招，使科举制改革之措施皆成虚文。光绪帝非常恼怒，于七月十九日（1898 年 9 月 4 日）下谕旨“礼部尚书怀塔布、许应骙、左侍郎堃岫、署左侍郎徐会澧、右侍郎溥颋、署右侍郎曾广汉，均着即行革职”②。戊戌政变后，顽固派大臣得以拔擢任用。然而好景不长，1900 年八国联军侵华后，受到牵连的朝中顽固派大臣徐桐、刚毅、赵舒翘或自裁或战死，这些人原身居高层，是激烈反对废除科举的中坚力量，他们的故去使支持科举的势力在政府层面中丧失了力量。相反，荣禄、刘坤一、张之洞、袁世凯、盛宣怀等主张废除科举的满汉大臣皆手握重权，受清廷倚重。他们力主废科举，兴学校，成为清末教育改革的主要推动者。

二 《钦定京师大学堂章程》的主要内容和时代特征

《钦定京师大学堂章程》是《钦定学堂章程》的重要组成部分，是京师大学堂办学宗旨、教学行为、教育目的的纲领性文件。京师大学堂是戊戌变法的产物，设立京师大学堂是清末教育改革的重大举措，也是对官学制度变革的重要探索。大学堂设立前梁启超就代拟了一份《京师大学堂章程》上报，这份章程共八章五十四节，主要参照日本学规，结合本国国情编纂。这是京师大学堂的第一个办学章程，也是中国近代高等教育最早的学制纲要。变法失败，新法皆废，唯有大学堂幸存下来，清政府希望通过大学堂及各级官学培养治国安邦、兴业济世的人才，维持统治的根基。《钦定京师大学堂章程》共八章八十四节，第一章“全学纲领”共十一节，明示大学

① 朱寿朋编，张静庐等校点：《光绪朝东华录》（四），中华书局 1958 年版，总第 4719 页。
② 同上书，总第 4176—4177 页。

堂办学宗旨为“激发忠爱，开通智慧，振兴实业”，办学目的为“端正趋向，造就通才”。明确了大学堂管理教育的职能及其与各省学堂的关系。第二章“功课”共二十二节，详述各科及仕学馆、师范馆课程门目、学时、课程安排、学习内容等。第三章“学生入学”共五节，详列学生入学的规定和条件。第四章“学生出身”共十一节，介绍学生学成后取得的文凭和身份。第五章“设官”共十一节，列举大学堂机构设置和人员人数。第六章“聘用教习”共九节，规定教习聘用之法和监管办法。第七章“堂规”共十一节，明确学生仪礼和考勤。第八章“建置”共四节，介绍大学堂建筑及设施。总览全章，其时代特征显现以下几点：

（一）京师大学堂取代了国子监的教育行政职能

第一章“全学纲领”第四节：“京师大学堂主持教育，宜合通国之精神脉络而统筹之。现奉谕旨，一切条规，即以颁行各省；将来全国学校事宜，请由京师大学堂将应调查各项拟定格式簿，分门罗列，颁发各处学堂，于每岁散学后，将该学堂各项情形，照格填注，通报京师大学堂，俟汇齐后，每年编订成书，恭呈御览。”第五节：“京师大学堂本为各省学堂卒业生升入专门正科之地，无省学则大学堂之学生无所取才。今议先立预备一科，本一时权宜之计，故一年之内，各省必将高等学堂暨府、厅、州、县中、小学堂一律办齐。如有敷衍迟延，大学堂届期请旨严催办理。”第四章“学生出身”第八节：“所有各项附生、贡生、举人、进士文凭，统由京师大学堂刊板印造，盖用关防，略如部照之式。其贡生以下文凭，颁发各省应用，每岁于年终，将给过文凭之贡生、附生姓名、籍贯、年貌、三代，册报京师大学堂查核，并报礼部存案”，第九节：“凡得过各项文凭者，如有违反国家一切科条，应得追缴处分者，贡生以下，由各省追缴文凭后，咨报京师大学堂存案；举人以上奏明办理”。京师大学堂除了教育还有对各级学校监管的职能，显然已取代国子监成为最高学府和主管全国教育的机构，国子监虽尚未被裁撤，但已名存实亡。

（二）研究授课并行，课程分科明确

第二章“功课”第一节：“欲定功课，先详门目，今定大学堂全学名称：一曰大学院，二曰大学专门分科，三曰大学预备科……除大学院为学问极则，主研究不主讲授，不立课程外，兹首列大学分科课程，次列预备科课程。”第二节：“大学分科，俟预备科学生卒业之后再议课程，今略仿日本例，定为大纲，分列如下：政治科第一，文学科第二，格致科第三，农业科第四，工艺科第五，商务科第六，医术科第七。”在大学堂中设立大学院为研究机构，专注学术研究，这是在最高学府首设研究机构。分科教

学使大学堂具备近代教育体系的雏形。

（三）设立仕学馆培养新型政务人才

第二章“功课”第六节：“仕学馆课程，照原奏招考已入仕途之人入馆肄业，自当舍工艺而趋重政法，惟普通各学亦宜略习大概。今表列门目如下：算学第一、博物第二、物理第三、外国文第四、舆地第五、史学第六、掌故第七、理财学第八、交涉学第九、法律学第十、政治学第十一。以上各科，均用译出课本，由中教习及日本教习授课，惟外国文用各国教习讲授。”“凡入仕学馆者，英、德、法、俄、日本文字任择一门习之……不习外国文者，于理财、交涉、法律、政治四门各加课一小时。”仕学馆学制三年，每年科目相同，内容递进。第四章“学生出身”第二节：“现办速成科仕学馆人员，应俟三年卒业，由教习考验后，管学大臣复考如格，择优保奖，予以应升之阶，或给虚衔加级，或咨送京外各局所当差，统俟临时量才酌议。”通过基础学科的普及，政法学科的增强，使新型政务人才的知识结构科学、优化，眼界更为宽广，政务能力提升，以适应国内、国际形势新变化。

（四）设立师范馆培养师资力量并给予优待

第二章“功课”第九节：“师范馆照原奏招考举贡生监入学肄业，其功课如普通学，而加入教育一门。今表列门目如下：伦理第一，经学第二，教育学第三，习字第四，作文第五，算学第六，中、外史学第七，中、外舆地第八，博物第九，物理第十，化学第十一，外国文第十二，图画第十三，体操第十四。以上各科，均用译出课本书，由中教习及日本教习讲授，惟外国文用各国教习讲授。”师范馆学制四年，每年科目相同，内容递进。第四章“学生出身”第三节：“现办速成科师范馆学生，今定俟四年卒业，由教习考验后，管学大臣复考如格，择优带领引见。如原系生员者，准作贡生，原系贡生者，准作举人，原系举人者，准作进士，均候旨定夺，分别给予准为各处学堂教习文凭。”新学师资力量的严重缺乏迫使清政府设立专门学堂培养师范并对学生的出身给予特殊优待。

（五）学生出身与科举对接

第四章“学生出身”第一节：“此次由臣奏准，大学堂预备、速成两科学生毕业后，分别赏给举人、进士。今议请由小学堂卒业者，先由本学堂总理教习考过后，送本府官立中学堂复加考验如格，由中学堂给予附生文凭，留堂肄业，并准其一体乡试。……其中学堂卒业生，送本省官立高等学堂考验如格，由高等学堂给予贡生文凭。……高等学堂卒业生，由本学堂总理教习考过后，送京师大学堂复考如格，由管学大臣带领引见，候旨赏给举人，并准其一体会试。……大学堂分科卒业生，由本学堂教习考过后，再由管学大臣复考如格，带领引见，候旨赏给进士。其举人、进士均应给予文凭。”这就把各级学堂毕业生出身与科举考试出身对接起来，把贡生、举人、进士等科名文凭化，试图将科举考试融入近代教育体系中。

（六）给予科举出身的学生特殊照顾

第四章“学生出身”第五节：“凡原系进士者，不必再入高等学堂肄业，概归仕学馆学习。卒业后照章办理。原系举人者，不必再入中学堂肄业，如愿入高等学堂者，卒业后送京师大学堂复考及格，加给学堂举人文凭，并奏明给予内阁中书衔，毋庸带领引见。原系贡生者，不必再入小学堂肄业，如愿入中学堂者，卒业后由本省官立高等学堂复考及格，加给学堂贡生文凭，并奏明给予国子监学正学录衔。原系附生者，如入小学堂肄业，卒业后由本府官立中学堂复考如格加给学堂附生文凭，并奏明给予训导衔。所有贡生、附生奏给虚衔，统由各学堂呈报本省督抚年终汇奏。此条为专从科举出身之生员、举人、进士而设，其入学堂后，应试取进中式者，不用此例。”在科举制度尚存的背景下，此举利于消减施行新学的社会阻力。

（七）制定了严谨的学生文凭考验制度

第四章“学生出身”第四节：“师范出身一项，系破格从优以资鼓励。……惟由贡生卒业，应予作为举人，由举人卒业，应予作为进士者，均须由各该本省督抚咨送京师大学堂复加考验，其及格者，由管学大臣奏请带领引见，候旨赏给出身；不及格者，如例留堂补习；其过劣者，咨回原省，以杜冒滥。”第十节：“学生每一等级，或三年卒业，或四年卒业，届时须切实考验，合格者方可给予文凭。其有已至年限尚须补习者，有屡考下第必须斥退者，均由总理、教习考验，分别去留，任严毋滥。”第十一节：“各项学生，由本学堂总理、教习考验合格之后，该总理及教习须出具切结。将来本府官立中学堂，本省高等学堂及京师大学堂复考之日，如察有冒滥，即将原考验之总理及教习分别议处，轻者罚减薪资，重者分别黜革。如此，则总理及教习考验之时不敢含混，即教习授课之日亦不敢疏虞，实于防弊之中兼寓督课之意，庶为取士最公最严之法。”

（八）培养本国教习，留学取经；聘用外国教习，言传身授

第一章“全学纲领”第六节：“同文馆归并之后，经费无着，变通办法，拟于预备、速成两科中设英、法、俄、德、日本五国语言文字之专科，延聘外国教习讲授。”第七节：“学堂开设之初，欲求教员，最重师范。现于速成科特立专门外，仍拟酌派数十人赴欧、美、日本诸邦学习教育之法，

俟二三年后卒业回华，为各处学堂教习。”第六章“聘用教习”第二节：“现在学生额数未定，西学教习拟暂聘欧、美人六员或四员，教授预备科学生；日本人四五员，教授速成科学生，按照所定功课章程办理。”第三节：“同文馆归并办理，仍照向例用英、法、俄、德、日本五国文教授，聘用外国教习五员；又医学实业馆聘用外国教习一员。”

（九）尊奉正统，沿袭旧规

第七章“堂规”第一节：“教习学生，一律遵奉《圣谕广训》，照学政岁科试下学讲书宣读《御制训饬士子文》例；每月朔，由总教习、副总教习传集学生，在礼堂敬谨宣读《圣谕广训》一条。”第二节：“凡开学散学及每月朔，由总教习、副总教习、总办各员率学生诣至圣先师位前行礼。礼毕，学生向总教习、副总教习、总办各员各三揖退班。”第三节：“每岁恭逢皇太后、皇上万寿圣节，皇后千秋节，至圣先师诞日，仲春、仲秋上丁释奠日，皆由总教习、副总教习、总办各员率学生至礼堂行礼如仪。”第四节：“学生平日见管学大臣、总教习、副总教习、分教习，皆执弟子礼；遇其它官员及上等执事人，一揖致敬。”

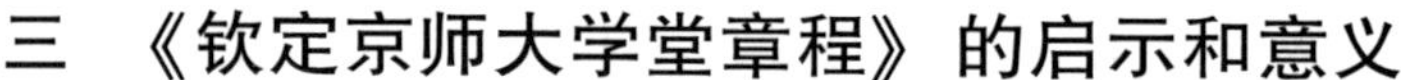

三 《钦定京师大学堂章程》的启示和意义

（一）为废除科举制，裁撤国子监做了制度准备

废除科举制度似乎已成为必然，达成共识，但科举废除后，一直与科举挂钩的各级教育体系如何转型，成千上万毕生埋头于功名的士子出路何在，社会如何适应制度的巨大转变都是政府不得不考虑的事情。直隶总督袁世凯、署理两江总督张之洞奏“时艰需才，科举阻碍学校，拟变通办法。请俟万寿恩科举行后，将各项考试取中之额按年递减。学政岁科试分两科减尽，乡会试分三科减尽。即以科场递减之额移作学堂取中之额。俾天下士子舍学堂别无进身之路。至旧日举贡生员，三十岁以下者可入学堂，三十至五十可入仕学师范速成两途……务期科举渐废，学校林立。上以革数百年相沿弊政，下以培亿兆辈有用人才”①。建校兴学，健全学制，刷新官学，另辟门路以吸纳天下士子，缓冲延续千年的选举制度废止后对社会的冲击力，填补科举废除后的制度空白。

（二）建立中国新式官学教育的重要探索

《钦定京师大学堂章程》试图将京师大学堂打造成教学与教育主管两者

① 《清实录》五八《德宗景皇帝实录（七）》卷五〇七，光绪二十九年二月，中华书局2008年版，总第61733—61734页。

兼备的新官学，取代国子监，以适应新形势下统治集团的需要，培养政务人才和实务人才。光绪二十八年十一月诣“进士为入官之始，尤应加意陶成，用资器使。着自明年会试为始，凡一甲之授职修撰、编修，二三甲之改庶吉士。用部属中书者，皆令入京师大学堂分门肄业。其在堂肄业之一甲进士、庶吉士必须领有卒业文凭，始咨送翰林院散馆，并将堂课分数于引见排单内注明以备酌量录用”①。将入学和做官直接挂钩，学而优则仕，这是清政府变通科举制度、建立新式官学的探索和尝试。

（三）科举制度对学校教育的制约得以体现

《钦定京师大学堂章程》保留了明显的封建残余，科举式思维对新式学校教育仍有深刻的影响。虽然新学占据主流，也表现了与时俱进的先进性，但还是对科举制度做出了妥协让步。科名与学历生硬地牵扯到一起以确保科举受益者名分和利益的延续，也证明科举制度一日不废除，新式学校教育就一日不能发展；封建专制制度不终结，中国教育就无法突破樊笼，涅槃新生。

《钦定京师大学堂章程》是清末政府打造新式官学教育体系的一次重大探索，也是官学教育在新的时代背景下转型的大胆实践。虽然没有得到全面实施，但这是中国首次官方颁行的借鉴西方先进教育经验和思想、结合本国实际制定的最高学府的学制章程，其开创意义极其重要。

邹鑫，孔庙和国子监博物馆研究部副主任、馆员

① 《清实录》五八《德宗景皇帝实录（七）》卷五〇七，光绪二十八年十一月上，中华书局2008年版，总第61668页。

◇《新建太学之碑》考略（上）

◎ 李瑞振

【摘　要】明初的北京孔庙和国子监因袭了元代的庙学旧制，没有进行大规模的改变和修缮，加之明初高等教育制度的变迁和相关吏治陈弊，致使庙学建制颓废，太学学风沦落。明英宗在李贤等大臣的极力谏疏之下，终于下定决心新建庙学，并想借此宣扬德化，重振学风。因此，新建太学在最初就承担了建筑实体和学风风气两个层面的意义。

【关键词】明英宗　新建　庙学　杨士奇

孔庙和国子监博物馆现藏明代碑刻近百通，其中不乏皇家规制的御制碑刻，北京孔庙大成门外碑林东南侧存碑亭一座，其中矗立的即是明英宗在位期间所立的《新建太学碑》。此碑反映了明代前期北京孔庙和国子监变迁前后的历史背景，见证了北京孔庙和国子监从元代走向明代的历史进程，这其中不仅是建制的修造和更替，同时暗含了明代前期的高等教育发展和生员出路等多重历史信息。

一　元代北京孔庙和国子监概况

元朝统一全国以后，统治者逐步认识到“北方之有中夏者，必行汉法乃可长久……其他不能用汉法者，皆乱亡相继”①，为了维护和巩固统治的需要，在许衡等一大批汉族士大夫谋臣的推动之下，元朝政府开始重视兴办儒学。

至元四年（1267），元朝开始命刘秉忠规划北京城，至元二十年（1283），元朝决定从南城迁往北城，将孔子庙计划设在新城之东，据《天府广记》卷三“学宫”载，“二十四年（1287），迁都北城，立国子学于城之东，乃以南城国子学为大都路学，复移石鼓于国子学，至泰定三年

① 《元史・许衡传》。

(1326) 重修，而学制大备”。对此，元人马祖常在《重修大兴府学孔子庙碑》一文中记述得更为详细：

> 至元二十四年，既城今都，立国子学位于国左，又因故庙为京学。京师杂五方俗，尹治日不给，庙之墙屋弊坏，将压以毁，讲席之堂粗完。泰定三年，今大尹曹侯，上视庙貌祀位皆不如制，割稍人为寮寀倡，然后大家富人合资以聚财者有焉……于是天下首善之教兴焉。①

马祖常所记载的这个大兴府学孔子庙是大都路学的孔子庙，这个时候的元代国子学还主要是大都路学即大兴府学，位于城之东北的北京国子监因为种种原因未能营建。

从至元二十四年（1287）元朝政府开始规划东城孔庙算起，历经十余年后，直到元大德十年（1306），北京孔庙才算是终于建成；次年，加封孔子为“大成至圣文宣王”；北京孔庙落成后的三年，即至大二年（1309），在身为皇太子的爱育黎拔力八达亲自过问和干预之下，在工部郎中贾驯的直接负责推动之下，元代的北京国子监也最终落成。

元代国子监落成后的第三年，即元至大四年（1311）三月初一日，大儒吴澄作《贾侯修庙学颂》一文，专门记叙了元代北京孔庙和国子监在当时的位置、规模以及相关人员的功绩：

> 世祖皇帝既一天下，作京城于大兴府之北，其祖社朝市之位，经纬涂轨之制，宏规远谋，前代所未有也。
>
> 至元二十四年，设国子监，命立孔子庙。暨顺德忠献王哈剌哈孙相成宗，始克继先志，成其事，而工部郎中贾侯董其役。
>
> 庙在东北纬涂之南，北东经涂之东。殿四，阿，崇十有七仞，南北五寻，东西十筵者三，左右翼之广亦如之，衡达于两庑。两庑自北而南七十步，中门崇九仞有四尺，修半之，广十有一步。门东、门西之庑各广五十有二步。外门左、右为斋宿之室，以间计各十有五。神厨、神库南直殿之左右翼，以间计各七。殿而庑，庑而门，外至于外门，内至于厨库，凡四百七十有八楹。
>
> 肇谟于大德三年之春，讫功于大德十年之秋，于时设官教国子已二十年矣。寄寓官舍，不正其名，丞相以为未称兴崇文教之实也，乃

① 李修生等：《全元文》卷1039，第464页。

营国学于庙之西。寄寓官舍，不正其名，丞相以为未称兴崇文教之实也，乃营国学于庙之西。中之堂为监，前以公聚，后以燕处。旁有东、西夹，夹之东、西各一堂，以居博士。东堂之东，西堂之西，有室。东室之东，西室之西，有库。库之前为六馆，东西向，以居弟子员，一馆七室，助教居中以莅之。馆南而东而西，为两塾，以属于门，屋，四周通百间。逾年而成，不独圣师之宫巍然为天下之极，而首善之学亦伟然耸天下之望。远迩来观，靡不惊骇，叹羡其高壮宏敞。盖微丞相，其孰能赞承圣天子之德意；而微贾侯，亦孰能阐张贤宰相之盛心哉！

侯之董役也，晨夕督视，不避风雨寒暑，措置分画，一一心计指授，工师莫能违焉。升本部侍郎，又升本部尚书，出领他处营造事，身虽在外，心未能忘庙学也。至大二年还朝，拜户部尚书，首诣庙学，环匝顾瞻，如其家然。呜呼！世之居官者，大率簿书期会，刀笔筐箧是务，知政治之有原，名教之可宗者，几何人哉！人咸以为迂，而侯拳拳汲汲，惟恐或后，盖其资识卓矣。①

这篇《贾侯修庙学颂》作为元人记载当时北京孔庙和国子监情况的文献，成为我们目前得窥当时庙学状况的一扇窗户。在这篇文章中，吴澄主要提到了三个问题。第一个问题是推动元代北京国子监建设完成的几个重要人物，这其中，直接付出心力最多的就是贾侯，即贾驯。贾驯，字致道，邹平县人，时任工部主事，在营建元代北京国子监这件事上，贾驯居功至伟，“侯之董役也，晨夕督视，不避风雨寒暑，措置分画，一一心计指授，工师莫能违焉……出领他处营造事，身虽在外，心未能忘庙学也。至大二年（1309）还朝，拜户部尚书，首诣庙学，环匝顾瞻，如其家然”。正是贾驯这样的负责精神，造就了元代国子监的最终完工。第二个问题，吴澄还提到了孔庙和国子监的具体位置，即元代的北京孔庙在“东北纬涂之南，北东经涂之东”，国子监在“庙之西”。

第三个问题，吴澄在这篇文章中较为详细地记录了元代孔庙和国子监的规模和设置情况，即“殿四，阿，崇十有七仞，南北五寻，东西十筵者三，左右翼之广亦如之，衡达于两庑。两庑自北而南七十步，中门崇九仞有四尺，修半之，广十有一步。门东、门西之庑各广五十有二步。外门左、右为斋宿之室，以间计各十有五。神厨、神库南直殿之左右翼，以间计各

① 任继愈主编：《中华传世文选·元文类》，吉林人民出版社1998年版，第481页。

七。殿而庑，庑而门，外至于外门，内至于厨库，凡四百七十有八楹。”“中之堂为监，前以公聚，后以燕处。旁有东、西夹，夹之东、西各一堂，以居博士。东堂之东，西堂之西，有室。东室之东，西室之西，有库。库之前为六馆，东西向，以居弟子员，一馆七室，助教居中以莅之。馆南而东而西，为两塾，以属于门，屋，四周通百间。”

在吴澄写完《贾侯修庙学颂》一文两年以后，即皇庆二年（1313）秋，元人程钜夫撰成《大元国学先圣庙碑》碑文，他在文中也较为详细地记载了元代北京孔庙和国子监的规模：

……至元四年，作都城，画地官城之东，为庙学基。二十四年，备置监学官。元贞元年，诏立先圣庙，久木集。大德二年春，丞相臣哈剌哈逊达尔罕大惧无以祇德意，乃身任之。饬五材，鸠众工，责成工部郎中臣贾驯心计指划，晨夕匪懈，工师用劝。十年秋，庙成。谋树国子学，御史台臣复以为请，制可。

至大元年冬，学成。

庙度地顷之半，殿四，阿，崇尺六十有五，广倍之，深视崇之尺加十焉。配享有位，从祀有列，重门修廊，斋庐庖库，为楹四百七十有八。

学在庙西，地逊于庙者十之二，中国子监，东西六馆，自堂徂门，环列鳞比。通教养之区为间百朴十有七。①

作为一篇奉旨撰写的碑文，程钜夫的《大元国学先圣庙碑》没有比《贾侯修庙学颂》更详尽，但是此文带有官方色彩，能够更加有力地与吴澄之记载形成部分内容上的互证。

也就是说，直到至大二年（1309），元代的北京孔庙和国子监才基本完工。直到延祐六年（1319），增建崇文阁（现彝伦堂旧址）毕，元代的国子监建制基本完备。元人吴澄有《崇文阁碑记》中对此记载甚详。

二 明代前期的北京孔庙和国子监

元朝末年，国子学毁坏不堪，明军占领元大都，即1368年，大都城内的元朝国子监改为北平府学。这时候的北京孔庙规制基本没有太大改变，沿袭了前元的基础，据《春明梦余录》卷二记载：“京师文庙在城北国学之

① 任继愈主编：《中华传世文选·元文类》，吉林人民出版社1998年版，第490页。

左，元成宗大德十年（1306），京师庙成。明太祖改为北平府学，庙制如故。”因为明王朝的首都设立在了南京，所以北京的国子监自然从国家级办学机构降为地方府学，明成祖永乐皇帝迁都北平，即明永乐元年（1403）二月，北平府学复称国子监，再次由地方学校升级为国家级办学机构。

《春明梦余录》卷二十一载：“（明）成祖永乐元年……寻建新庙于故址中，为庙南向，东西两庑，丹墀西为瘗所，正南为庙门，门东为宰牲亭、神厨，西为神库、执敬门，门正南为外门，正殿曰大成殿。”

由此可见，永乐初年的北京孔庙至少包含了两进院落，主体建筑为大成殿，而国子监则主要因袭了前元旧制。

到了宣宗一朝，皇帝虽然屡次派遣大臣祭奠孔子，对庙学偶有修缮，但是囿于国力及对教育的重视程度的限制，这一时期的北京孔庙和国子监并未得到大规模的整饬和修造。

据《国榷》卷十九记载，明宣宗宣德元年（1426）二月，遣太子太傅、工部尚书兼谨身殿大学士杨荣释奠先师。

据《馆阁漫录》卷二记载，明宣宗宣德三年（1428）二月，遣北京国子监祭酒贝泰释奠先师孔子；明宣宗宣德五年（1430）八月，遣少傅杨荣释奠先师孔子。

据《明宣宗实录》记载，宣德四年（1429），修国子监大成殿前两庑。

据《明宣宗实录》卷七十六记载，明宣宗宣德六年（1431）二月，遣北京国子监祭酒贝泰释奠先师孔子。

明宣宗宣德七年（1432）四月，皇帝命行在工部为国子监生建造房舍，拨给菜地。

这种状况一直持续到明英宗正统年间。

正统初年，北京国子监的房舍及师资状况就已经颇为不佳。

正统元年（1436）五月，十三道监察御史李辂等向明英宗上书陈言十事，其中之一便是北京国子监当时存在的问题：

> 北京国子监教官，多有学术虚空，不堪仪范，以致学规废弛，生徒失业。乞会官考察。及庙庑堂房风雨损坏，乞拨人修理。①

在李辂的奏陈中，可以看出三个层面的问题。一是北京的国子监教官素质问题，学术虚空，不堪为人师表，；二是由教师问题带来了国子监制度

① 赵其昌：《明宝录北京史料》二，北京古籍出版社1995年版，第25页。

层面的荒疏废弛，使得学生荒芜学业，；三是国子监的房屋厅堂久经风雨，破败不堪，需要修治。

同年，大臣李贤也上书建言重新修建北京国子监，谓之《论太学疏》，这道奏疏从多个层面全面系统论述了重修北京国子监的必要性，成为正统年间新建太学最为充分的理论依据，其在《论太学疏》中这样陈述道：

> 窃惟太学者，天下贡士所萃，乃育贤成材之地。故天下之士所以贤、所以材，胥此焉出，贤材所以盛、所以衰，胥此焉系。然则生民之休戚、风俗之美恶、国家之安危，岂不皆关于此哉！
>
> 洪惟太祖高皇帝圣神文武，平一天下，定鼎金陵，首崇是道……乃建太学于国都，宏其规模，极其壮丽，凡所以教士之法、戒士之条、居士之所、养士之具，无不详审周密完备……
>
> 永乐初年，驾临北京，太学之设，因元之旧，凡百规制，未暇增新。洪熙、宣德以来，因仍未举，至其教戒居养之道，颓然废弛，不遑介意。师儒之职，率皆庸常，学行荒疏，无所矜式。虽有遗规，不过承虚名、为文具、踵因循、应故事而已。于是天下之士入太学者，蔑教戒之严，无居养之正，置礼仪为外物，轻廉耻如锱铢。杂处于军民之家，浑住于营巷之地，与市井之人为伍，与无籍之徒相接，同其室而共其食，啖其夫而私其妇。易君子之操，为鄙夫之行，改士夫之节，为穿窬之心。所习如此所习如此，一旦居官，不过志于富贵而已，尚何望其尊主庇民、建功立业乎！夫近朱者赤，近墨者黑。居处所致，无怪其然也。呜呼！天下之士修之于庠序，而坏之于太学。贾谊所谓可为太息者也！
>
> 今陛下春秋鼎盛，缵成大统，举所当举，则天下之人莫不欢心，举所当措，则天下之人莫不解体，可不慎欤？我国家建都北京以来，有废弛而不举者，有创新其废弛而不措者。所废弛者莫甚于太学，所创新者莫多于佛寺。举措如是，臣以为舛矣！然成事不说，废者当举，若重修太学，虽极壮丽，不过佛寺一所之费。况佛寺无益于朝廷，而太学实关于治体。伏愿皇上兴废举坠，乞敕该部计料兴工，一新太学，作养秀才，重选师儒，厚加眷注。果能此道，将见数年之后，贤才济济，文风大振，生民于是乎安，天下于是乎治。我太祖养贤及民之效复见于今日，太平之盛，不期自至，而国家社稷永享无穷之福矣。①

① （明）李贤：《论太学疏》，出自《明经世文编》卷三六，中华书局1962年版，第270页。

在这篇著名的奏疏中，李贤主要从三个方面阐述了新建庙学的必要性。

首先，永乐、洪熙、宣德三朝皇帝在位期间，北京的庙学主要建筑因袭旧有基础，没有太大增新，所以导致了目前“教戒居养之道，颓然废弛”的状况。

其次，由于硬件设施的落后和废弛，加之当时的朝廷对高等教育以及生员出路问题的解决不畅等诸多因素，致使太学教师师资水平不高，都是平庸寻常之辈，太学生也是学问品行自律不严，杂处于百姓巷弄之中，“蔑教戒之严，无居养之正，置礼仪为外物，轻廉耻如锱铢”，这样教育出来的人才，一旦为官，必然无法担当积极的政治作用。

最后，整修太学的成本比佛寺低，却有千秋万代之功，这点是宗教佛寺所无法比拟的。明代前期，从官方角度十分推崇和重视佛教，洪武、永乐、宣德朝均大力弘扬佛教，制定扶植佛教的政策措施，刊刻印制佛教文献，设置和整修寺院，均是不遗余力。至明英宗时代，朝廷开始大量建造佛寺，皇帝还亲自题写匾额，据统计，正统年间的僧众多达近两万人，可见崇尚之甚。李贤认为，朝廷花费最多的地方莫过于佛寺，而废弛最甚的莫过于太学，如果重修太学，无论如何华丽，也不过一所佛寺的费用。况且太学作为培养人才、弘扬教化的场所，关系时风世气，及于万众民生。

通过以上三点来看，李贤的奏议是从内容上对李辂观点的进一步阐发和论证，相比于李辂的陈述更加系统而完善，出色地阐述了新建庙学的重大意义和深远影响，显得更加具有建设性色彩，这些针砭时弊的恳切言论受到了明英宗的重视，最终使得明英宗于几年之后便下定决心力争革除北京国子监的弊端，一新太学师生陋习，同时新建北京孔庙和国子监的庙学旧制，使其焕发新的时代面貌。明英宗的这种革新决心具体而言主要体现在两个方面，一是分两次颁发了正统五年（1440）和正统九年（1444）的劝学诏谕；二是新建北京孔庙和国子监。

明英宗在正统五年颁发的这道劝学诏谕主要针对的对象是国子监的学官、教员，而不是学生群体，这一点是十分明晰的：

> 皇帝敕谕北京国子监祭酒、司业等官贝泰等：夫太学者，国家成贤育才之地。昔我祖宗临御教之用之，咸有定规，朕嗣统以来，一切庶政，咸循旧章，诸司亦皆修职。尔北京国子监官不务敬慎，隳弛学规，玩愒岁月，洪武、永乐中，六堂诸生咸有季试，考第高下，以伸劝励。今南监尚循旧规，北监废而不举，其间为师能勤讲授，为弟子能勤问学，大率计之，什不二三，此非师长之惰慢乎？尤有甚者，莫

之顾义，惟利是营。南北诸生贫富不齐，入监或一月，或数月，或一年二年，即得拨诸司办事者，亦有遂出身者，利之能移人也。有坐监十余年贫不得出身者，使之艰难嗟怨，其宁忍乎？又与诸司交通，凡办事者一人有阙，干求拨补，简帖□□一二十纸，则有势力者终得之。借曰为势所逼，何为不执以奏？师之所行如此，何以表励学者！朕惟天地之量，姑皆曲宥不问，自今宜洗心涤虑，改过自新，凡洪武、永乐监学常行之规，不许隳废；拨历事者，必依资次。不许搀越，办事者亦须公当，不许徇私。但有私相嘱托，辄便听从不奏闻者，必罪不恕，继今发明圣贤之道，正己以淑生徒。毋背义苟利，以坏名祸己，如复不悛，悔将无及！故谕。正统五年六月二十四日。①

在这道诏书中，英宗首先指斥了北京国子监学官不够勤谨，相较于南京国子监的因循旧有学规而言，北京国子监则是学规废弛，考较制度失之懈怠。其次，针对至关重要的生员出路问题，英宗在这道诏书中指出了学员出身历事过程中存在的不正之风，“私相嘱托”，不依资历。针对北京国子监存在的这些不良现象，英宗表示既往不咎，劝勉学官发明圣贤之道，公正无私，不要见利忘义，否则后悔无及！

整体而言，这道诏书是对四年前《论太学疏》前半部分即李贤指出的北京国子监存在的诸多问题的具体回应，与正统九年（1444）的劝学诏谕以及新建庙学的行为共同构成了明英宗时代振兴明代庙学的系统行为。

四年以后，即正统九年，明英宗修庙学，谒先师之后，向北京国子监再次颁发了劝学诏谕，这次诏谕针对的对象是全体师生：

正统九年三月初三日，皇帝敕谕国子监师生：朕惟君师之道，莫盛于尧舜禹汤文武孔子，述而明之，为天下后世楷范，功尤大焉！朕祇承祖宗成宪，景仰大猷，新建太学，益隆文教，茂育贤才。躬谒先师孔子，劝励师生。夫化民成俗，本之躬行，秉德建功，繇有实学，诗曰：不愆不忘，率由旧章，又曰：思皇多士，生此王国，朕服膺古训，以图化成。尚期尔师生讲学修德，勉臻成效。庶副我国家崇儒重道之意。钦哉！故谕。②

相比于正统五年的劝学诏书，这道诏书从内容上来讲，更加雍容平和，

① （明）郭鎜等撰：《皇明太学志》卷三，明崇祯本。
② （明）黄佐：《南雍志》卷十，1976年本。

申明了朝廷兴办文教、重视贤才的姿态和实际行动，劝勉北京国子监师生修德务学。正统九年（1444）的这道劝学诏书可以看作正统元年（1436）李贤《论太学疏》后半部分的补充和回应。

正统八年（1443），国子监助教李继提出了另外选择新的地点重建国子监的建议：

> 正统八年秋七月，癸亥，国子监助教李继言："今宫殿告成，百司鼎建，朝廷政令之所焕然一新，惟太学因元之旧，卑陋不称，而土木肖像亦非古制。请择地改建，洗陋规以宏新制。"时方议欲新监学，继探知，故逆言之。上曰："建学之事，朝廷自有处置，何用继言？"①

当时的明英宗对李继提出另外择地建学的主张显然是不认同的，因为这时候朝廷的主张是在元代国子监基础上进行修缮新建。

正是在诸多官员大臣的奏请和提议之下，原址重修、新建北京孔庙和国子监的工程终于得以实施，正统八年七月明英宗下诏命工部负责新建庙学，次年即正统九年新建工程完工。据《明史·英宗纪》记载，"'正统九年，新建太学成。释奠于孔子。'盖是役创议于元年，下诏于八年，工成于九年也"。

新建庙学工程完工之后，有大臣提议立碑纪其事，代皇帝撰写碑文的任务最终落在了当时的文坛首领杨士奇的身上。

明英宗即位时年方九岁，太皇太后听政，信任"三杨"，国家大政多赖此三人，史称"三杨辅政"。史书称"三杨"为一代贤才，但是三人所长者各有不同，"东杨"杨荣长于才干，"西杨"杨士奇长于文字，"南杨"杨溥长于德行。永乐皇帝曾称赞杨士奇的文学才能"于今难得"。

对于新建太学碑碑文内容的拟定，当时的明英宗是比较希望由杨士奇来拟定的，但是，由于杨士奇病重，所以杨溥受命撰写碑文。杨溥所写碑文题为《重建太学之碑》，明英宗阅后不太满意，碍于杨溥情面，又密令杨士奇带病另制一文，题为《新建庙学之碑》。明英宗最终决定采用杨士奇的文字版本，但是杨溥坚持自己的版本，于是，杨士奇为此给明英宗上了一道奏疏，陈说了杨溥版本的问题所在，杨士奇在《论国子监碑书题事》这篇呈奏给明英宗的奏章中这样写道：

① （明）李贤等：《明英宗实录》卷一百六，明成化本。

钦蒙皇上圣恩大德，崇儒重道，新建孔子庙及太学。制度弘壮，高出前古。伏读御制碑文，义理明正，文辞简重，诚足以光华日月，昭示万年。惟闻碑额四字云“重建太学”，臣之愚意有所未安。

盖凡言重建者，谓已作之后又作之。今庙学前元所建，非国朝事，此不可论。我皇上临御既悉，撤而新作之，只当云新建，云重建者非是。今请改为新建，且庙与学，二者庙为重，故庙成之后然后作学，若只书建太学而不云庙，于礼未安。

今请通改作“新建庙学”四字为宜，臣愚见如此，谨具题知，伏惟圣裁。①

在这篇奏疏中，杨士奇主要提出了两个问题。

第一个问题：杨士奇认为，明代的北京太学是在元代基础上启用的，不是明朝本朝创建，所以，不应该用“重建”的说法，因为“重建”二字具有传承关系，而元朝和明朝没有，所以，他认为应该使用“新建”二字较为妥帖。这个意见被采纳并付诸碑刻实践，所以可以推论，杨士奇这篇奏疏的书写时间也是在“新建太学之碑”付刻之前。

第二个问题：杨士奇认为孔庙和国子监二者而言，孔庙地位高于国子监，先有孔庙而后才在孔庙旁边建立学校，所以，碑额只书写“新建太学”而不提孔庙，于理未安，所以，他建议，碑额书写为“新建庙学之碑”。

我们现在所见到的碑文题作《新建太学之碑》，没有完全按照杨士奇的意见刊刻，中和了杨溥和杨士奇的意见，正文采用了杨士奇的文字版本，算是明英宗对这件事情的一个调和吧。

“三杨”各有所长，于《新建太学之碑》中亦可见一斑。

总之，明英宗在原址新建北京孔庙和国子监是在前代庙学基址颓旧、学风日益荒疏不堪的背景下展开的，是李贤等诸多大臣极力上书陈奏的结果，这次修缮也是明代前期北京孔庙和国子监经历的较大规模的一次变动。

李瑞振，北京孔庙和国子监博物馆馆员

① （明）杨士奇：《东里别集》卷三，文渊阁四库全书本。

◇石质文物三维测绘扫描工作若干问题的思考

——以孔庙和国子监博物馆乾隆石经和御制碑三维扫描为例

◎ 马琛

【摘　要】乾隆石经和御制碑是我国具有珍贵历史价值、文化价值、艺术价值的实物资料。文章主要从孔庙和国子监博物馆乾隆石经和御制碑的现状、三维数字化建设与实施等方面来说明乾隆石经以及御制碑三维测绘扫描的必要性、工作进程、工作中的体会以及三维数字化工作在博物馆业务活动中的应用。

【关键词】乾隆石经　御制碑　三维扫描　存档　科学研究

北京东城区安定门内的孔庙是元、明、清三代皇家祭祀孔子的场所，国子监是元、明、清三代的最高学府和教育管理机构，这两组全国重点文物保护单位建筑占地 5 万余平方米。2004 年起，首都图书馆和首都博物馆先后从孔庙和国子监迁出，合并成立了孔庙和国子监管理处，经过三年的大型修缮，于 2008 年 6 月 14 日正式全面对外开放，并更名为“孔庙和国子监博物馆”。

孔庙和国子监博物馆内有 198 通进士题名碑和 239 通乾隆石经（《十三经》）碑刻，另外还有 16 通御制碑和 24 通散碑，合计 477 通碑刻。从 2014 年 3 月开始至 2016 年 7 月，孔庙和国子监博物馆对馆内石质文物先后开展了两个项目的三维数字化测绘扫描工作。其中第一个项目“乾隆石经《十三经》刻石测绘三维扫描”涉及乾隆石经、大学碑等十三经碑林的 239 通刻石；第二个项目“孔庙国子监御制碑三维扫描采集”涉及御制碑、乾隆石鼓等 40 通刻石。两个项目合计 279 通刻石。

以上两个石质文物三维扫描项目是孔庙和国子监博物馆近两年来重要的工程，馆领导、部门主任以及保管部相关同志高度重视项目的工作进程，在馆领导和部门同志的努力下，在研究部同志的大力支持下，顺利完成了刻石的数据采集、数据加工、数据存储工作。两年多来，笔者参与了两个项目的全过程，对石质文物的三维数字化扫描有了一些浅显的思考。现将工作体会汇报如下，希望得到专家和同人的指正。

一　乾隆石经和御制碑概述及保存现状

具有历史、艺术、科学价值的石刻作为我国不可移动文物，是我国宝贵的历史遗存和不可再生的文化资源。石刻按照功能划分，主要有纪事碑、墓祠碑、寺观碑、文献碑、功德碑等。北京孔庙和国子监博物馆院内的石碑即属于文献碑、纪事碑，具有较高的史料价值。

（一）乾隆石经概述及保存现状

孔庙和国子监博物馆里展示的乾隆石经（《十三经》）碑刻是重要的石刻文物。碑刻的63万余字儒家经典是由清代雍正年间的江苏金坛贡生蒋衡，自雍正四年（1726）至乾隆二年（1737），历时十二年完成的十三部经书的书写工作。乾隆五年（1740），江南河道总督高斌将此经奉献乾隆皇帝，乾隆五十六年（1791），特旨钦命和珅、王杰为总裁，彭元瑞、刘墉为副总裁，负责考订蒋衡书写的石经，并动工刻石。乾隆五十九年（1794）刻成并立于太学东西六堂檐廊中。乾隆石经刻石共189通，是目前我国仅有的最完整的一部十三经刻石，《十三经》碑刻中《周易》6通；《尚书》8通；《诗经》13通；《周礼》15通；《仪礼》17通；《礼记》28通；《春秋左传》60通；《春秋公羊传》12通；《春秋谷梁传》11通；《论语》5通；《孝经》1通；《尔雅》3通；《孟子》10通。石碑均为圆抹角方首方座，碑身高241厘米、宽106厘米、厚31厘米。碑座高60厘米、宽120厘米、厚45厘米。乾隆石经碑规模宏大，字体工整，楷书经文精美遒劲，是我国最宝贵的文化财富，具有不可替代的珍贵的史料价值。与乾隆石经（《十三经》）同时存放的还有乾隆《说经文碑》以及各类记录与孔庙和国子监历史、学规学制有关的石碑共50通，构成了独具特色的十三经碑林展示区。

乾隆石经碑林的刻石在孔庙和国子监博物馆石质文物中保存现状相对较好，按照保存现状，大体可分为以下四种情况：

1. 保存完好，字迹清晰

乾隆石经（《十三经》）刻石共189通，保存完好刻石共有120通，占乾隆石经碑林石质文物的50%。

2. 字迹模糊或字体残缺，文字尚可辨认

因材质等原因这类刻石的碑阳或碑阴有不同程度的风化，字迹相对模糊，文字大体可以辨认。

3. 无字可考

此类碑刻主要集中在乾隆石经碑林的 50 通散碑中，如 4 号、5 号、7 号、9 号“国子监祭酒司业题名碑”，已经无法从现有碑刻中查找到任何字迹。

4. 碑身有不同程度的裂纹或严重的断裂

如 17 号碑《论语》碑横裂两处、57 号碑《春秋左传》碑中部粉碎性断裂、118 号碑《礼记》碑大面积断裂。

57 号碑《春秋左传》

118 号碑《礼记》

（二）御制碑及散碑的概述和保存现状

孔庙和国子监院内的16通御制碑的体量巨大，螭首龟趺，装饰精美绝伦，单体字形较大，所选石料上乘。御制碑由于等级和地位至高至尊，大部分建有碑亭加以保护，因此孔庙和国子监博物馆院内的御制碑保护较好，字迹和纹饰都比较清晰。这些御制碑作为我国珍贵的文化遗产，具有重要的历史价值和艺术价值，同时御碑亭也是一道壮美的景观。相对16座御碑，24通散碑中大部分字迹模糊，风化严重，因此研究如何科学保护这些石质文物是十分重要而急迫的任务。

二 石质文物三维扫描的必要性

乾隆石经原存放于国子监六堂，1956年移至国子监与孔庙之间的夹道内。1981年在夹道加盖屋顶成为“碑林大棚”。1988年北京孔庙列为全国重点保护单位后，对十三经碑林进行了大规模的修缮整理。2011年，孔庙和国子监博物馆对十三经碑林进行了较大规模的保护修缮。乾隆石经在经历了长期风吹日晒等自然环境的侵蚀后，大部分刻石都受到不同程度的风化，表面锈迹、粉尘、变色等现象较为严重，有些碑体表层已出现一定的开裂、剥蚀脱落、局部缺失，另外因受到历次拓碑以及由于游客文物保护意识不强，文物素养不高，对文物的触摸等人为因素的影响，文字部分、纹饰部分、基座部分甚至碑身主体均受到不同程度的损伤。随着时间的流逝，刻石日趋严重的风化现象将不可避免。

碑刻是以石头为载体镌刻成的文字资料，因此碑身文字部分的史料价值和艺术价值尤其重要。在孔庙和国子监博物馆两个项目的279通碑中，保存完好、字迹相对清晰的碑刻只占50%，其余碑刻字迹都有不同程度的模糊不清、字体残缺的情况。假如佚失了文字信息，就无法获取有价值的学术资料，刻石的价值将大大地降低。

目前博物馆有两种保存碑刻文字资料的方式：一种是拓片。“拓片，指将碑文石刻、青铜器等文物的形状及其上面的文字、图案拓下来的纸片。”① 作为我国传统文化技法传拓下来的拓片，能够清晰、忠实地以1∶1的比例在纸质载体上再现碑刻的文字以及纹饰信息，真实地反映石碑的原貌。孔庙和国子监博物馆保管部目前只保存有198通进士题名碑的全套拓片，两个项目的279通碑刻的拓片只占馆藏拓片的8%。由于拓片的载体主要是纸质，而有机质地的纸张含有微生物多，因潮湿、虫害、霉菌等自然侵蚀或

① http：//baike. baidu. com/link？ url = EtUNx9X_ hEcZSAnhNaNMwzWsC8qtW3hvMzZ5dq OMT-WLI7AIlCaG9ZQOtZ_ ULBxpJ1fmtU6NbFoARyUL60RvLN_ .

者人为的损毁容易对拓片的保管和利用带来困难。另外用于展览和科学研究的拓片不适宜经常性地提取。鉴于目前博物馆碑刻风化严重的现状，根据国家文物局2011年1月27日发布的《文物复制拓印管理办法》对拓印进行的严格规定，已经不适宜再对石碑进行拓印。

第二种碑身文字的保存方式是录文。尽管录文能够获取石碑本身的文字资料，但是它无法全面反映石碑的纹饰等历史、艺术内涵。根据我馆以往进士题名碑录文的工作经验，在文字相对清楚，并由专人专职地进行录文工作的情况下，一通碑的录文大约需要一个月的时间完成。在进行录文工作时，尽管我们可以参考《北京图书馆历代石刻拓片汇编》中收录的拓片图像信息和一些学术网站的有关研究成果，但因为缺乏拓片资料，录文校勘有一定的困难，而且石碑的风化速度远远超过了录文的速度。因此，迫切需要文物工作者争分夺秒地与时间赛跑，采取有效的方式对石质文物进行抢救性保护。

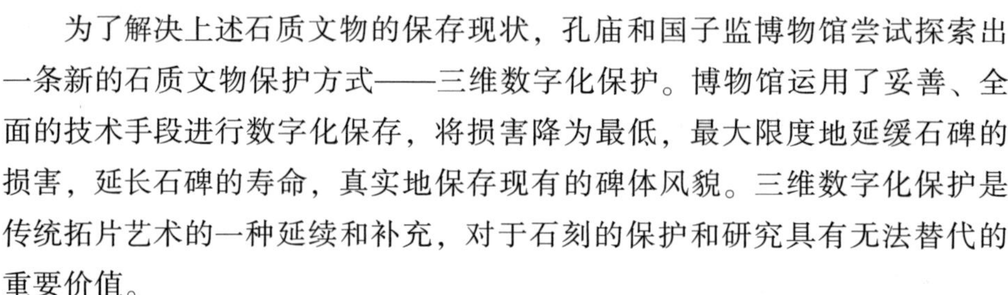

为了解决上述石质文物的保存现状，孔庙和国子监博物馆尝试探索出一条新的石质文物保护方式——三维数字化保护。博物馆运用了妥善、全面的技术手段进行数字化保存，将损害降为最低，最大限度地延缓石碑的损害，延长石碑的寿命，真实地保存现有的碑体风貌。三维数字化保护是传统拓片艺术的一种延续和补充，对于石刻的保护和研究具有无法替代的重要价值。

三 乾隆石经数字化工作的体会

“所谓三维数字化，就是运用三维工具（软件或仪器）来实现模型的虚拟创建、修改、完善、分析等一系列的数字化操作，从而达到用户的目的。”① 数字化三维保护与利用，就是借助先进的设备，通过扫描、拍照等方式对碑刻进行信息采集、记录，再利用计算机软件进行数据处理、加工，利用数据库进行储存和管理，利用互联网进行展示和传播的整个过程。“在三维扫描技术中实物数字化具体的操作流程为：扫描物体、数据采集、数据拼接、后期处理、表面贴图以及最终的实物数字化模型六个步骤。”② 随着科学技术的发展，数字化技术也不断地完善和成熟，博物馆的数字化已成为一种发展趋势。三维扫描技术为文物保护和利用创造了难得的历史机

① http：//baike. baidu. com/link？ url = uLnxXR2hQO6KB4JBtnJT4tuvjkg9E_ TzU0MwCeAFA3B6q7GQqOQhdR3L8U9jyT7iivkYVaDDzqkTceTHW6ilaa.

② 张辉、王冬梅：《基于三维扫描技术的唐陵雕塑数字化保护研究》，《艺术与设计》（理论）2016年第4期。

遇，为博物馆存档、展示和科学研究提供了一种更方便、快捷的方式。

国内大型博物馆如敦煌研究院已经开始致力于文化遗产数字化的探索和研究了。在20世纪80年代末，敦煌研究院院长樊锦诗就提出了“数字敦煌”的概念。2008年，敦煌莫高窟保护利用工程将数字技术引入敦煌石窟保护中，将洞窟、壁画等与敦煌相关的文物加工成高智能数字图像，汇集成电子档案，这样有利于文物的永久保存和永续利用，缓解了文物保护与利用之间的矛盾。故宫博物院也和日本凸版印刷株式会社进行合作，采用三维扫描技术，对故宫古建筑进行数据采集，建立了三维数据库，“数字故宫”使得国家宝贵的文化遗产重获了新生。

孔庙和国子监博物馆本着“保护为主、抢救第一、合理利用、加强管理”的文物保护方针，从2014年至2016年进行了279通石碑的三维扫描工作。

两个三维数字化项目在数据采集过程中，只是除去碑身的灰尘，没有对碑进行特殊处理，对石碑进行了不接触操作的测量记录，对碑首、碑身、碑座、文字、纹路等部位进行了完整的记录，完成了对刻石碑身文字、碑身纹路、碑身纹理三维数字化保护工作；完成了对碑身文字和纹路虚拟修复工作；完成了碑文查找和三维数字化存档工作。通过对孔庙和国子监博物馆刻石三维测绘扫描，有效地保存了现有碑体风貌，去除了现存文物的隐患，提高了文物保护工作能力和博物馆的社会影响，提升了孔庙和国子监博物馆数字化展览展示水平，从而为社会和公众提供更好的服务。

1. 人员和石碑的安全是三维扫描工作的重中之重

为了不影响观众的参观，孔庙和国子监博物馆并未封闭扫描现场，这两个项目的扫描过程全部是在开放的游客展示区完成的，因此文物和人员的安全就显得尤为重要。尽管数据采集时间全部是在冬季，也就是孔庙和国子监博物馆相对来说的参观淡季，但是人员和石碑的安全也同样不能掉以轻心，反而要更加密切关注施工现场人身、文物的安全问题。

一是文物的安全。要保证文物的安全，就要加强对施工扫描工作人员的培训，博物馆保卫部组织所有三维扫描人员进行了安全教育，以“规范施工”“文明施工”“安全施工”为前提，提出了三维扫描过程的具体要求。双方签订了施工安全协议书，安全协议书明确要求扫描人员不接触与扫描测量目标无关的文物。在扫描前，只对石碑进行除尘处理，采集数据时尽量减少接触石碑，避免对石碑造成二次伤害。

二是由于乾隆石经的碑与碑之间测量空间狭小，石碑足有3米多高，需要搭建梯子。而16通御制碑中有8通御制碑都有4米多高，所以需要搭建脚手架，按照相关要求，脚手架的选择与搭建要符合《建筑施工扣件式钢管脚手架安全技术规范》，并由专业人员进行装配。

三是为了保证人员的安全。博物馆要求施工人员在进入现场时一定要戴安全帽、系安全带，在扫描现场，除了张贴警示牌以外，还设置了隔离带和警戒线，以提示游客远离施工区。在乾隆石经碑林数据采集的扫描现场，保管部将扫描人员的姓名、联系方式全部登记，特意准备了一个工作记录本，每日由保管部专人值守，除负责日常扫描现场协调工作，保证必需的水、电供应以外，还要负责当天的扫描现场疏导游客，提醒施工人员注意人身安全、文物安全。2014 年 11 月 20 日开始进场，至 2015 年 2 月 6 日扫描结束，项目的各方工作人员为工程做出了最大努力，确保了三维扫描工作的效率和质量。在第二个项目“孔庙国子监御制碑三维扫描采集”的数据采集现场，我们沿袭了乾隆石经的宝贵工作经验。2015 年 11 月 17 日开始进场工作时，正值严冬季节，在室外露天作业有一定难度。为确保项目顺利完成，制定了严格的项目管理制度，投入两组设备、两组人员。采取双班科学组织、合理配备、交叉作业等方法进行工作，保管部每天安排一名人员现场巡视，监督现场采集人员安全帽、安全带的佩戴情况，消除安全隐患。两个项目的现场数据采集扫描过程未出现人身伤亡事故或文物的损坏情况发生，圆满完成了扫描现场的安全巡视工作。

2. 项目的功能要求和技术要求是项目得以高质量完成的关键

结合孔庙和国子监博物馆的业务特性，根据博物馆业务工作的需要，孔庙和国子监博物馆保管部在撰写项目保护方案和招标文件时，遵照国家文物局下发的《中华人民共和国文物保护法》《省、市、自治区博物馆工作条例》《北京市博物馆条例》《文物复制拓印管理办法》等一系列管理规定和行业规范，充分考虑到采集的数据今后应用的各种可能性，提出数据采集要求为文物安全、信息完整准确、数据清晰全面、高精度的原则，制定了适合孔庙和国子监博物馆的独特保护方案、功能要求和技术要求。功能要求主要有三个方面：一是文字、纹路和纹理的三维数字化保护功能，要求碑身文字达到与实物相匹配，要清晰、完整、全面地记录文字的形态、破损情况，在展示设备中可以进行文字的放大、缩小等操作。碑身纹路功能中要求按原比例实现碑体在扫描时的外观，对于细微处的残损也要得到清晰的展现，对印章也能进行高精度采集，并达到 1∶1 的比例。碑座部分要求体现纹路雕刻的力度与美感。二是文字或纹路的虚拟修复功能，要求通过对此雕刻手法，找出最相近的字体对破损或缺失的文字部分进行填补。按照“修旧如旧”的保护原则，通过对比其他石碑找出最相似部位对断裂的纹路进行修复。三是实现三维数字化展示功能。要求不仅能够用WORD文档的形式进行碑体文字的查找工作，完成三维数字化存档，方便科研人员使用，还要能够根据展览的需要，在相应的软件中可进行三维全方位查看，并有放大、缩小、旋转、测量等相关功能。在“孔庙国子监御制碑三维扫描采集”项目的招标文件撰写前，保管部吸取第一个项目的工作经验，由参与了孔庙和国子监博物馆“乾隆石经《十三经》刻石测绘三维扫描”项目验收工作、并拥有丰富的数字化实践工作经验的三位专家进行技术把关。三位专家对功能要求、技术要求和提交的成果需要的各类格式文件等细节方面都提出了专业的建议和意见，进行了有益的补充，因此第二个项目的功能要求更加完善、技术要求更加详尽、全面、具体。

四 石碑三维数字化成果的应用

无损、精度高、投入成本低、易于长期保存和广泛传播及应用的数字化三维扫描技术，是近些年来文物保护工作中出现的新生事物，也是博物馆业务发展的趋势。博物馆数字化的广泛应用，为我国珍贵文物历史文化遗存的保护、整理研究和开发利用提供了新的手段，具有重要的历史意义和现实意义。

1. *石质文物档案的保存和检索*

数据采集是博物馆信息化业务工作应用的基础。首先，通过三维扫描和摄影测量取得的点云数据信息，能够高精度、清晰地记录碑身整体现状、现存的碑身文字、刻石力度、破损情况、锈蚀情况等现有的碑体风貌，保管人员可以保存现有石质文物最全面、最真实的档案记录，包括石质文物的整体和细节尺寸，并可根据工作需要，随时按照石质文物的文字、纹饰、尺寸等检索条件，查找相关详尽信息，方便快捷地检索到所需要的内容。通过这种新的检索方式，既能有效地提高工作效率，又能在做一般的石质文物研究工作时减少拓片的提取次数，从而提高了拓片保管的安全程度，同时也能够在相当大的程度上缓解石质文物保管和利用之间的矛盾。其次，文物工作者可以将三维扫描记录的受损信息以及虚拟修复的成果作为石质文物修复的科学依据。三维数字化扫描为博物馆高效保护和利用石质文物提供了新的手段和技术。

2. *满足博物馆展览、展示的需要*

三维数字化展示功能，可以获取多种格式的文件，既能够操作流畅地将石质文物放大、缩小、旋转，进行全方位查看，又能够利用文字、纹饰等内容的各面正摄图像全面、生动地用于宣传展示，从而更加直观地增加

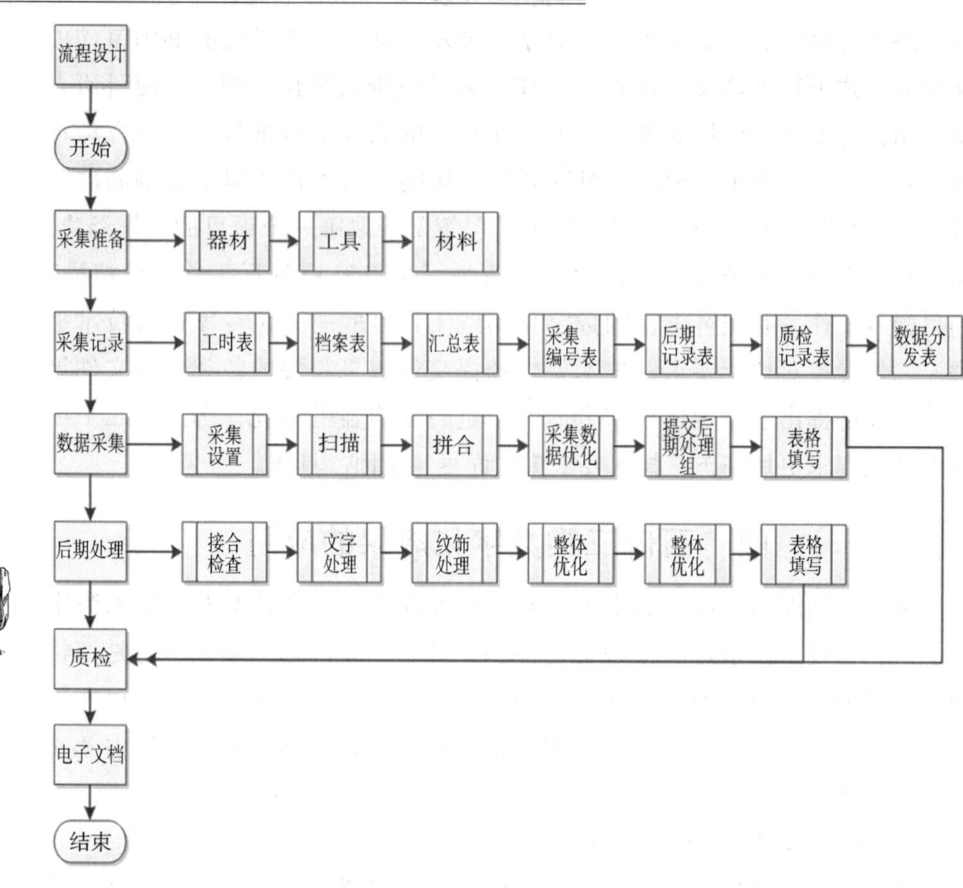

“孔庙国子监御制碑三维扫描采集”总体流程图

“乾隆石经《十三经》刻石测绘三维扫描”数据采集现场

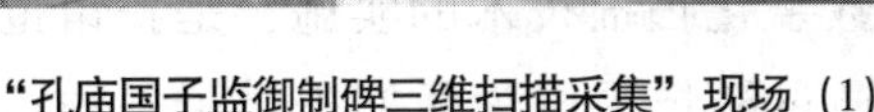

“孔庙国子监御制碑三维扫描采集”现场（1）

“孔庙国子监御制碑三维扫描采集”现场（2）

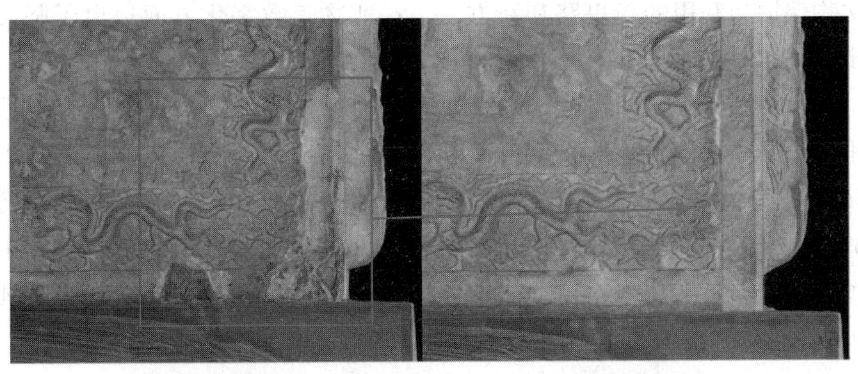

6号碑修复前　　6号碑修复后

“孔庙国子监御制碑三维扫描采集”纹理的修复

公众的参与感。三维模型可直接生成可打印并用于宣传的600dpi以上的拓片。WEB页面可打开的格式可以将精美的石碑通过数字输出设备，在互联网上展现原貌，让社会公众可以足不出户就能借助互联网，从任意角度观赏到石质文物，把服务功能扩充到馆外，使社会公众体会到中华传统文化的独特魅力，实现博物馆传播效果的最大化。

3. 为科研人员提供重要的资料支持

进行系统、全面的研究工作，是博物馆一切活动的基础，只有进行深入的研究才能有利于对文物进行科学的保管，才能揭示文物的历史价值、艺术价值、科学价值。通过利用三维扫描数字化成果，能够为科研人员提供详尽的相关数据和文字信息，推动科研工作的深层次开展。

4. 文创纪念品的开发

文化创意近年来不断升温，全国各大博物馆也纷纷在研究、设计，力图开发出具有本馆特色的文创产品。以文物为基础进行的文化创意设计，为博物馆带来新的生机和活力。孔庙和国子监博物馆的石质文物是博物馆藏品中的一大亮点，尤其是乾隆石经的碑文，书法遒劲，具有较高的鉴赏价值。博物馆可以选取字迹清晰、保存完好、书法精美的儒家经典，例如《孝经》这通碑，充分利用 3D 技术打印出纪念品。公众可以将纪念品带回家，既可以作为书法作品来欣赏，又可以进行国学知识的普及和传播，真正让文物动起来，使社会公众更广泛地共享人类文化遗产。

五 结语

孔庙和国子监博物馆的石质文物是我国文化艺术宝库中的稀世珍品，承载着一个民族特有的历史记忆。三维数字化扫描技术的实施，是我馆抢救石质文物历史信息做出的有益尝试，通过科技手段为我们提供了一种石质文物保护和利用的新思路和新方法，在博物馆数字化方面迈出了坚实的一步。

大力发展数字化博物馆，切实加大文物保护力度，推进文物合理适度利用，让抒写在碑刻上的文字鲜活起来，是我们作为文物工作者的历史责任和光荣使命。孔庙和国子监博物馆将以数字化的方式方法不断拓展博物馆的社会服务功能，充分发挥文物的公共文化服务和社会教育功能，丰富人民群众的精神文化生活，使文物保护成果更多惠及社会公众，为实现中华民族伟大复兴的中国梦做出更大贡献。

马琛，孔庙和国子监博物馆馆员

◇日本现存最古老的学校——足利孔庙

——谈赴日本交流考察体会

◎ 绳博

【摘 要】历史上日本孔子庙曾遍及除北海道以外的日本列岛。保存至今并每年都举行祭祀仪式的孔庙，以东京都枥木县足利市的“足利学校圣庙”，最有代表性。本文将以这所孔庙为中心，考察其历史、由来、传统、发展、现状、祭祀仪式以及文化传承活动。

【关键词】孔庙 孔子祭（释奠） 汉文古籍 孔庙文化

2016年6月，应日方邀请，孔庙和国子监博物馆赴日巡展，并与琉球久米崇圣会、东京足利孔庙进行了充分的交流，笔者有幸参加了这次考察，特别是日本现存最古老的学校——足利孔庙更是让笔者收获颇多。

图1 足利孔庙大成殿木造孔子坐像

足利学校是 15 世纪以来日本儒学传播和研究的重镇之一，也是日本尊孔敬孔历史时期的一个见证。自 15 世纪初“为兴儒学而建立”以来，一直作为敬奉有孔庙的儒家学校而出现在历史记载中，至今足利孔庙大成殿内还供奉着日本最早的木造孔子坐像（见图 1）。自创建以来，足利学校的儒学教育、孔子祭祀、孔庙修建管理以及孔庙文化等，都具有鲜明的地方特色。

一　足利孔庙概况

足利学校位于下野（现在栃木县）足利市，建于室町时代（1336—1573，是日本史中世时代的一个划分，名称源自于幕府设在京都的室町。足利尊氏对应后醍醐天皇的南朝建立了北朝，于 1336 年建立室町幕府，大约相当于中国的明朝）。当时这里不仅是关东地区的文化教育中心，而且也是全日本的文化中心。

1. 孔庙足利学校的历史

关于足利学校的由来，众说纷纭。代表性的说法有如下四种：一是奈良时代（710—784）按照律令制下的国学遗制以“野之国学”为名创建；二是由平安时代小野篁于 832 年创建；三是镰仓时代（1185—1333）由足利义兼在建当地最初的寺庙“傻阿寺”的同时在寺内设置其前身；四是室町时代（1333—1568）由关东管领上杉宪实于 1439 年创建。最近十几年来，比较有权威的说法认为，是足利义兼所创建，后又经上杉宪实之手得到整顿而复兴。上杉宪实在 1419 年（应永二十六年）被幕府任命为镰仓的执事，得到室町幕府的信任。他从 1432 年（永享四年）开始管理幕府的直辖领地足利庄，同时参与管理足利学校，对学校进行修建，搜集了许多图书，使这所学校发挥了学校的职能。他在 1446 年（文安三年）制定《足利学校校规三条》，确定了教育内容，整顿了校风，邀请圆觉寺的高僧快元和尚来校任庠主（即校长），使足利学校兴旺发达起来。

2. 足利学校的发源、兴盛和衰落

室町时代后期，各地除兴建孔庙以外，以宣扬普及孔教为目的的各类学校也多与孔庙合二为一。足利于 1423 年制定了“学校省行堂日用宪章”的校规。上杉宪实上任关东领管后，着手整建儒教学校，并寄赠孔子儒教五大经典中的四经等珍贵典籍，建立了庠主（校长）制度，从镰仓禅宗派圆觉寺延请著名僧侣快元担任首任庠主。此外，上杉宪实与其子上杉宪忠二人还向学校寄赠了易经《周易注疏》，并捐赠大片田地供养学校。

江户时代（1600—1868），德川幕府非常倾慕儒学。在此背景下儒学学校和孔庙祭祀活动也在日本列岛兴盛起来。江户时代足利学校最初的庠主受德川家康将军之命，开始出版木刻字活字本儒学书籍，同时也领受到幕府赐予的200部儒学经书和大片领地，还修建改建了书院、讲堂、书库等。

江户初年开始，足利学校每年年底为德川家康公和秀忠公占卜来年的运势，开创了日本江户时代“年筮”的先例。第十代庠主于1624年对足利学校进行了如同再造的大规模改建工程，第十三代庠主也于1667年到1668年进行了大改修，重建了孔子庙、学校门、杏坛门、入德门、方丈、库里、书院等（见图2）。由于庠主同时也为民间教学，占卦，因此很多文人也常来学校阅览学习儒学典籍等。可惜的是，学校多次遭受雷击而毁于大火，最严重的是1754年和1831年，校舍建筑大部分毁于雷火。

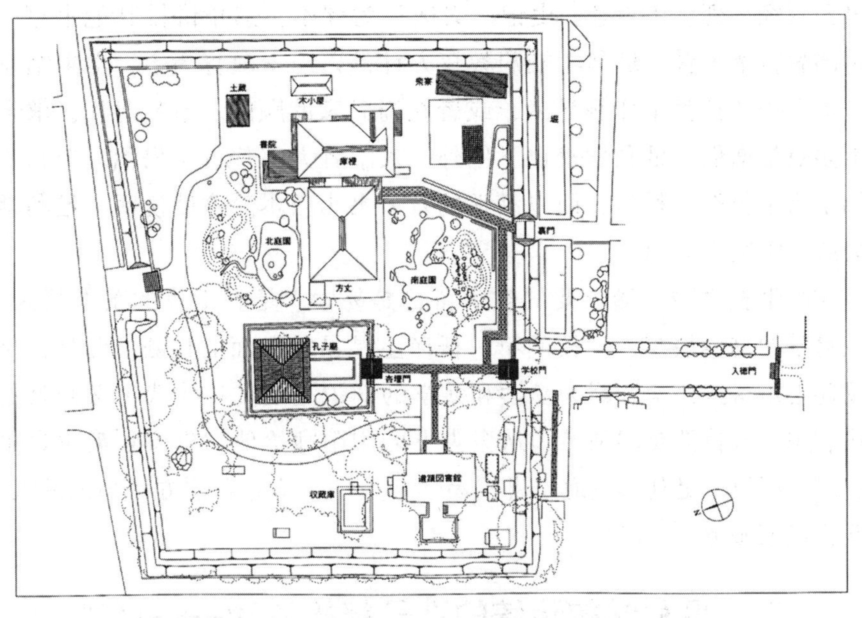

图2 足利学校平面图

图片来源：足利学校宣传册《足利学校》。

明治时代（1868—1912）日本学校全部收归于政府，明治元年（1868）足利学校也归于足利藩管辖，同年足利藩设置足利藩校，1871年学校归属于足利县管辖，明治五年（1872）足利学校被地方政府撤销废校。以后原址上改建过小学校和文库，1903年改学校遗迹为足利图书馆，重点管理珍贵的儒学和国学图书。

1921年足利学校遗址被指定为日本国家级重点保护文物单位。此后，政府陆续开始了考古和复原的工作，1963年重建入德门，1972年重建学校大门，1973—1974年解体重建孔子庙大成殿，此后全面开始庭院护城河等等的复原工程。1990年足利学校全面复原竣工，举行了“中兴550周年”纪念典礼，建立了创建者上杉宪实的纪念碑。

1990年开始，足利学校成为公开开放的孔庙纪念博物馆，归属足利市政府教育委员会管辖，设置专人管理，并专门设置研究机构和研究人员从事孔子儒学等的专门研究。遗址面向社会开放参观，成人票420日元，高中生210日元，中学生以下免票，并且每年都举行各种以纪念孔子为中心内容的祭祀、节日、考试、讲座、比赛等丰富多彩的孔庙文化活动。

足利学校最初是足利氏家族藏书的文库，供本族子弟学习之用，后来发展为学校。在教学内容和教科书上，足利学校校规明确规定：以“三注，四书，六经、列、庄、老、史记、文选”为课本，禁止讲授其他书籍。从规定的教科书来看，足利学校的教育方针是以汉学教育为主，学生结业后到各地方担任教育工作领导者，或者充当武家的顾问。室町时代，求学的学生多数是僧侣。足利学校也不例外，入学者大部分也是僧侣。但它并不以佛学为主要教学科目，而以汉学的教科书为教本。这就说明，足利学校是为武士阶级服务的。

在汉学教育中，最重要的教学科目是易学。足利学校的藏书目录中，有关易学的书籍最多，学校的第一任庠主是易学方面的权威。此外，足利学校还着重讲授兵学，因为易学和兵学的知识是战乱年代武士必须具备的文化知识，武将都要聘请专门从事占卜的阴阳师给他们出谋划策决定军队的进退。所以，足利学校通过讲授易学和兵学，培养有这方面知识的人才，以便为武家服务。①

二　足利学校传统的孔子祭祀活动——释奠

1. 日本的孔庙祭祀活动“释奠”或“释菜”

日本全国著名的代表性孔庙，一般都有自己祭祀孔子的专门仪式和时间。祭祀仪式的名称有两种，一种称为“释奠”，如足利学校孔庙、汤岛圣堂；另一种称为“释菜”，如冈山县备前市闲谷学校圣庙、佐贺县多久市多久圣庙等。

所谓“释奠”或“释菜”，日本是按照中国古代的规制来理解“释奠”程序的。东汉（25—220）以前凡是祭祀山神河神、先圣先师的仪式都称为“释奠”；东汉汉光武帝（25—58）开始，专门把祭祀孔子和七十二弟子的

① 参见王桂编著《日本教育史》，吉林教育出版社1987年版，第54—56页。

图3 释奠场景[①]

仪式称作“释奠”。从此以后，“释奠”就成为祭祀孔子的专门用语。唐代（618—907）也是把孔子和颜回等孔门十哲，连同七十二弟子，二十二儒学圣人等一起祭祀的。

日本原先的“释奠”或“释菜”一年分春秋两次进行。关于“释奠”或“释菜”仪式的最早文献记载，见于完成于奈良时代大宝元年（701）的《大宝令》中记载的“2月8日的上旬丁日举行释奠”。日本最早关于“释奠”或“释菜”仪式的过程制式等一系列规定性文献始见于编纂于延喜五年（905）完成于延长五年（927）的“《延喜式》法令集”。

2. 足利学校的“释奠”或“释菜”仪式历史渊源与发展

足利学校孔庙的“释奠”开始年代也有三说：一说是足利学校创建同时；一说是永享十一年（1439）上杉宪实再建学校时开始执行祭祀孔子的“释奠”或“释菜”仪式；一说是起源于孔子坐像建成时的天文四年（1535）。根据江户时代的《足利学校纪录》，当时每月1日和15日在孔子庙内举行作为“释奠”的简略形式“释菜”。明治维新废校前最后一次“释奠”举行于明治四年（1871），作为维持足利学校传统的一项内容又恢复于明治十三年（1880）的冬至之日，明治十四年（1881）足利学校保护委员会成立后确定“释奠”作为足利学校的传统，今后继续举行。明治四十年（1907），足利学校遗迹图书馆馆长参加了东京汤岛圣堂的“释奠”恢复祭祀仪式，并参与了日本“释奠”或“释菜”仪式的保存整理和确定活动。

① 参见足利学校宣传册《足利学校》。

明治四十一年（1908）冬至，足利学校孔子庙也按照整理后的新的仪式举办了“释奠”祭孔，并且从这次开始，每次举办都规定要悬挂国旗。冬至之日举办“释奠”活动一直持续到大正三年（1914），大正四年的1915年开始，足利孔庙的“释奠”仪式确定在每年的11月23日举行并一直延续至今。原来每年举行“释奠”仪式的当天还要举行的“纪念孔子演讲会”，在明治四十三年（1910）举行后，曾于昭和十九年（1944）到昭和三十九年（1964）间一度中断，到了昭和四十年（1965）在多位全国著名教授和博士的竭力督促下，又恢复举行至今。

3. 足利学校“释奠”仪式和法器

足利学校定于11月23日举行的祭祀孔子仪式，其过程一直固定为以下十五步：

（1）预备：掌事（主祭官）在神官、协律郎、打鼓手伴同下升堂入室，查验大成殿内整备情况。

（2）开始式：上午十时，掌事巡视完毕，打鼓手十时整鸣钟三响，祭祀官宣告仪式开始。

（3）盥洗式：祭官杏坛门前盥洗后入门，由东阶升堂，大殿立柱前北面而列，一般参列者落座。

（4）升堂：掌事引导祭祀贵宾升堂，并于堂东侧立候。

（5）立礼：祭官敬站立礼，再拜，参列者落座。

（6）致辞式：掌事致辞，向祭祀贵宾及参列者宣告祭祀礼仪和过程。

（7）神符仪式：祷词者颂读祈词，敬献神符。

（8）迎神式：神官敬启龛门后，颂读迎神的祝词。

（9）献供品及敬酒器式：奏乐赞礼，引导献官至膳所，依次把簠、簋、笾、豆、俎等传递掌事，再由掌事正式上贡；随后进行敬献酒樽酒器仪式；第一献贡人到了膳所取爵至洗所，洗所之人受爵后洗净，灌酒后交献贡人，献贡人持爵在祭坛正面上供；亚献、终献以及分献人也各个如此上供；配供人持爵也配供给小野篁灵位，奏乐停止。

（10）祝辞式：祝辞人、祭官跪坐再拜；朗读祝辞，读毕祭官再拜；祝辞人、祭官到正面跪坐后再拜；念祝辞，起立进香一拜焚香，跪坐持祝板（笏）上奏祝文；完了把祝板复归香案上；祝辞人、祭官起立再拜，完了后落座。

（11）赐肉赐酒式：奏乐、掌事至膳所取爵，至洗所洗净后，正面进前，从孔圣和四亚圣的爵中注酒，混合之后依次赐予第一献贡人；献贡人啜酒后吐出，把爵交还掌事；掌事持爵归还膳所。奏乐停止。

（12）礼仪终了式。

（13）送神式：神官颂读送神祝词。

（14）掌事致辞式：掌事向祭祀贵宾，一般参列者宣告本日祭祀仪式结束。

（15）退堂式：鸣钟二响，祭祀官退堂。“释奠”仪式所需时间为50分钟，每年都由11月23日上午十时整开始，十时五十分结束。“释奠”仪式上所使用的酒器、食器等法器，也是按照中国古制来仿制的。

图4 足利孔庙祭祀用法器

食器方面按照上供顺序依次是：

①簠（供奉大米、糯米饼的带盖方形深桶漆器食器）；

②簋（供奉大米、糯米黏糕的带盖圆形深桶漆器食器）；

③笾（供奉鲷鱼的高脚带盖竹器浅盘子）；

④豆（供奉白菜、萝卜等素蔬的高脚带盖漆器木器深盘子）；

⑤俎（供奉牛肉的四角带老虎脚四方漆器木器深盒子食器）。

酒器方面按照上供顺序依次是：

①象樽（绘有象的带盖双耳大肚深圆形陶器坛子两口）；

②三足爵（盛酒用大小不一的青铜三足爵杯四尊）；

③牺樽（绘有牛的带盖双耳大肚深圆形陶器坛子两口）。[①]

三 足利孔庙所藏儒学典籍

足利孔庙的儒学典籍中，善本和珍本藏书很多，共有儒学书籍一万六千余册，其中指定为“国宝”级别的宋版书籍珍本有：南宋明州刊本《文

① 《共愛学園前橋国際大学論集》No.6，2006年3月，第117—133页。

选》60 卷 2 册，南宋明州刊本《礼记正义》70 卷 35 册，南宋明州刊本《尚书正义》20 卷 8 册，南宋明州刊本《周易注疏》13 卷 13 册等计 4 种 163 卷 77 册。此外被指定为“全国重要文物”的有宋代刊本《周礼》12 卷 2 册，日本室町抄本《周易传》6 卷 3 册，室町抄本《周易》10 卷 5 册，室町抄本《古文孝经》1 卷 1 册，宋代刊本《附释音毛诗注疏》21 卷 30 册，宋代刊本《附释音春秋左传注疏》60 卷 25 册，室町抄本《论语义疏》10 卷 10 册，宋代刊本《唐书》109 卷 22 册等善本 8 种 98 册。另外还有足利市指定“足利重要保护文物”的儒学书籍 727 册等。此外还有朝鲜国书等珍贵善本，以及记录着孔庙祭祀和修缮、历代庠主等孔庙资料的各种书籍等，共计 16519 册，堪称日本儒学汉籍的宝库。（见图 5）

图 5　足利孔庙所藏儒家典籍

上杉宪实在世时，对足利学校藏书管理极严，他亲自立下图书规则五条：

一、收蓄时固其扃针，縢勿浪与。人若有志披阅者，就舍内看一册，可辄送还，不许将归出阃外。

二、主事者临进退时，预先将交割，与新旧人相对佥，定每部卷数，可后可交代。

三、借读者勿以丹墨妄句投杂揉，勿令纸背生毛，勿触寒具手。

四、至夏月梅润，则令湖柜不蒸；至风凉，则令曝不瓦；至漏时，则令不湿腐；至冬月，则严大禁，早设其备。

五、或质于库，或鬻于市肆，或为穿窬所获，罪莫大焉！罪莫大焉！①

除此规则外，不少书卷中都有上杉宪实亲笔墨书“足利学校公用也，此书不许出校”云云，亦可见其用心之良苦。

1. 汉籍“足利本”的价值

在日本收藏的汉籍善本中，“金泽本”与“足利本”对汉学家们具有很大的魅力。明人郑舜功于明嘉靖三十四年（1555）奉浙江总督杨宜之命为倭寇事东渡日本，著《日本一鉴》。该书卷四记曰：“中国书籍流彼多珍藏山城。大和下野文库及相模金泽文库，以为聚书之渊薮。他库虽藏书，未及二库也。”

所谓“足利本”，是指15世纪前后足利学校的藏本。五百年来，足利学校虽遭人祸天灾，然今尚存明本及明以前诸本共271种。其中如宋刊本《周易注疏》《尚书正义》《礼记正义》并《六家注文选》，皆已被指定为“日本国宝”。

17世纪以前，足利学校及其藏本的价值，鲜为人知。16世纪末，德川家康崛起于日本政坛，他任用足利学校第九代庠主三要野衲（闲室和尚、信长老）执蓍策，告占卜，并主持刊印汉籍——世称“伏见版”。其中，以木活字刊印之《周易》，曾以足利学校藏本四种为校本，每卷都撰有“校勘识语”，“足利本”价值始披露于世。1653年（日本承应二年）江户汉学之巨擘林罗山曾访足利学校，“阅上杉宪实父子寄纳《五经注疏》旧刊唐本而僦得之，乃过其食邑而归，既而以彼旧本，与家藏《五经正义》校雠，窜定之”（《林罗山先生行状》“承应二年”）。林氏家藏《五经正义》，即明万历年间北监刊《十三经注疏》本，当时日本汉学界以为这是最可信赖之官版刊本，不意林罗山与其子林鹅峰以“足利本”宋刊《五经注疏》相校后，发现异文多处，林鹅峰遂于每经末皆撰“识语”以志之。此本今藏内阁文库。享保年间（1716—1736）伊予西条侯儒臣山井鼎，曾于18世纪初在足利学校埋首研究中国古文献三年，尽读其所藏，以足利学校藏古本《周易注疏》《尚书正义》《礼记正义》《毛诗正义》《论语》《孟子》等，校当时流行的崇祯汲古阁本，著《七经孟子考文》。此书不久便传入我国，《四库全书总目》卷三十三著录，称此

① 郑梁生：《元明时代东博日本的文献》，文史哲出版社1984年版，第111页。

书之作“足释千古之疑”云云。清人阮元又据山井氏《考文》而校《十三经注疏》甚具价值。

继《七经孟子考文》之后，日人林述斋所辑之《佚存丛书》又传入我国。林述斋系林氏之第八代传人，1799—1813 年（日本宽政十一年至文化十年），他将中国散佚而传存于日本之典籍 17 种，汇编成集。是书第二册收足利学校藏宋人李中正所撰之《周易传》（即《泰轩易传》），此本系日本应安五年（1372）抄本。林述斋于卷末手题“跋语”曰：“《泰轩易传》六卷，宋李中正撰，是书原系足利学校所贮。”“案是编《宋史·艺文志》不著于录，诸家藏书目并未见其名，徐氏通志堂《九经解裒》刻宋元旧帙，十获六七，而是编不与焉。朱锡鬯《经义考》搜集极赅，存佚弗遗而亦不载其名，乾隆修订《四库全书总目》，其于见存典籍罔不毕收，而竟未及是书，则彼中土散佚之久可知矣。宋元诸儒经解罕传于世，即其残简剩册，亦在可珍，况乎是书佚于彼而存于我者，洵可宝之古籍也。”至此，“足利本”始为学术界所注目。

明治维新之后，足利学校一度被冷落。1875 年，以文部省为中介，把足利学校藏书三十余种，转入东京书籍馆（今国会图书馆前身），并于足利学校原址开设小学校。在明治时代中期全国性的儒学复兴中，1881 年建立了足利学校保护委员会，并于这一年冬天，恢复了孔子的“释奠”活动，重新恢复的祭孔。与古代不同的是，从前是由禅僧主持的佛典仪式，复兴后是按神道仪式办理。1897 年建立了足利学校遗迹保存会，并于 1903 年正式开设“足利学校遗迹图书馆”，延续至今。①

2. 足利孔庙所藏的重要典籍

(1) 宋刊本《周易注疏》

足利学校藏汉籍，当以宋刊本《周易注疏》为其首。此《周易注疏》原系宋代大家陆游旧藏。今每卷末仍保全有陆游第六子陆子遹亲笔所题“识语”，字体行楷，笔力遒劲，墨色亦精：

卷一末题曰：“其月二十一日，陆子遹三山东窗传标。”

卷二末题曰：“端平改元冬十二月廿三日，陆子遹三山写易东窗标阅。”

卷三末题曰：“廿四日，子遹标阅于三山写易东窗。”

卷四末题曰：“甲午岁末冬五日，子遹东窗标阅。”

卷五末题曰：“甲午十二月癸巳，子遹三山东窗阅标。”

① 参见刘德有、马兴国《中日文化交流事典》，第 281 页。

卷六末题曰："端平甲午岁除日，三山东窗子遹标阅。"

卷七末题曰："乙未天基节，三山东窗子遹标阅。"

卷八末题曰："乙未开岁五日，子遹三山东窗标阅。"

卷九末题曰："端平乙未正月六日，陆子遹阅，且标于三山之东窗。"

卷十末题曰："乙未人日，子遹标于三山东窗。"

卷十一末题曰："乙未正月八日，子遹三山东窗标阅。"

卷十二末题曰："乙未立春，子遹三山东窗标阅。"

卷十三末题曰："端平二年正月十日，镜阳嗣隐陆子遹，尊先君手标，以朱点传之。时大雪始晴，谨记。"

陆子遹此"识语"中所谓"三山"，在山阴县镜湖中，系陆游中年卜居之地。放翁诗中屡有"东偏得山多"者即是。此本卷中句读及段落批点，皆用朱笔，其涂抹文字，则用雌黄，亦具见陆氏治学之谨严。

此本不知何时由陆氏家中传出。今卷一末第七行界内，有上杉宪实之子宪忠赠书题识，文曰"上杉右京亮藤原宪忠寄进"，下有花押，并亲笔墨书"足利学校公用"六字。盖上杉宪忠遵父嘱，将遗书赠足利学校，与学子共用也。

足利学校第一代庠主快元，曾于他的老师喜禅处受业易学，故该校有研讨汉唐易学之传统。快元之讲课笔录，由其学生整理而成《周易抄》，今存日本国会图书馆。今此本《周易注疏》卷十三末第七行界内，有九华手题"识语"，记讲授易学事曰："口化大隅产九华叟，周易传授之徒百人，百日讲席十有六度，行年六十一书之。"

此"九华叟"即足利学校第七代庠主，于百日内讲易十六堂，类似今日每周一课，授徒百人，亦可窥见当年易学传授之风貌。

传统经书"注疏本"的刻刊，在北宋时期，"经注"与"正义"都是别行的。自南宋初年以降，为便于读者使用，刻家方始把"正义"配于"经注本"的相当部位。此本《周易注疏》实是最初的"注疏"合刊本之一，目前不仅日本无第二本收藏。国内原铁琴铜剑楼藏本，亦系后印本，故于汉籍史上至为贵重。此本于 1955 年 6 月，被指定为"日本国宝"。

（2）宋刊本《尚书正义》《礼记正义》与《六家本文选》

在足利学校的汉籍特藏中与国宝《周易注疏》在文献上价值相似的，则为宋刊八行本《尚书正义》20 卷 8 册及《礼记正义》70 卷 35 册，此二本皆为最早的《五经注疏》合刊本之一种。每册皆有上杉宪实的"松竹清风"藏书印。《尚书正义》卷首孔维等《上表》之天头，有"此书不许出学校阃外宪实（花押）"，并"足利学校公用"等墨书，卷二十末第七行界内有“上杉安房守藤原宪实寄进（花押）”题签。《礼记正义》存宋绍熙三年（1192）三山黄唐《跋文》，卷三十三至卷四十为丰后万寿寺僧人一华补钞，卷首天头，也有“此书不许出学校阃外宪实（花押）”等题识。

《礼记正义》于1955年2月，被指定为“日本国宝”，《尚书正义》于同年6月被指定为“日本国宝”。

足利学校擅长易学的第七代庠主上杉九华，于1560年（日本永禄三年）回归故里大隅（今鹿儿岛）省亲，途中在相州为当地城主北条氏康、北条氏政父子相邀约，讲授《周易》并《三略》，北条氏以当时金泽文库旧藏宋刊本《文选》作为礼资，赠予上杉九华。

此本《文选》，今藏于足利学校，1962年（昭和三十七年）6月，被指定为“日本国宝”。

足利学校藏本中，尚有宋建安刘叔刚刊十行初印本《附释音毛诗注疏》20卷30册。原来自南宋初年“注”“疏”合刊后，坊间更把唐陆德明所撰之《经典释文》，据经文注疏而加以分合，是为“附释音本”。后代传世之明正德年间刊十行本，即为此种“附释音本”。世人有以此明正德十行本为宋刊的元明修补本，实是不妥。足利学校藏此宋刊本，即为此种《附释音毛诗注疏》之祖本。清人阮元据以校《十三经注疏》的明正德十行本，是元人覆刻本的明修补本，非为原本。“足利本”宋刘叔刚刊《春秋左传注疏》，也是属于这一系统的。①

由于足利学校古汉典籍藏书丰富，多善本珍本甚至“国宝级”古籍，因此每年都要在书院内举行传统而非公开的“曝书”活动。每年十月到十一月中旬，空气湿度在55%左右，天气比较稳定的连续几天晴天以内，一般从早九时到下午三时的时间段里，举行这项旨在保护典籍的内部传统活动。珍贵的古籍逐一被打开函纽，一页一页地去翻检，使其自然风干，以防虫防蛀防霉防潮；同时还要修理破损的函盒、函钮；点检修缮被虫蛀了的书页。“曝书”前后需用40天左右。曝书日语解释为“晾晒古书里的蠹虫”，这也是足利学校儒学教育的一项重要环节。列为“曝书”对象的是中国古代儒学典籍藏书2.8万册，日本国学和书1.3万册，总计4.1万余册。

日本在引进吸收中国文化的漫长过程中，儒家文化是其中最为重要的内容。尊孔、祭孔，便是对儒家文化表示崇敬的具体表现。从儒学传入日

① 参见严绍璗《汉籍在日本的流布研究》，江苏古籍出版社1992年版，第255—262页。

本1800年的历史中，儒家的思想与日本大和民族的神道精神相融合，成为了日本国民精神中十分重要的道德文化基础。短短几天的交流与学习，让笔者初步了解了日本是如何将传统文化与现代文明和谐统一、如何严格遵从诚实守信的儒家思想的。

绳博，孔庙和国子监博物馆馆员

◇论明代郑州地方士绅阶层

——以《重修文庙之记》碑补证

◎ 邢薇薇

【摘　要】郑州文庙自东汉兴建，元代重建，明清历经修葺和复建保存至今。其中明代先后两次重修，明嘉靖四十四年（1565）《重修文庙之记》碑保存完整，不仅为勘察郑州文庙建筑、修建原因提供了重要依据，同时也成为记载重修郑州文庙的重要文献补充，对于研究明代的郑州地方官制及地方士绅提供了新的佐证。

【关键词】郑州《重修文庙之记》碑　明代官制　士绅阶层

郑州文庙位于郑州市东大街东段，于东汉明帝永平年间（58—75）创建，后因火灾俱毁，元代至正间（1349），知州黄迁佐重修仿建①，明清两代知州又多次整修，2004年在对郑州文庙进行维修时于地下挖掘发现了明代嘉靖四十四年（1565）《重修文庙之记》碑刻，目前安放在郑州文庙碑廊。

郑州《重修文庙之记》碑圆首，青石质。高1.97米、宽0.81米、厚0.24米，额隶书题“重修文庙之记”3行6字，碑文为楷书，记载了明嘉靖时期（1565）重修郑州文庙之事。内容共计19行，满行48字。碑文楷书，小楷字形工整巧丽，融入古典的宋体和个性的楷体，是一幅明代“楷书”制度下典型书法石刻。同样，《重修文庙之记》碑也有效地补充了明清两代《郑州志》中未记载的嘉靖四十四年前后州府官员名称与官位，记载了这一时期郑州士绅阶层主要人员构成，为进一步研究明代郑州地区地方官制和士绅阶层提供了新的佐证。

---

① 《郑州历史文化丛书》编纂委员会编：《郑州志两种·嘉靖郑州志》，中州古籍出版社2002年版，第14页。

一 郑州《重修文庙之记》碑文

《重修文庙之记》碑首刻有其名，碑文竖排共19行，碑文如下：

赐进士出身前承德即奉命提督□□等处河道工部都水清吏司主事郑州同知张大猷撰

郑旧有学，斋宫孔严，岁久风雨颓圮，廼有孝义之耆海蕴，槩□慕思圣贤之道，又以其子海东瀛为庠序弟子员，于是捐资鸠工立为，兴筑寝殿，有肃仪门，曰抗戟塾特。然。松柏森立，□垣如壁，视昔愈弘，本州官寮尚其嘉勋，锡以冠带，仍旌其庐。于是学师生特币来言如右，且曰：孝义海蕴，如彼碣且砺矣，请一言以为志。余维圣贤之立教，天理之在人心，是故其道不形而立，不有而存，为堂为奥，暗室屋漏。至于平如砥，直如矢，及其墙之高，宫之广，宗庙百官之丽且富，岂非其天理之自有者与？夫惟天理自有，是以人皆得而有之，人皆有其平直出入，而由之者何人也？人皆有其堂奥趋进，而升以入之者又何人也？人皆有其暗室屋漏内省，而尚不愧者，又何人也？夫屋漏，一愧则堂奥无光，而平直之路抑且昏然矣。恃形而立，恃有而存，则此屋壁虽百毁而百建，圣贤之道岂信资于是哉？尔多士尚思孝行之所敂，起因乎天理之在人心，而圣贤立教于天下，果不虚尔也。尚思其所以，不形而立，不有而存，以其理之可善可信者。在已，必使吾所由之道平如坻，直如矢，不劳乎他人之修筑，乃为大道也。必使吾所升所入高明如天，深邃如渊，不资乎他人之开敞深济，乃为堂奥也。于是乎，求诸暗室屋漏，必得乎圣贤之天理，如堂而明，如廉而正，如路而直，得其美大圣神真。如百官之富，取其左右逢其源，则如此庙貌之严，门墙之峙，为此耆孝所修筑，为当署所表扬者，岂非天理之在人心教之行乎？天下圣贤之公共，而皆为吾之所自有者，与夫士者质其冠，辨其礼貌，必知吾身之为堂奥，为廉阶，为暗室屋漏。诚然于斯，日新其天理而无所颓堕，则圣人之宫墙，代不必修，与天地併然，则劳劳乎海君者，盖亦多之焉尔矣，呜呼！居广居，立正位，行大道，得至与天下由，不得志而独行挺然，为圣人之宫墙者，郑有其人焉矣乎！勉之！是为志。

奉直大夫 知郑州事王守身立 嘉靖四十四年岁次乙丑仲冬吉旦，赐进士出身前山东按察司佥事判郑州事周国卿书 督工署学正

《重修文庙之记》碑拓片

举人林葵　奉直大夫知郑州事金豁陈镗　儒学学正晋宁乡王栋　判官乐亭史尧汤　训导忻州李思诚　生员金科、孙邦靖、戴先德、沈永祚、周维屏、海东里等　泰□方一纯　吏目玉田刘云鹏　泰□方一纯　同立石　石□赵守约

该碑文中分析了明嘉靖间郑州文庙重新修建的原因，以及对捐资重建文庙的感慨。同时也记载了郑州知府、同知、判事、督工署学正、知事、儒学学正、判官、训导等地方官员、学官，及相关的生员和吏目的名称及官职。从官员的官制及出身来看，可见地方政府对重修文庙的重视，把它作为一项重要的任务来完成。

二　对郑州《重修文庙之记》的论证与研究

除以上之外，郑州《重修文庙之记》碑所记载的内容，对于研究明代嘉靖时期（1565）郑州文庙的建筑，以及官制和地方文化等问题，亦具有重要价值。在此，需要先弄清以下几个问题。

1. 重修郑州文庙的时间及原因

文庙，是明代统治者在地方设置的正规学校，是士子读书的场所，同时也是封建王朝为巩固自己的统治、进行地方教化的场所，以及地方文化教育的推广中心，被地方民众视为一地文脉兴衰隆替所系。因此地方官员和士绅们对文庙的兴建和维修是十分热忱的，通常会作为官员的首要任务来完成。

据《嘉靖郑州志》《康熙郑州志》整理①，明代郑州文庙的修建先后有9次之多，如表1所示。

① 《郑州历史文化丛书》编纂委员会编：《郑州志两种·康熙郑州志》，中州古籍出版社2002年版，第101页；《郑州历史文化丛书》编纂委员会编：《郑州志两种·嘉靖郑州志》，中州古籍出版社2002年版，第14页。

表 1　　明代郑州文庙重修纪年

年代	洪武	宣德	正统	天顺	成化	正德	嘉靖	嘉靖	万历
重修时间	三年 1370 年	癸丑 1433 年	甲子 1444 年	己卯 1459 年	壬辰 1472 年	戊寅 1472 年	壬辰 1532 年	乙丑 1565 年	辛丑 1601 年
重修官员（知州）	张畲	林厚	史彬	余靖	洪宽	刘仲和	稍腾汉	王守身	俞乔

在先后 9 次重修文庙中，明清两代的《郑州志》中明确记载 7 次，其他 2 次则据郑州文庙现存的明嘉靖《重修文庙之记》碑、万历《郑州重修庙学之记》碑所载内容，确定其维修具体时间。其中明天顺年间知州余靖对文庙维修，仅见《康熙郑州志》记载，没有具体年代，依据郑州文庙现存天顺年间《郑州修学之记》碑刻所载，确定知州余靖对文庙维修时间为天顺三年（1459）。由此可见，郑州历任知府对文庙的维修是十分重视的。

在《重修文庙之记》碑中，我们则可以清晰地看到其重修文庙的时间为："嘉靖四十四年岁次乙丑仲冬吉旦"，即 1565 年农历十一月①立碑，吉旦则作两种解释：一为农历每月初一②，二泛指吉利日子。

历代重修郑州文庙有多种原因，如明初洪武三年（1370）重建，是由于元末郑州文庙毁于兵燹。明天顺三年（1459）重修，则是由于"其室稍微矣，其地卤，故其墙壁下润，势有将压者，泮池阶级之甃有缺而未补者"③。而嘉靖四十四年重修郑州文庙，从《重修文庙之记》碑中的记载来看，主要有两个方面的原因：一是由于"岁久风雨颓圮"，即文庙的建筑经过多年风雨已经倒塌损坏，需要维修重建。二是由于"迺有孝义之耆海蕴，槩（同概）□慕思圣贤之道，又以其子海东瀛为庠序弟子员，于是捐资鸠工立为，兴筑寝殿，有肃仪门"。即有位名叫海蕴的老人，崇尚圣贤之道，而他的儿子海东瀛则是庠序的弟子员，于是捐资并纠集工匠重建文庙，兴建寝殿，整肃仪门。

以上两个方面是明嘉靖四十四年郑州文庙的重新修建的原因。同时，从《重修文庙之记》碑刻中，我们还可以看到地方官员对重修文庙的重视，碑文由进士出身的郑州同知张大猷撰写，郑州知州王守身立碑，进士出身判事周国卿书。因此，碑文隐含着重修文庙的第三个方面的原因：重修文庙是地方官员在任职期间政绩指标之一，是其升迁的基础和根本所在，郑

① 杨展览、李希圣、黄伟雄主编：《地理学大辞典》，安徽人民出版社 1992 年版，第 108 页。

② 商务印书馆辞书研究中心编：《现代汉语学习词典》，商务印书馆 2010 年版，第 568 页。

③ 郭万全主编：《管城回族区文物志》，中州古籍出版社 2012 年版，第 169 页。

州地方官员十分重视。

《明太祖实录》第四十六卷中记载有朱元璋颁诏天下立学，即“学校之教，至元其弊极矣……朕恒谓治国之要，以教化为先；教化之道，学校为本。今京师虽有太学，而天下学校未兴。宜令郡县皆立学……此最急务，当急行之”。从而形成了全国性庙学建筑的重建与拓展。而在嘉靖七年（1528），明世宗敕工部于翰林院盖敬一亭，地方由此兴建敬一亭。嘉靖九年（1530），诏各地庙学又建启圣祠，祭祀孔子父亲。[①] 从以上文献可知，明代中央政府对文庙修建的重视，从而确立其形象，并利用儒学教育民众，在精神层面来控制整个社会，巩固中央统治，同样，这也成为地方官员必须完成的一项政绩。而嘉靖四十四年的重修文庙，除了政绩因素外，当地士绅海蕴对地方官员的支持也是其政绩的重要体现，士绅作为郑州地方的权威人物，官员的政绩优劣，他们同样具有一定的发言权。

2. 证实嘉靖四十四年郑州主要地方官员

《重修文庙之记》碑确定重修的时间为嘉靖四十四年（1565），从其碑文记载可知当时郑州的主要地方官员，如表2所示。

表2　明嘉靖四十四年郑州主要官员

官　制	姓　名	碑刻原文
知州	王守身	奉直大夫知郑州事王守身
同知	张大猷	赐进士出身前承德即奉命提督□□等处河道工部都水清吏司主事郑州同知张大猷
判事	周国卿	赐进士出身前山东按察司佥事判郑州事周国卿
督工署学正	林　葵	督工署学正举人林葵
知州	陈　镗	奉直大夫知郑州事金豁（同溪）陈镗
儒学学正	王　栋	儒学学正晋宁乡王栋
判官	史尧汤	判官乐亭史尧汤
训导	李思诚	训导忻州李思诚
吏目	刘云鹏	吏目玉田刘云鹏
吏目	方一纯	泰□方一纯

据现存《嘉靖郑州志》和《康熙郑州志》来看，关于郑州地方官员的确切记载各不相同。如：关于“郑州知州”历任官员记载中，自嘉靖二十九年（1550）郑州知州徐恕起，到万历元年（1573）中间21年相关记载为空白。而“郑州同知”历任官员的记载中，自嘉靖二十九年到隆庆五年间

① 王贵祥主编：《中国建筑史论汇刊第叁辑》，清华大学出版社2010年版，第370页。

（1571）19 年相关记载为空白。查阅历史文献后，《重修文庙之记》碑文中，仅能查寻到王守身、张大猷、周国卿、刘云鹏四人的相关文献记载。

王守身，山东莱芜人，嘉靖二十五年（1546）举人，莱芜知县陈甘雨在县治前立“鸣凤坊”一座，期望县学的莘莘学子都能勤奋向学，不辱斯文，都能凤鸣映天，光耀古嬴。嘉靖三十八年（1559）任顺义知县①，后升迁郑州守。

张大猷，广东广州番禺县人，字元敬，明嘉靖三十五年（1556）第二甲，赐进士出身，时年 30 岁。广东乡试第一名，会试第 197 名②。先后曾任工部都水清吏司主事，郑州同知、判官，大名府通判、吉安同知、云南提学佥事等职。

周国卿，浙江海宁人，字台仲，明嘉靖二十九年（1550）第三甲，赐进士出身，时年 36 岁。顺天府乡试第 2 名，会试第 32 名③。山东按察司佥事、郑州判事、延安府知府、江西副史④等职。

刘云鹏，直隶顺天府蓟州玉田人（今天津蓟县），由岁贡，嘉靖四十四年（1565）任。

由此来看，明嘉靖郑州《重修文庙之记》碑恰好对现存的《嘉靖郑州志》和《康熙郑州志》做一补充，以达到补充郑州地方史志的作用。

首先，从碑文中可以确定嘉靖四十四年（1565），郑州知州应为王守身，其出身举人，奉直大夫则说明其在五品任内考核良好才得以升授⑤，从而可与嘉靖《莱芜县志》互补，了解王守身的官职升迁，确定其在郑州时所担任的主要官职。

其次，可以明确张大猷在任工部都水清吏司主事后，在万历年间谪守郑州之前，曾在嘉靖四十四年（1565）出任郑州同知，时年 39 岁，其协助知州治理郑州地方事务，成为嘉靖年间郑州地方文化秩序构建重要官员之一。在现存的另外一通的《福》字碑中，则证实张大猷出任郑州同知时“谪同守郑州”⑥，可见他在嘉靖四十四年（1565）出任郑州同知已经是被朝廷贬官，从而“谪守郑州”。

最后，可以确定周国卿在嘉靖四十四年（1565）出任郑州判事前，其

① （清）周家楣、（清）缪荃孙等编纂：《光绪顺天府志》，北京古籍出版社 1987 年版，第 3038 页。

② 陈文新主编：《明代科举与文学编年（中）》，武汉大学出版社 2009 年版，第 2276 页。

③ 同上书，第 2178 页。

④ 浙江省地方志编纂委员会编：《浙江通志 7》，中华书局 2001 年版，第 3450 页。

⑤ 张政烺：《中国古代职官大辞典》，河南人民出版社 1990 年版，第 579 页。

⑥ 郭万全主编：《管城回族区文物志》，中州古籍出版社 2012 年版，第 174 页。

为山东按察司佥事，时年已经 52 岁。

同样，《重修文庙之记》中还存在一个问题需要探讨，碑文中有两位奉直大夫知郑州事，笔者综合分析后，认为王守身应为时任郑州知府，金溪陈镗极有可能是前任郑州知州。

3. 明代郑州地方士绅阶层

明朝统治者想要牢固地控制地方社会，在兴建地方教育时，必然要以培养忠于自己的精英为主要责任。仅在明嘉靖年间，郑州涌现出不少人才，其中进士就有 3 人，举人 9 人，贡生 38 人。① 这是明代地方官员教化培养出来的地方精英人才，他们的言行举止足以引领地方舆论、表率乡里，具有相当分量的话语权，引领着当地思想的导向，是当地的士绅阶层。重修文庙则是为了确立地方及中央政府的正统形象，利用儒学教化地方民众，从精神层面控制地方社会，巩固其在地方上的统治，同样，这也是地方官员必须完成的一项政治任务，地方教化所培养出来的这些人才，就是所谓的地方士绅阶层。

士绅来源于“士”，早在秦汉时期，士、农、工、商的社会阶层就已经形成，士为四民之首，享有特殊的社会地位。唐宋以后，由于门阀士族的衰败以及科举制的确立，在“士”之外又出现了“绅”的群体。明清时期，“绅”达到鼎盛，发展成为一种新的社会阶层，在国家的政治经济生活中有着举足轻重的地位，后来学术界将这两股力量统称为“士绅”。

明代的士绅阶层主要由两部分组成，一是地方官员，包括现任、退休和被革职者；二是各级学衔的获得者，包括历年的文武两科。总之，士绅就是那些经过儒学教育，经历科举考试后，个人取得功名后，在当地社会有一定的地位和威望的人。

郑州的士绅阶层在明代早期就已经兴起，据《康熙郑州志》记载，明代郑州地区取得功名可考的进士为 16 人，举人 79 人，贡生 197 人，每个时期都具有一定的规模。明政府为了巩固统治，需要士绅阶层的支持，同时也促进了当地文化的发展，随着经济的发展，科举考试也在郑州得到发展，并在这里培养出了大批士绅。

《重修文庙之记》碑文中除了记载嘉靖四十四年（1565）主要地方官员外，还对海蕴老人的功德加以表彰，称其“如百官之富，取其左右逢其源，则如此庙貌之严，门墙之峙，为此耆孝所修筑，为当署所表扬者，岂非天理之在人心教之行乎？天下圣贤之公共，而皆为吾之所自有者，与夫士者

① 《郑州历史文化丛书》编纂委员会编：《郑州志两种 · 康熙郑州志》，中州古籍出版社 2002 年版，第 155 页。

质其冠，辨其礼貌，必知吾身之为堂奥，为廉堦”。另有结尾处，碑文载：“呜呼！居广居，立正位，行大道，得至与天下由，不得志而独行挺然，为圣人之宫墙者，郑有其人焉矣乎！勉之是为志。”可见张大猷在撰写碑文时，对海蕴的评价和赞扬是极高的。另一通《福》字碑，则是张大猷亲笔书写的“福”字，进一步对海蕴进行表彰，碑文中则称其为“散官海蕴”，可见他也是有官职在身的。

碑文最后，除了官员外，还有生员：金科、孙邦靖、戴先德、沈永祚、周维屏、海东里六人，也是经过地方教育的人员，同样也成为地方士绅的组成部分。大批的生员在通过地方教育后，还需要通过科举考试，才能取得功名，或许今天的士绅就是明天的官员。

海蕴作为郑州地方的乡绅，家业富足，并且有一定的文化水平，又是“散官”，具有较强的号召力和领导力，在郑州本地能起到表率的作用。同时他积极参与乡里的公共事务，捐资重修文庙，是本地士绅的代表。

由此，我们从这通嘉靖《重修文庙之记》碑中，可以清楚地看出当时郑州地方士绅阶层的构成。

三　结论

综上所述，从《重修文庙之记》记载可知，此次重修郑州文庙的时间为明嘉靖四十四年（1565），立碑时间为农历十一月。文庙年久失修，士绅海蕴捐资修建，郑州知州为首的官员重视则是其重新修建的主要原因。

《重修文庙之记》碑是目前明代关于重修郑州文庙为数不多的碑刻，是一件难得的历史文物，其不仅记载了重修文庙的原因，同样也完整保存了嘉靖四十四年郑州知州、同知、判事、学正等地方官员任职资料，可以与其他史书相互印证，从而达到补充历史文献的作用，极具实证性。另一方面，在《重修文庙之记》碑文中，明代郑州地方士绅阶层分列其中，由此可以见其在地方的影响力，以官员、乡绅、生员构成的士绅阶层，不仅在维系郑州地区儒学的传播与教育，而且他们都具有一定的社会地位，参与地方文化秩序的建设和管理，并不断促进郑州地区的文化教育的发展，为郑州地区传统文化留下了宝贵的文化遗产。

邢薇薇，郑州市商城遗址保护管理处社教部主任

◇进士趣事（九）

◎ 魏黎瑾　郭小铨

【摘　要】本文是《进士趣事》的第九篇，介绍了明代徐溥、顾鼎臣、钱若赓、梁云构，清代秦国龙、陈大受、黄瑶观、吴荫培、赵炳麟等古代进士的趣闻轶事。

【关键词】科举　进士　趣闻轶事。

一　进士的姓氏

明、清两朝的科举考试，从明洪武四年（1371）辛亥科到清光绪三十年（1904）甲辰恩科，共开科 201 次，取进士 51624 名。这些进士中包括 827 个姓氏，姓氏笔画最少的是乙姓，只有一画，笔画最多的是鑾姓和觀姓，有二十五画。人数最多的是王姓，为 3486 名，其中有状元 9 人：明成化十七年（1481）辛丑科王华（浙江余姚人）；清康熙四十二年（1703）癸未科王世丹（江苏宝应）；清康熙四十五年（1706）丙戌科王云锦（江苏无锡）；清康熙五十一年（1712）壬辰科王世琛（江苏苏州）；清康熙五十二年（1713）癸巳恩科王敬铭（上海）；清乾隆二十六年（1761）辛巳恩科王杰（陕西韩城）；清乾隆六十年（1795）乙卯科王以衔（浙江吴兴）；清光绪三年（1877）丁丑科王仁堪（福建闽侯）；清光绪二十九年（1903）癸卯科王寿彭（山东潍坊）。王姓有榜眼 12 人，探花 13 人。

人数多的还有张姓 3212 名，有状元 9 人：明洪武二十七年（1394）甲戌科张信（浙江定海）；明成化五年（1469）己丑科张升（江西南城）；明隆庆五年（1571）辛未科张元忭（四川绵竹）；明万历八年（1580）庚辰科张懋修（湖北江陵）；明万历二十九年（1601）辛丑科张以诚（上海青浦）；清乾隆三十一年（1766）丙辰科张书勋（原江苏吴县）；清道光二十七年（1847）丁未科张之万（河北南皮）；清光绪十五年（1889）己丑科张建勋（广西临桂）；清光绪二十年（1894）甲午科张謇（江苏南通）。张姓有榜眼 6 人，探花 6 人。

李姓3075名，有状元6人：明永乐十六年（1418）戊戌科李骐（福建长乐）；明成化二十年（1484）甲辰科李旻（浙江杭州）；明嘉靖二十六年（1547）丁未科李春芳（江苏兴化）；清康熙三十六年（1697）丁丑科李蟠（江苏徐州）；清道光九年（1829）己丑科李振钧（安徽太湖）；清道光二十年（1840）庚子科李承霖（江苏镇江）。李姓有榜眼8人，探花5人。

陈姓2367人，有状元10人，榜眼8人，探花10人。

刘姓2230人，有状元8人，榜眼9人，探花9人。

有207个姓氏，各有进士1人。

二 徐溥的豆子

明景泰五年（1454）甲戌科一甲第2名进士（榜眼）徐溥，江苏宜兴人，字时用，号谦斋。据说他年少时常怀揣一本自己手抄的儒家经典语录，随时翻看。他为了激励自己，在家中放了两个罐子，如果他努力读书并有所得或积德行善做了好事，即在一个罐中放入一颗黄豆，反之则在另一罐中放入一颗黑豆。正是这种自我约束，使他学识日进且贤名远播。

徐溥进士及第后授翰林院编修；天顺初兼司经局校书，侍东宫讲读；成化十五年（1479）官礼部左侍郎；弘治元年（1488）以吏部兼文渊阁大学士。他为官严谨持重，不阿谀不屈从，弘治皇帝迷信方术，常因斋醮修炼而不上朝。徐溥上疏以宋徽宗崇信方术，不但没有得福，反而招祸。被金人俘虏的事为例，阐述了方术的危害以劝诫弘治皇帝。不知是徐溥的劝告起了作用，还是弘治皇帝真有醒悟，以后弘治皇帝确实对术士有所疏远了。

徐溥任首辅十二年，与同僚从不托大，或有官员出错，皇帝欲治罪，他往往以错小不可大罚，加以解脱。对于皇帝交办的事他会和众臣认真斟酌，如有疑问或有不到之处，他会向皇帝建议修改。鉴于皇帝对他的信任，皇帝大多会采纳他的建议。弘治十年（1497）徐溥已逾七十，又患眼疾，向皇帝请辞，弘治皇帝竭力挽留。翌年他眼疾日重，几近失明，手哆嗦得无法写字，于是再次请辞，弘治皇帝加授他太子太师、华盖殿大学士，准其还乡。徐溥为官清廉，生活简朴，做京官并没有在京城建造府邸，还是要退休了才在故里建了一所宅子。回乡后的第二年他便去世了，弘治皇帝得知徐溥去世的消息后，亲派官员前去祭奠。家人整理他的遗物时，两个装豆的罐子依然还在。

三 顾鼎臣柴房认母

顾鼎臣，字九和，号未斋，直隶昆山（今江苏昆山）人。明弘治十八年（1505）乙丑科状元。其父名顾恂，而顾恂之妻并不是顾鼎臣的生母。原来顾恂的夫人一直不孕，又对丈夫看管甚严，生怕他因自己不育而与他人有染。结果百密一疏，不想顾恂竟与家中唯一一个婢女成了好事。顾家在集市有一间店铺做些小生意，平日由婢女去给看店的顾恂送饭，每次顾妻都会严令婢女送到地方不许停留立刻回来。一日婢女去送饭刚欲回转，突然天降大雨，婢女只得留下避雨。顾恂本来就有意此女，只因悍妻监视严紧不得下手。此时即得天助，事后婢女竟怀孕了，结果事发，顾妻大怒，对婢女大打出手。婢女虽饱受虐待，但还是保住了孩子，这孩子就是顾鼎臣。当然顾妻绝不能放过此子，多次对其下毒手，后被一长工抱走抚养才得以活命。常言道，苦命之人自有苦命之福，顾鼎臣自幼天资聪明，家虽贫但努力求学，常与乡里的秀才们交往，秀才们也很喜欢他。长大后顾鼎臣成了一位饱学之士，并一举科考夺魁。顾恂此时方将鼎臣的身世告诉了他，顾鼎臣这才认了父亲，并要认生母。可因顾妻记恨其母拒不让见，鼎臣跪地说道：“如不让见母，我当跪死在这里。”

顾鼎臣毕竟是状元，在场众人群起力劝，那妇人才同意，将其母从柴房唤出。此时其母已被折磨得形容枯槁，不像人样了，母子见了面在柴房门前相拥而泣。

顾鼎臣后官至太子太傅、礼部尚书、武英殿大学士，成了首辅重臣。

四　钱若赓审鹅

据说明隆庆五年（1571）辛未科 2 甲第 20 名进士钱若赓，在任江西临江太守时，曾审鹅断过案。钱若赓，字德成，浙江鄞县（今浙江宁波市鄞州区）人。说这日临江太守钱若赓正坐于堂上，有一农人击鼓告状，农人告道：“小人早晨拎着一只鹅来赶集，因要先去办别的事，见前街的客栈也养有鹅就把我的鹅暂时寄存在那里了。可当小人办完事取鹅时，那店老板却说没有此事，小人与其力争，他拒不认账，请老爷做主。”钱若赓问农人：“那店中现有几只鹅。”农人道：“连小人的一共四只。”于是他命衙役将那店中的四只鹅拘拿到衙，说要审问。众衙役都觉得奇怪，这鹅也能审？但大人发话了，只得从命。不一会儿四只鹅被抓至衙里，钱若赓让人将四只鹅分开圈于院中，并吩咐取笔墨纸砚分给它们，要鹅们写状子，大家更是糊涂了。钱若赓似乎还挺认真，过一会问一次状子写好没有。时近中午他来到院中逐一查看鹅笼，然后指着一个笼子对农人说：“这是你的鹅。”店主不服，钱若赓说道：“你的鹅养在店中，常喂的是谷子苞米，所以其粪便呈黄色。而他的鹅在乡间以野菜绿草为食，其粪便是绿色的，你还敢抵赖吗？”店家立时跪地伏罪。

这篇《钱若赓断鹅》的故事出自《隋唐演义》的作者，清代小说家褚人获之手。

五 “贰臣”梁云构

所谓“贰臣”简单地说就是新旧王朝更替后，前朝的官员大臣被新王朝继续留用的人员。这些人大部分也确实为新政权在建立之初局势的稳定及各个机构的组建等做出了很大的贡献，这在古往今来都是如此。但清朝皇帝乾隆爷却对“贰臣”一直耿耿于怀，虽然他也明白这些人对大清做出过贡献，可他就是不喜欢他们为什么不能从一而终。为了提倡忠于一姓的封建道德，他让人编了一部《贰臣传》。该传计有 12 卷，列降清的前明官吏 125 人。

明崇祯元年（1628）戊辰科 3 甲第 161 名进士梁云构，后来就成了“贰臣”。梁云构，字匠先，河南兰阳（今河南兰考）人。官至佥都御史，时清军攻南京，他督师至采石矶，发檄文鼓舞士气，清军退，南京得安，后一直在江南坚持抗清。清顺治二年（1645），清军攻江南，梁云构见已无力抵抗，向领兵的清豫亲王多铎投降。其时清朝初定，百废待兴，对于那些投降的前明官僚，清政府大都加以重用。梁云构自然也被起用，官通政司参议，后迁大理寺卿，户部左侍郎。梁云构没有辜负对他的任用，他开源节流，兴农利商，为清初经济的恢复立下汗马功劳，最后竟累死于任上。

六 秦国龙救狐

秦国龙，字卧子，号冰谷，山东日照人。清康熙三十九年（1700）庚辰科 3 甲第 12 名进士。

据说秦国龙当年为备考科举，曾在其家附近的一个庙里读书。这日天色已晚，他正在苦读，忽然庙外乌云压顶，电闪雷鸣，狂风大作。只见一道白光冲窗而入，一只狐狸出现在他面前。秦国龙惊异之余，那狐狸竟开口说话了：“我是千年狐仙，因误泄天机，遭天兵追拿，还求大人搭救。”秦国龙压了压内心的恐惧，问道：“我不是什么大人只是个读书之人，如何救你？”狐仙道：“你以后必有大贵，仕途平步青云。现天兵惧你之威不敢靠前，我一会儿变成一颗夜明珠，你只要用你的帽子将我扣住，我就得救了。”秦国龙点头应允，只见狐狸摇身一变，变成一颗珠子，秦国龙不敢怠慢拿起帽子扣住珠子，再看庙外顿时雷息风止。那狐仙变回原身，对秦国龙连连道谢。临走时又说：“你记住我的话，你的前程非常人可比。”须臾便踪迹皆无。其实世上哪有什么狐仙神怪，不过这个故事或许成了比他年长 27 岁的山东老乡蒲松龄老先生写《聊斋志异》的素材了吧。

七　陈大受借读

湖南祁阳人陈大受，字占咸。出生于一个佃农之家，家虽贫但从小立有大志，喜读书，但一个靠给别人种地维持生活的家庭，哪有书呀！他的同族是个渔夫，家里存有一些书籍。渔夫夜里常外出打鱼，需要有人帮助看门，陈大受找到这位族人说：他愿意每晚帮着看门，只要同意让他能翻看其家里的书。渔夫欣然同意，此后陈大受边看门边看书，渔夫见他如此苦读，知他日后定会出人头地。果然陈大受清雍正七年（1729）中举人，雍正十一年（1733）癸丑科大考，得 2 甲第 19 名进士。

陈大受“官运亨通”，从庶吉士起一路连升，乾隆元年（1736）授翰林院编修、侍读、充当日讲起居注官。后任内阁学士、吏部右侍郎、兵部右侍郎、太子少保、兵部、户部、吏部尚书。乾隆十三年（1748）升协办大学士、军机大臣、太子太保、太子太傅。历任福建巡抚、直隶总督、两广总督，几乎没有遇到任何挫折。他为官清廉公正、体恤民情、认真办事，不仅受到乾隆皇帝的器重，也得到百姓的拥戴。陈大受官能如此这在有清以来是不多见的。

八　黄瑶观知县三年

早年间，作为一县之长的知县，是离百姓最近的官吏，是百姓的衣食父母，所以被称作“父母官”。他的所作所为直接关系着治下百姓的利益，这个官做得好，爱民如子，为百姓谋福，则百姓拥戴之；反之则遭百姓唾骂。清乾隆元年（1736）丙辰科，3 甲第 55 名进士黄瑶观，一生就做了一回知县，但他做得好，受到百姓爱戴。黄瑶观，字舟玉，号西园，福建惠安人。出身书香门第，家学严谨，他以文章闻名乡里。得第后按例外放山东安丘知县，其时山东正遇大旱，他一到任上不及安家，就投入赈灾。当时为饥民设的粥厂秩序混乱，常有哄抢发生，黄瑶观将灾民以十人为一组，按组分发给食，此后秩序井然。他事事亲历，对赈济物资亲自检查清点，凡有所需核对无误方才发放。属下官员衙役没有出现一起贪腐舞弊案件。灾情过后他带领大家开始恢复生产，到各处访贫问苦，解决困难，使得灾后没有出现大的饥荒。

不料旱情刚过，第二年又发洪灾。已感疲惫的黄瑶观只得打起精神再战洪水，他连日泡在洪水中指挥修堤补坝，转移百姓。水过之后又亲自踏勘灾情，安排赈灾和灾后重建事宜，这一忙一年又过去了。因黄瑶观从一上任就没有闲过，终于累得病倒了，病中他依然惦记着百姓的生产生活，最后以身殉职，死于任上。他死后全县百姓家家举哀祭奠。这是黄瑶观一生的唯一，还不满三年，但是他把心思完全放在老百姓身上，不遗余力，像这样的官在任何时代都会受欢迎的。

九 探花吴荫培惧妻

吴荫培，江苏吴县人，字树百，号颖芝。跟当时大多数人一样，为求日后有个好前程，自幼就发奋读书，20 岁中举人。据说他娶妻之前，简直目空一切，见人仰头向天。可结婚以后变得低眉顺目，原来他娶了个“母老虎”，常遭老婆打骂。不过常言说：打是亲骂是爱，其时他媳妇还是不错的，一直支持他读书学习。吴荫培也很争气，参加清光绪十六年（1890）庚寅科考试，得 1 甲第 3 名探花。

高中探花，亲戚朋友定会前来祝贺，也该招待招待。可吴荫培做不了主，得请示老婆。这是大喜事，老婆爽快同意，但提出一个要求：因家中餐具不够，来人得自带餐具。开席那天吴妻张罗了丰盛的宴席，一时杯盘交错好不热闹。吃到末尾众人已散去，只有几个挚友还在狂饮。这时酒没了，几个人意犹未尽，让吴荫培去取酒。吴进去许久才出来，只拿出了一壶酒，那哪儿够哇，大家又嚷嚷着要酒。这时里边吴妻发怒了，冲着外面大喊：“你们还没闹够哇！要不是今日我家的大喜事，我早把你们几个轰出去了，都给我滚吧！”几个人吓得连忙跑了。第二天那几个人想起带去的餐具，于是到吴家去取，结果吴妻双眼一瞪说道：“不给了！就当你们的饭钱了！”几个人讨了个没趣。人们都笑吴荫培怕老婆，其实这样的老婆怕怕又何妨呢？

吴荫培后来历任镇远、廉州、潮州知府等。

十 铁面御史赵炳麟

清光绪二十一年（1895）乙未科，有两个名叫赵炳麟的进士。其中 2 甲第 11 名的籍贯为广西全州；3 甲第 167 名是直隶饶阳（今河北衡水市饶阳县）。而全州赵炳麟开始是被排在 3 甲的，后被光绪皇帝破格提为 2 甲。所以有人认为可能其中有误，会不会本来就只有一个赵炳麟，由于光绪皇帝的改动，发榜时出现了错误。因过去地方上对本地进士十分重视，所以两地均不认可此说。查进士题名录并与今存于北京孔庙的进士题名碑原碑对照，确有二人。

全州赵炳麟，字竺垣，号清空居士。授翰林院编修，是时正值《马关条约》签订，举国反对，康有为发起“公车上书”，赵炳麟表示支持。1898年康有为、梁启超发动“戊戌变法”，他也参与其中。光绪三十二年（1906）任福建京畿道监察御史，上疏朝廷提出“正纲纪、重法令、养廉耻、抑幸臣”的整顿朝政主张。在任上他公正严明，决断处事，敢于弹劾，人称“铁面御史”。不过由于他所处的时代，是封建王朝行将灭亡时代，他再努力也无济于事了。民国初赵炳麟接受山西军阀阎锡山的邀请，出任山西省实业厅厅长，幻想实业救国，最终感到无望，1927 年逝于北平。

魏黎瑾，孔庙和国子监博物馆助理馆员
郭小铨，孔庙和国子监博物馆助理馆员

◇武陵山民族地区儒学建筑遗产的预防性保护与合理利用

——以贵州铜仁思南府学文庙为例

◎ 庚华

【摘　要】作为古代科举制度产物的文庙、书院、义学、贡院、考棚等各类建筑遗产均属儒学建筑遗产范畴，是不可移动文物的重要组成部分。伴随着快速发展的城镇化进程，儒学建筑遗产的预防性保护和拓展利用成为当前文物工作面临的重要课题。本文以贵州铜仁思南府学文庙为考察对象，通过梳理历史沿革，调查保存现状，阐述其文化内涵和利用价值，为加强预防性保护和合理拓展利用提出应对措施，以期为进一步讨论武陵山民族地区儒学建筑遗产的预防性整体保护和合理利用提供参考文本。

【关键词】武陵山区　文庙　儒学建筑遗产　保护　利用

随着国务院《关于进一步加强文物工作的指导意见》的出台，中国文物保护事业正在从抢救性保护转向预防性保护，迈入可持续发展的新时期。作为不可移动文物的重要组成部分，建筑遗产的预防性保护和拓展利用成为当前文物工作面临的重要课题，对其深入研究具有重要的现实指导意义。古代科举教育遗留至今的文庙、书院、义学、贡院、考棚等各类建筑遗产均属儒学建筑遗产，本文以贵州铜仁思南府学文庙为考察对象，通过梳理历史沿革，调查保存现状，阐述其文化内涵和利用价值，为加强预防性保护和合理拓展利用提出应对措施，以期为进一步讨论武陵山民族地区儒学建筑遗产的预防性保护和合理利用提供参考文本。

一　思南府学文庙建筑保存现状

文庙又称“孔庙”“夫子庙”，既是供奉儒家创始人孔子及历代先儒先贤的祭祀场所，也是古代科举教育的官办学校，亦称“学宫”。中国古代官办学校不仅仅教授儒家典籍，传播儒家思想，还把对儒学的尊崇以庄严肃穆的仪式加以固化，形成程式化的先师祭拜仪礼，在太学、府学、州学、县学不同等级的官学旁筑建庙宇，定期让学生在这里重复具有象征意义的祭孔仪礼，践行儒家思想。官办学校与文庙两者之间的格局或“左庙右学”，或“右庙左学”，或“前庙后学”，一边是学生学习儒家经典的课堂，一边是学生尊师行礼，践行儒家思想的场所，学校与庙宇构成有机整体，形成“知行合一”的教育模式，中国古代的学校教育亦因此称为“庙学”。

思南府学文庙位于武陵山区腹地的思南县城。武陵山区是湖南、湖北、重庆和贵州交界之地，地理位置十分独特，西隔巴蜀，东邻两湖，北望长江三峡，南接苗、瑶、侗等族聚居区，土家、苗、汉等多民族聚居于此。思南县地处乌江中下游，隶属于贵州东北部的铜仁地区，东邻印江土家族苗族自治县，南连石阡县，西倚历史文化名城遵义，北顺乌江达重庆涪陵入长江。全县面积2230.5平方公里，下辖17个镇，14个民族乡。人口总数约68万，是土家族、汉族、苗族、仡佬族、蒙古族等18个民族杂居之地。

笔者于2015年2月22日独自前往思南县城东北隅实地察看思南府学文庙，尽管其殿堂内部陈设多为新近之作，但文庙建筑格局和主要单体建筑都依原样完好保存。整个建筑群依山而建，坐西朝东，占地面积7362．8平方米，建筑面积约2000平方米。现有建筑为清代砖木结构，自东往西，从山脚向山上依次为宫墙、泮池、棂星门、大成门、大成殿（南北两侧有厢房，称“南庑”“北庑”）、崇圣祠、追封殿等建筑，排列规整有序。

宫墙位于整座建筑群的最东面，宫墙南北两端各开一门，门上均镶嵌有石刻门额，南为“义路”，北为“礼门”。泮池受到地形的影响，占地面积较小，石头砌筑而成，池中之水来自泮池西南方数米开外的泉水，泮池上整齐地排列三座石拱桥，每座桥的两端有七级台阶，桥与池高低错落，小巧精致。棂星门位于台阶之上，为三门组合，梁柱均为石材，立柱两旁以抱鼓石加固，中门两侧均有石刻“棂星门”三个大字，顶上砖砌密檐，覆以筒瓦，檐角上翘，远远望去，整座牌坊庄严肃穆，不失灵巧。大成门是进入文庙建筑群中路核心院落大成殿院的通道，其重要性仅次于大成殿，为木构建筑，面阔五间，仅中间开设为门，门上横梁雕有双龙戏珠图案，两侧的四间实际为房间，为工作人员的办公室。最外端的两间进深略大，由此围合形成廊檐，近年复制的钟鼓二器分置廊檐两端。大成殿是文庙建筑中最为核心的建筑，通常位于文庙建筑群中轴线上最显著的位置，是供奉孔子及其他儒家圣贤，进行祭祀活动的重要场所。思南府学文庙的大成殿面阔五间，三面砖墙围合，正面为窗花木板，屋内无间隔，梁架均为木构，柱础为圆形石墩，雕刻卷草花纹。正面廊柱上端有木雕狮子，各具形态，造型生动。廊下横梁雕饰花草纹样，对称布局，美观大方。大成殿前有正方形月台，月台正面有一方形石雕。大成殿之后是崇圣祠。

二 思南府学文庙的历史沿革

明朝初年加强对武陵山民族区域的管辖，明洪武年间实行改土归流，撤销元代设立的思州宣慰司，削弱地方土司势力，分设思州府和思南府，思南府府治设于思南城（即今之思南县城）。明朝永乐十二年，在思南城北门内设立思南府学，府学文庙得以创建，至今已有六百多年历史，《明一统志》卷八十八记载："思南府学在府治北，永乐十二年建。"府学的创建借用了前朝所建思南宣慰司司学的资源，《大清一统志》卷三百九十六记载："明永乐十三年自宣慰司学迁建"，改为府学。

明清时期，思南府学文庙经历了十五次修葺（包括增建、修缮和重建），主持修葺的人员主要为地方行政首脑——思南府知府，如明成化年间的王南，正德年间的宁阅，嘉靖年间的李文敏、张镖、洪价，隆庆年间的田稔，万历年间的丁裕庆，以及清康熙年间的姜登高、刘谨吉，雍正年间的冯咏，乾隆年间的孔传堂，嘉庆年间的袁德纯、项应莲，都曾主持文庙的修缮工程，此外，府学的教授如康熙年间的杨藻和道光年间的公署训导杨熙倡也曾主持思南府学的修葺，详见"思南府学文庙修葺时间表"。

思南府学文庙修葺时间表

主持人	修葺时间	修葺内容
思南府知府王南	明成化二十二年（1486）	重修
思南府知府宁阅	明正德二年（1507）	整修
思南府知府李文敏	明嘉靖元年（1522）	扩东西两庑为七间，修戟门五间，砌育贤井，将泉水注入泮池，泮池外增建棂星门
思南府知府张镖	明嘉靖九年（1530）	将文庙名称改为"孔子祀典庙"
思南知府洪价	明嘉靖十五年（1536）	再次重修
知府田稔	隆庆六年（1572）	重修文庙，植柏树，刻《思南府学碑记》

续表

主持人	修葺时间	修葺内容
知府丁裕庆	明万历二十年（1592）和明崇祯十四年（1641）	重修。兵部尚书田仰撰《重修文庙碑记》
知府姜登高	清康熙十九年（1680）	重修
教授杨藻	康熙二十年（1681）	复移棂星门于故址，重建两坊
知府刘谨吉	康熙二十三年（1684）	重修
知府冯咏	清雍正六年（1728）	重修
知府孔传堂	清乾隆十一年（1746）	重修
知府袁德纯	清嘉庆二年（1797）	重修
知府项应莲	嘉庆十二年（1807）	重修
公署训导杨熙倡	清道光十一年（1831）	将棂星门改建于泮池之上

清政府被推翻之后，延续 1300 年的科举制度被彻底废止，思南府学文庙亦因此丧失了其原有的儒学教育功能。民国年间，思南府学文庙曾先后成为思南城区小学校址和共产党人开展革命宣传活动的重要场所。新中国成立后，思南府学文庙建筑得到修缮和保护，一度为乌江博物馆所在地，现乌江博物馆已经另迁新址，府学文庙得以彻底腾退清理，恢复大成殿祭祀陈设原状，在两庑布置弘扬儒学和地方乡贤的展览，开设以弘扬国学为宗旨的“孔学堂”，成为地方公共文化服务的重要场所之一。

三　武陵山民族区域儒学建筑遗产的当代价值及预防性保护

（一）武陵山民族区域儒学建筑遗产的当代价值

思南府学文庙是武陵山民族区域诸多文庙之一，是该地区儒学建筑遗产的重要组成部分，其当代价值在武陵山民族区域具有普遍意义，主要体现在以下几个方面：

（1）文庙建筑虽然失去了往日的官学教育功能，但作为中国儒学思想的载体和象征，所蕴含的思想和理念值得我们继承和弘扬，所承载的历史记忆值得我们永久保存。文庙所在的地域即是中国儒学思想所波及的区域，思南府学等武陵山民族区域的文庙建筑及其历史遗物蕴含着丰富的传统文化资源，具有重要的教育价值，是地方公共文化服务体系建设的重要资源。

（2）文庙建筑曾经是古代城市的标志性建筑，建筑的材质、形制、装饰以及理念都具有地方特色，建筑所包含的大量木雕、石雕、砖雕、彩绘、泥塑等都是精美艺术品，文庙建筑堪称武陵山区古代建筑文化的宝库，具有无可比拟的建筑学价值。

（3）武陵山区是中原与西南少数民族的交通要道，也是西南少数民族与中原接触的前沿阵地，接触汉族文化相对较早，汉化程度相对较高，使用汉字，儒、释、道三种文化在该区域都有广泛传播和影响，并经该地继续向西南和南方少数民族地区辐射。以思南府学文庙为代表的文庙建筑是武陵山区地方文化景观中的独特风景，是多民族文化融合的历史见证，其中的陈设、碑刻和装饰等都是吸引游客参观体验的宝贵旅游资源，旅游开发价值潜力巨大。

（二）武陵山民族地区儒学建筑遗产的预防性保护

自第一座纪念孔子的孔庙在山东曲阜孔子故居创建以来，文庙的建筑和使用沿袭了两千多年，其分布亦从孔子故里到全国其他省区，从中原汉族地区到边陲民族地区，甚至从中国到东亚其他国家，从亚洲延伸至欧美，遍及大江南北，长城内外。中国历史上几乎县以上行政区域都有庙学，曾经多达1700余座，保存至今的文庙总数仅仅500余座，文庙建筑和其他类型文化遗产一样在历史上长期遭受毁灭性破坏，面临着消亡的威胁，时至今日，这种威胁依然存在，一方面，经济快速增长，城市化进程日益加快，保护与发展的矛盾越来越尖锐；另一方面，自然灾害、环境变化、人为破坏加速文化遗产的消亡，许多地方的文化遗产保护速度远远赶不上损坏的速度。因此，对于现存文庙建筑进行预防性保护意义重大。

笔者认为做好武陵山儒学建筑遗产预防性保护，必须夯实以下两个方面的工作：

1. 政府主导，制订规划，建立长效保护机制

社会经济的快速发展导致步伐加快的城镇化进程，城市土地资源的稀缺性日益突出，城市建设中重视经济利益、忽略文化遗产保护的现象屡有

发生，许多城市中的历史建筑被淹没在高耸入云的现代建筑中，文化遗址、历史建筑不仅失去了与其风貌和内涵相称的景观环境，而且在与经济发展的博弈中逐渐被蚕食和侵占。有鉴于此，为了做好武陵山民族区域儒学建筑遗产的保护，政府必须占据主导地位，将儒学建筑遗产保护纳入城市发展规划之中，制订建筑遗产本体及其环境保护的规划，划定景观保护范围，从而避免破坏性的建设，确保儒学建筑遗产景观的完整性。

2. 运用数字技术，加强文庙建筑的信息储存、传播和管理

自 1990 年美国国会图书馆启动“美国记忆”之后，数字技术的信息存储、传播和管理等优势功能很快在文化遗产保护领域得以运用，1992 年联合国教科文组织启动“世界记忆”，“数字博物馆”“虚拟博物馆”“移动博物馆”“泛在博物馆”等概念相继在文物博物馆行业出现。之后，数字技术更大范围内得到推广和应用，最为著名的是 1998 年美国副总统戈尔提出的“数字地球——理解 21 世纪我们所居住的星球”，随着物联网、大数据、云计算等新技术的出现和应用，出现了智慧国家、智慧城市、智慧社区、智慧校园等概念，IBM 首席执行官于 2009 年在奥巴马召集的工商业领袖圆桌会议上提出了“智慧地球”概念，数字技术以史无前例的广度和深度对当今人类社会产生着巨大影响。

面对遗产遭受损坏或消失的严峻形势，对文化遗产进行翔实记录、全面管理、生动展示、有效保护、永久传承成为迫切需要解决的问题。近年来，数字化技术的高速发展给虚拟文化遗产指明了新的发展方向，因此，全世界科技工作者从数字地球的概念出发，已经启动了“数字文化遗产”的宏伟工程。运用数字技术，加强文庙建筑的信息储存、传播和管理，是武陵山民族区域儒学建筑遗产预防性保护的必然举措，这是因为：

（1）通过三维扫描等数字技术获取的儒学建筑遗产信息将比以往人工测绘的数据更加全面、精准和真实，能够为儒学建筑遗产保存一份完整的、科学的档案信息，为遗产的保护实施奠定基础，数据信息可以永久保存，无论发生何种天灾和人祸，儒学建筑遗产都能够以虚拟的形式再度呈现，为日后保护工作（甚至包括修复、复建）的落实做好基础档案工作，是文化遗产预防性保护的基础工作。

（2）儒学建筑遗产的数字化信息是做好文化遗产宣传、展示、传播的宝贵资源。互联网的普及、大数据和云计算等新技术的诞生彻底改变了人们获取信息的途径，虚拟现实（Virtual Reality，简称 VR）技术是当今世界前沿科学技术之一，“它是以仿真的方式给用户创造一个实时反映实体对象变化与相互作用的三维虚拟世界，并通过头盔显示器（HMD）、数据手套等

辅助传感设备，为用户提供一个观测与该虚拟世界交互的三维界面。使用户可直接参与并探索仿真对象在所处环境中的作用与变化，产生沉浸感。因而 VR 被誉为人机接口技术的一场深刻革命”①。由于 VR 技术的仿真性、可控性、交互性以及环保性等优势，VR 技术将在文化遗产的宣传展示方面得到快速运用，古代建筑群等不可移动文物往往因为其僻远的地理位置、庞大的体量、不能移动等多种特性而不便于异地展示，基于 VR 技术的展陈手段则超越这些客观因素的限制，能够实现不可移动文物的异地虚拟展示，使得不可移动文物管理者的信息传播、宣传推广甚至教育培训获得了新的实现途径。

四　武陵山民族区域儒学建筑遗产的合理利用

国务院总理李克强于 2016 年 2 月部署加强文物保护和合理利用，传承文化根脉凝聚民族精神，强调文物是不可再生的历史文化资源，是国家文明的“金色名片”，除了做好保护工作之外，还要合理适度利用。2016 年 10 月国家文物局印发《关于促进文物合理利用的若干意见》，针对文物资源开放程度不高、利用手段不多、社会参与不够以及过度利用、不当利用等问题，提出文物利用的基本原则，要求创新实践，走出一条符合国情的文物保护利用之路。以思南府学文庙为代表的武陵山民族地区儒学建筑遗产蕴含着丰富的文化内涵，可以从多个角度对其进行合理适度的利用。

（一）规划成风景优美的文化景区

思南府学文庙是一座保存相对完好的古建筑群，依山而建，拾级而上，乌江两岸及思南县城的景色尽收眼底，是假日休闲的绝好去处。地方政府应该依托这座古建筑群，进行合理的旅游规划，整治周边环境，限制建筑物的高度，保护文化景观，疏通和扩宽道路，增设餐饮、交通、住宿、资讯等旅游服务，将这里打造成为一处供民众休闲娱乐的优美文化景区。

（二）构建儒学文化传承场域

思南府学文庙是明清时期思南府官学所在地，是儒学文化教育的历史场域，其建筑规制、室内陈设基本保存着原有的历史风貌，此外，文庙内还收藏着许多与儒学相关的碑刻文物，所有这些都是当代儒学文化研究和传承的宝贵资源，地方文化机构可以依托这里的儒学文化氛围，构建当代

① 蒋庆全：《国外 VR 技术发展综述》，《飞航导弹》2002 年第 1 期。

儒学传承场域，开办书院，创办国学讲堂，举办文化展览，围绕展览开办各类传统文化活动，琴、棋、书、画，诗、酒、花、茶，充分展示古代文人的精致生活和情趣，同时举办各类培训班，让当地民众在参与活动的过程中陶冶情操，提升素养，将这里打造成为地方公共文化服务体系的重要平台，提供丰富多彩的公共文化产品，满足人们日益增长的精神文化需求。

庚华，中南民族大学民族学与社会学学院教授

儒家思想研究

◇道义不可背离

◎ 周桂钿

【摘　要】 道义是社会生活的基本原则，是不可背离的。一旦背离道义，世间许多美好的东西都会走向反面，轻则受到伤害，重则导致灾难。一些人不知道义为何物，灾难临头，却不知道是背离道义所导致。笔者以为有必要举实例加以说明。本文从背离道义的溺爱、背离道义的亲情、背离道义的权势、背离道义的财金四方面进行了生动深刻的论述。

【关键词】 道义　溺爱　权势　财金

道义是社会生活的基本原则，是不可背离的。一旦背离道义，世间许多美好的东西都会走向反面，轻则受到伤害，重则导致灾难。一些人不知道义为何物，灾难临头，却不知道是背离道义所导致。笔者以为有必要举实例加以说明。

一　背离道义的溺爱

湖北黄姓一家有二男二女，父母重男轻女，干活儿全是二女承担，长女黄某所承担的最多最重。二男大弟、二弟，什么活儿都不干，享受最多。父母以为这都是表示对儿子的爱。大弟、二弟养成只会享受不会干活儿的好吃懒做的坏习惯。与此相反，干活儿最多的长女黄某，能吃苦又好学，学习成绩优异，考上医科大学，又上研究生，到医院工作，是业务骨干，不久就当上某市二院的业务副院长。同胞兄弟的大弟、二弟学习不好，辍学在家，没有工作，要姐姐找工作，先到医院当保安，因监守自盗被开除，再找工作，仍然偷盗，被抓捕。母亲托大姐找关系保出来。旧习不改，仍然危害社会。还要绑架二姐的儿子，要赎金，也因大姐说情而免刑。黄某一家不得安宁，丈夫也搬出去住。大弟、二弟再到县里抢劫，打死追上来的人，遭到逮捕。黄某到邻县求情，受到侮辱。最后宣判，大弟枪决，二弟判刑十五年，黄某自杀。医院同事反感，社会指责，丈夫疏离，妹妹埋怨，都是黄家父母背离道义的溺爱害死大弟。也因黄某背离道义，一味顺从母亲的溺爱兄弟，导致不可收拾的惨剧。溺爱培养出好吃懒做，好吃懒做导致犯法，犯法不受惩罚，没有教训就会走向毁灭。这一路上都有道义拦着，法律管着，道义与法律拦不住，就会陷入万丈深渊。

古代也有溺爱的例子。董仲舒《春秋繁露·五行相胜》中提到营荡，营荡任齐国司寇，姜太公封于齐，问营荡如何治理齐国，他回答用仁义，再具体一些，他说仁就是爱人，怎么爱人，他说“有子不食其力”，让儿子不干活就有饭吃，这种溺爱在中国古代不是个别现象。一个王后留儿子在自己身边，便于照顾，出去当人质，怕受苦。很多人劝告都不听，后来触龙说了一番道理，她接受了，讲的也是真爱与溺爱的区别。因为溺爱很流行，所以官二代、富二代都被害苦了，有了“富不过三代”的说法。

孔庙国子监论丛（2016年）

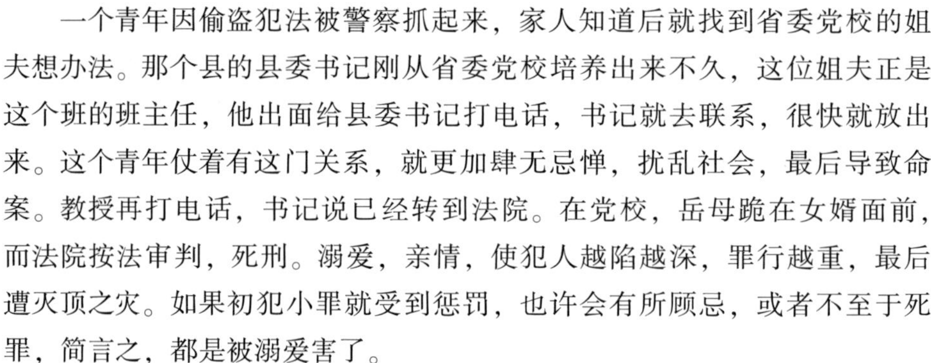

一个青年因偷盗犯法被警察抓起来，家人知道后就找到省委党校的姐夫想办法。那个县的县委书记刚从省委党校培养出来不久，这位姐夫正是这个班的班主任，他出面给县委书记打电话，书记就去联系，很快就放出来。这个青年仗着有这门关系，就更加肆无忌惮，扰乱社会，最后导致命案。教授再打电话，书记说已经转到法院。在党校，岳母跪在女婿面前，而法院按法审判，死刑。溺爱，亲情，使犯人越陷越深，罪行越重，最后遭灭顶之灾。如果初犯小罪就受到惩罚，也许会有所顾忌，或者不至于死罪，简言之，都是被溺爱害了。

二　背离道义的亲情

中国人非常重视亲情，亲情是社会的黏合剂。古代讲的“三纲”（君为臣纲，父为子纲，夫为妻纲）中就有两纲是关于亲情的。虽然如此，亲情也不能背离道义，一旦背离，亲情就会被扭曲，就可能导致无可挽回的灾难。战国时代的大儒荀子曾说：“从道不从君，从义不从夫”，道义高于君父，高于忠孝，当然高于“三纲”，也就高于亲情。背离道义，亲情就被扭曲，或者勾销，不能正常维持。

湖北有一位贫苦出身的孤儿张某，后来参军，表现突出，一再提升，任上校军官，负责钞票仓库。改革开放时代，妻子刘某的哥哥来借钱，要两万元作为资本做生意。他从库中取了两万元，大舅子承诺赚了钱就还。这是国家的军费，怎可监守自盗？说赚了就还，没留任何凭据，岂可轻信？这都被亲情蒙了双眼，背离道义，不知其中利害，妻子那边娘家还有一些人也来借，共借了 20 万元。只借不还，说钱买了店面，进了货，还没赚到钱，无法还。过了一段时间，上级来检查，钱少了20万元，说是被借走了，谁借走了，没有任何凭据。军事法庭只能按贪污论处。如果全部退还，还可免死。但他自己没钱，借的人都不肯还，于1994年被枪决，时年36岁。他的妻子向娘家人求救，他们都没有了借钱时候的那种亲情。其妻对不起丈夫，万念俱灰，自杀殉夫。张某与刘某原是幸福的一家，被没有道义的亲情害得家破人亡。正是他们的父母兄弟，原是最有亲情的一伙人，背离了道义，却变成了一群背信弃义、恩将仇报的豺狼。张某挪用公款，是背离道义的开始，他没料到的必然结果，是他的无知！自食其果！但是，刘氏一家，有其父，有其子，也不会有好报应！全家人昧着良心，背弃道义，也必将在以后的生活中得到恶果，所谓“积不善之家，必有余殃”！

重视亲情的中国人应该吸取张林的惨痛教训，必须将道义摆在亲情之上，对待任何亲情都不要违背道义，要记住道义至高无上。

一些人拘于亲情，忽略道义，陷于悲剧，让人同情。另有一些既无道义，也无亲情，只是唯利是图，那就令人憎恨。例如有人为了升官，听说一个掌权人的亲戚死了丈夫，他就设法弄死妻子，攀上这门亲戚，后来果然高升，其结果也是身败名裂。没有治国理政的实际能力，只是通过歪门邪道，当上一官半职，为官一任，危害一方，先害百姓，后害自己，对谁也没有好处。孟子有三乐，任王不在内。守住亲情，不昧良心，享受太平，其乐融融，任王位高权重，敬畏天理，无愧良心，先天下之忧而忧，难有快乐。如果违背道义，追求享受，那就可能被送进监狱，家藏金山银山，也受不了，亲情丢弃，想与家人吃一顿饭都成了奢望。十年花天酒地，也抵消不了一年铁窗之苦。总之，背离道义的亲情，必将引火烧身，岂可不慎！

三 背离道义的权势

升官发财被许多人视为奋斗目标。如果想以此为人民做点事，为官一任，能造福一方，受到百姓称颂，扬名后世，以显父母，光宗耀祖。这当然非常好，功在当代，利在千秋，可谓不朽。要做到这些，需要艰苦奋斗，坚持道义，无愧于心，只做好事，不干坏事。

要坚持道义，并非易事。首先，需要智慧，能认识道义，分清是与非，义与不义。分不清，可能是非颠倒，助纣为虐。其次要有仁爱之心，当官的最重要的是心中要有百姓，要坚持以民为本，以民为贵，一切为人民着想。仁者爱人，人民是最大多数的人，所以爱人民才称得上仁。为人民办事，还需要有勇气，因为需要与有权势的恶势力做斗争。总之，孔子倡导的智仁勇，后世称为“三达德”，哪一个也不能少。

兵乃凶器也，圣人不得已而用之。权势也是凶器，背离道义则猛于虎，为官一任，祸害一方，蚕食百姓，最后必将毁灭自己。中国历史上有很多这类教训，但是当事者前赴后继，重蹈覆辙，少有明智者能吸取教训，避祸自保。秦朝赵高，控制二世，背离道义，天下大乱，没几年工夫，他也死于非命。汉朝吕后在刘邦死后，她限制儿子惠帝，自掌大权，背离道义，滥封吕家，导致灭族。历史上一些强臣，权倾朝野，最后都因背离道义，树倒猢狲散，朝廷为空。那些耀武扬威的权势者和极力攀附的无耻之徒都成了阶下囚，有的则上了断头台。几千年历史，直至现当代，仍然有这类现象。例如有一干部养了四十多个二奶，需要提供住房与生活费，就靠卖官来敛钱，最后也因背离道义而下台入狱。近几年部长级官员下台几十个，局级干部下台几百个，处级下台几千个，都与背离道义有关。坚持道义的人可能贫穷，提升也慢，地位不高，但比较安全，总比住监狱好一些。

有权有势的人，如诸侯，要像《孝经》上说的“在上不骄，高而不危；制节谨度，满而不溢。高而不危，所以长守贵也；满而不溢，所以长守富也。富贵不离其身，然后能保其社稷，而和其民人”。对于卿大夫那样属官，《孝经》强调“非法不言，非道不行”，用现代话说，就是不说违背法制的话，不做没有道理的事。当官的如何对待上级，《孝经》上说：“君子之事商业，进思尽忠，退思补过，将顺其美，匡救其恶，故上下能相亲也。”被提拔，要想尽忠心；被贬斥，要想自己的失误如何补救。总之，不怨别人，自己承担。正确的要大力支持，错误的要力争纠正，要谏诤，这样上下才能和谐共赢，相亲相爱。

相反，有一些人混上一官半职，就自以为了不起，大搞特权，得到提拔，就视为捞钱的机会到了，利用职权进行勒索，大发不义之财。如果被贬斥，从不忏悔自己背离道义，只埋怨别人。对于上级的决策无论如何合理，只要不利于自己的都极力反对，相反，无论多么荒谬，只要有利于自己的，都大力支持。每天都讲很多话，有的吹牛拍马，阿谀奉承，有的家长里短，鸡毛蒜皮，更多的则是个人名利。终日所说，言不及义。所思所言，都不在道义上。以前所读的圣贤书，进入官场以后，都用不上了。勉强说有用处，那大概只在于欺上瞒下时。

四　背离道义的财金

发财与升官相似，财金也是双刃剑，有利也可能有害。君子爱财，取之以道。有些人爱财，取之不以道，不择手段，坑蒙拐骗，违法乱纪，巧取豪夺，谋财害命，天理不容。他们虽然发了不义之财，亏了良心，终将招灾惹祸，身败名裂。这叫现报。另一种情况是，父母唯利是图，损人利己，对子女也是这样身教、言教，形成不正的家风，后代也是这样为人处世，早晚要倒霉的，这是后报。

财金虽好，背离道义，就走向反面，害了自己。许多贪官，敛财无数，即使有金山银山，进了监狱，都花不了了。有的丧命，更不能带走一丝一毫。

许多人认为，有钱可以享受，留给子孙，让他们也能享福。他们心中的享福，就是“不食其力”，现代话就是不劳而获。《吕氏春秋》说：“贵富而不知道，则不如贫贱。”出门就坐车，腿脚就残废了；鱼肉美味吃多了，成了烂肠之药……许多过分的享受，都对身体有伤害。这就是有钱人不知养身之道的危害，贫穷的人虽然也想享受，没有条件，所以受不到伤害。赚钱有道，花钱也有道，背离道，就是违反规律，往往会事与愿违，想要滋补，却得到伤害的结果。

中国古人认为廉洁是高尚的，贪婪是卑鄙的，在财富上这是对立的两种倾向。例如，春秋时代鲁国相公仪休，回家吃饭，问白菜（葵）价钱，家人说是自家花园中种的。他很生气，说自己有俸禄（工资），还种菜，不是与菜农争业吗？国相自己种菜吃，百官都效仿，菜农种菜卖给谁？他到菜园里，把菜都拔掉。有一次，公仪休回家看见妻子在织布，认为她夺了女工的利，把她休了。这是公仪休不与民争业、争利的典型事例。有人知道他爱吃鱼，投其所好，给他送鱼去，他不要。有人不理解：你爱吃鱼，人家送鱼来，为什么不要？他的回答是：我是爱吃鱼，我的俸禄可以买鱼吃。我如果吃了别人送的鱼，以后不当相了，没有了俸禄，别人也不会再送鱼，我想吃鱼，就吃不上了。我不要别人的鱼，一直任相，可以一直有鱼吃。正因为爱吃鱼，才不要别人送的鱼。守廉洁，不贪婪，才真正懂得爱护自己。古人云：“乘且负，召寇至。”骑在马上，还要背着东西，有了大的，还要占着小的，就会招来抢劫的寇。董仲舒认为，牛长着角，就没有上齿，马有上齿，就不长角。猪狗有四条腿，就不长翅膀，鸡鸭长翅膀，就只有两条腿。上天生物都不能给双份，人怎么能要双份？官员有了俸禄，就不应该再与民争利，这是上天的道理。违背天理，就会有灾祸。古人讲的天道、天理、天意、天命，都相当于客观规律，不是迷信，只是用自己创造的概念填补尚不了解的认识空白。

前面讲了溺爱孩子的问题，如西周时代的齐国营荡，典型的说法是“有子不食其力”，姜太公坚决反对。西汉时的疏广也有名言：子孙“贤而多财，则损其志；愚而多财，则益其过”。疏广曾任皇帝老师，退休时，皇帝赠送很多宝物。疏广回到家乡，将宝物出卖换钱，买酒肉招待家乡父老。过了一年，他儿子托父亲朋友，劝疏广留一些宝物给子孙。疏广说，皇帝赠送就是给我享受的，这是合理正当的。至于子孙，给他们盖了房子，买了几十亩地，只要勤俭持家，生活不会有什么问题。给他们留的财富多了，没有好处，只有害处。品德好的，财富多了，就会降低志向；品德不好的，财富多了，就会增加过错，甚至罪过。两千多年前的这种说法实在经典，至今中国人爱子女还有这类误区，以为不劳而获是最好的享受。实际上这样会养成好吃懒做的坏习惯，只会过寄生虫的日子，给他们的后半辈子留下无限的痛苦。我们不止看一时一事，放眼看三五十年的许多家史，此类例子可以说比比皆是，不胜枚举。更悲惨的是，许多人的父亲还在，他们已经犯罪坑爹了。林则徐曾说：“子孙若如我，留钱有何用？子孙不如我，留钱有何用？”非常深刻、明白。

周桂钿，北京师范大学教授、博士生导师，现中国政法大学国际儒学院副院长，原国际儒联学术委员会主任，兼任中华孔子学会副会长、中华朱子学会副会长、中国哲学史学会副会长

◇大数据时代下儒学的生存与发展

◎ 孔喆

【摘　要】 自20世纪以来儒学由于文字和文化思潮的原因逐渐式微，大数据时代以数据为中心的特征帮助儒学获得了生存的机会。虽然儒学在这个时代仍然面临着困境，但大数据时代可以帮助儒学实现普世化和世俗化，并借助其道德自律共同面临时代的挑战。儒学可以借助大数据时代完成自身研究的深化，同时利用多学科的渗透得到新的发展空间。

【关键词】 儒学　大数据　思维模式　普世化　世俗化　多学科渗透

大数据时代是人类社会迈入信息社会后的一个特定阶段，它依托于人类社会从未有过的海量数据展现出自己的特质。我们更多的是注意到大数据时代对于人类社会经济发展所带来的爆炸性效应，其实大数据时代对于人类社会的文化发展也是一次巨大的挑战。

对于中国传统文化而言，儒学在很长一段时间内扮演了不可替代的重要角色，它拥有着古代中国政治、经济和文化的中心话语权。自孔子创立儒家学说以来，它经过孟子、董仲舒、朱熹、王阳明以及维新派的几次发展，而在当代中国，儒学却面临了十分尴尬的局面。本文即是探讨在大数据时代下，儒学需要做怎样的调整才能在式微百年之后获得喘息的机会，从而在下一个时代来临之前实现自己在这个时代的现代化目标，使我们民族重要的文化遗产避免消亡的结局并成为人类文明进程中的活跃分子。

一　儒学的生存状态

20世纪初以来，儒学遭到了前所未有的巨大冲击，几乎在很短的时间之内它就从自己习惯的中心位置上被彻底边缘化。在不到百年的时间内，儒学所经历的巨大落差放眼世界任何一个文明中都是不曾有过的窘境。如果我们想为儒学的生存找到一条具有可操作性的道路，那么就必须要正视儒学的生存状态；如果我们想在大数据时代下继续发展儒学，那么就必须要挖掘出儒学式微的原因。

1. 新文化运动以来儒学受到的冲击

儒学在清末维新变法运动中曾经得到过一次短暂的发展，康有为通过《孔子改制考》《新学伪经考》和《礼运注》为变法活动来做理论支撑，这次努力随着变法的失败而彻底失败，同时为后来的新文化运动中彻底否定儒学埋下了导火索，此后的数次运动都把儒学作为直接的批判对象。考察这一历史时期儒学被破坏的情况，笔者认为主要有以下两点导致了儒学的没落。

首先，白话文对以文言文为载体的儒学经典做了最彻底的切割。白话文并不是新文化运动的新发明，它此前是人们的口头语言，除了通俗小说之外几乎在所有正式出版物上都是文言文。新文化运动就是提倡用白话文来进行写作，以胡适为例，他主张废弃文言并且“要把白话建立为一切文学的工具”。同时期学衡派的梅光迪、吴宓等人主张在特定语境下保留文言文的主张被视为对于新文化运动的反动而得不到理性的对待。于是在很短的一段时间内，白话文就彻底取代了文言文。随着白话文的推广，中国语言第一次大量接受了西方的词汇资源和语法结构，文言文变成了高校里面被研究的对象，这种状态一直持续到今天。虽然白话文取代文言文是历史的选择，但究竟这种选择对我们文化造成的影响达到了什么样的程度，现在由于我们相对的时间还太短，做出客观的判断为时尚早，然而仅就传播来说，儒学的经典文本失去了全部的优势。语言的转变不是简单的叙述方式的改变，它更大程度上是改变了语言使用者的思维方式，尤其对于汉字这种音、形、义一体的文字体系来说是巨大的改变。

简体字的推广又进一步消融了一部分汉字的形和义，加深了语言使用者对于传统文化的隔阂。由于文字的问题，儒家的文化经典在今天的中国社会面临了两难的局面——如果把原汁原味的儒家经典来做社会的普及，但受困于这些经典文本实际上已经严重脱离现今社会人们的阅读习惯，更不用说文言文已经远远超越了大多数人的阅读能力；如果以标准的现代汉语来诠释儒家经典文本，历史上对于这些儒家经典文本的解读都有着历史烙印，如何选择合适的底本是个绕不过去的难题。以笔者在目前国内开展幼儿国学教育的相关调查来看，《三字经》《弟子规》和《千字文》通常作为入门的国学教育教材来满足大部分家长对于幼儿学习国学的要求。当这些孩子学习过以上读本之后，我们的教育工作者往往选用《论语》《诗经》

和《古文观止》来进行下一步的教育。然而多数孩子在这一阶段就已经放弃了对于国学的兴趣而走向了逆反的心理。这就是在现代汉语大环境下的儒学推广面临的最致命的传播难题，合乎逻辑但缺乏生存环境。

其次，文化思潮的兴起对于儒学同样带来了巨大的冲击。新文化运动以来，陈独秀在其主编的《新青年》上刊载文章，提倡民主与科学，批判传统纯正的中国文化，传播马克思主义思想；一方面，以胡适为代表的温和派，则反对马克思主义，支持白话文运动，主张以实用主义代替儒家学说，这百年以来的文化思潮基本上都在围绕这两条主线展开。

在当时马克思主义者眼中的儒学是腐朽反动的，儒家的纲常伦理道德只不过产生了大量的顺民，这和无产阶级革命是严重对立的，以至于到了“文化大革命”时期，孔子及儒家又被拉出来做了一次反面的教材，儒学遭到了又一次的践踏。我们做过相关调查，把社会阴暗面和社会不公归罪于孔子和儒学是排名靠前的热门选项，而这些抨击孔子和儒学的调查样本对于孔子和儒学的了解基本处于无知状态或者仅限于只言片语的误读。

在实用主义者眼中的儒学是落后的，不具备现代化特征的。在整个中国社会一心想要实现现代化的进程中，实用主义是大有可为的，毕竟西方社会为我们提供了大量已经被证明了的实用主义的真理。儒学在现代化转型中一直步履蹒跚，甚至对于如何实现儒学的现代化在学界内部都依旧充满了大量的争议。儒学所能提供的经验在实用主义者眼中已经被打上了不适合中国现代化的标签，因而也没有什么机会参与到中国现代化的进程中去。在这种情况下，儒学似乎除了进入大学成为专业的研究对象之外也没有太多的可行性选择。

最近几年，随着建设社会主义和谐社会理论的推出和国家层面上对于传统文化的重提，儒学的一些固有内容开始被中国社会有选择性地接受了，随之兴起了所谓的国学热和中国文化输出论。但这种明显靠政策来推动的儒学的传播带有其先天的不足，更多呈现出被实用主义选择的特征。当这股热潮一旦过去，儒学还是会回到它原本的位置。在儒学根基薄弱的情形下奢谈其发展是不现实的，首先要解决的是儒学的生存问题。

2. 大数据时代下儒学的生存空间

维克托·迈尔·舍恩伯格写了一本叫作《大数据时代》的书，他本人被誉为是“大数据商业应用”第一人。这本书从三个方面提出了大数据时代最重要的是思维变革：更多——不是随机样本，而是所有数据；更杂——不是精确性，而是混杂性；更好——不是因果关系，而是相关关系。以上三个方面对于商业的大数据应用是具有现实意义的，它揭示了在大数据时代商业盈利的核心内容。既然这种思维模式已经被认为是大数据时代的特征，那儒学的现代化转型就必然考虑到它的特征，这样才能确保自己不会在这个时代再次与社会潮流背道而驰。

首先，大数据时代的思维变革虽然消解掉了政治思维，从某种意义上看对于儒学来说相当于脱掉了镣铐，获得了自由，但以利益为终极目标相对于尚未形成足够体量的儒学产业来说并不乐观。儒学发展了两千多年，我们的祖先留下了大量的经典文本和相关注疏，这是我们对儒学进行大数据化的首要任务。建立一个如此规模的数据库是需要资金投入来保障的，而在盈利前景不明朗的事实面前，我们能依靠的力量就非常有限。北京大学 2002 年起开始编纂《儒藏》，这是世界儒学界最重大的一个学术文化项目，基本上可以看作是儒学的一次大数据化过程，然而其学术性的定位又使它必然与需要面向大众传播的儒学产生隔阂。就像前面提到的，以文言文为载体儒学经典文本既远远超出了这个时代人们的阅读能力又给传播带来了二次伤害，从而使依托全部数据来实现精确推广又变成了空话。

其次，大数据时代思维变革中强调的是混杂性，简单来分析的话这对于儒学是一个利好消息，因为儒学在古代中国确实影响了哲学、政治、经济、教育、文学、历史、艺术等多个方面。但由于古代中国并没有今天的这些学科分类，也看不到太多的相关学术著作，儒学的影响虽然有明确的混杂性的特征但尚缺乏科学而系统的整理研究。我们能看到市面上有很多标榜着有中国传统烙印的文化产品，但这些产品往往很难在较高层次上得到认可，但同样是深受儒学影响的日本，传统的日本工艺品不但对其他文化人群有吸引力，同时对本土文化人群依旧代表着自己民族文化的魅力。这一方面是日本对于本土文化的保护做得很好，另一方面则是那些匠人对于佛教、神话、西洋教派以及儒学等各个因素的混杂性的美学表达非常出色。笔者认为还是我们对于儒学混杂性的研究尚处在萌芽，再加上社会大众对于儒学的了解程度和欣赏能力都很低，儒学要形成规模性的产业任重道远。

最后，大数据时代思维变革中最惹人争议的是不求因果关系只看相关关系，因为对于进行数据分析的计算机而言，它能提供给我们的结论都是相关性的，如果有一天计算机开始提供具备因果关系的结论，那这无疑标志着人工智能已经发展到了让人类警惕的阶段了。以儒学的视角来看，不求因果关系对于有着完整而严谨哲学体系的自身来说是个问题，这似乎意味着它在大数据时代不再需要进行太多理论上的研究和发展，唯一的任务就是把自己完全数据化，让用户来决定他们需要的数据有多少是和儒学相关的。如此一来，问题又回到了原点，在社会大众对于儒学整体看低的背景下，即使他们得到的相关性数据和儒学有关，但这个相关性的数据会被怎样对待就不得而知了。如果计算机对于命中结果和最终采纳结果再做分析排序的话，那么在不远的将来儒学的相关性则会变得越来越无足轻重。

二 儒学可依托大数据时代得到发展

前面分析了儒学在近现代中国的式微和大数据时代的生存困境，然而依托大数据时代的特征，儒学依旧可以找到自己生存的空间和发展的道路。这不是假设，而是依据儒学的特质得出的结论。

1. 儒学在大数据时代的生存面貌

儒学在古代中国也经过了多次的改头换面，历史上叫作顺应时势，其实用今天的眼光来看就是在特定的历史阶段完成了思维模式的转化。儒学其实很像一个操作系统，它拥有着称之为“仁”的内核，同时开放自己的接口方便其他的文化运行在自己的内核之上。基于此观点，可为儒学在大数据时代的生存找两个值得关注的突破口。

首先，儒学借助大数据时代首先要完成的任务应该是自身的普及，也就是完成自身的普世化。百年以来，儒学从未获得一次向大众进行自我说明的机会，这当然有很多历史的、社会的、政治的原因。儒学的现状就是基本不被国人所认可还承担了很多莫须有的罪名。大数据时代消解了过去很多桎梏，它以数据为中心的思维模式让儒学和其他文化思潮一起获得了大规模推广的契机。北京有一座寺庙叫龙泉寺，它被戏称为中国科研力量最强的寺庙。拥有高等学历的僧人们和一批 IT 行业的义工为龙泉寺搭建了专业的信息平台，用数字化技术来管理寺庙和弘扬佛法。2014 年龙泉寺的科研项目涉及大数据时代的就有《大数据时代云计算推动沙门信息化研究》和《大数据时代的佛家信息管理》，佛教在适应大数据时代的道路上已经先行一步了。相比佛教，笔者认为儒学的优势和劣势都恰恰在于它已经深入中国人的日常生活中。举个例子，我们在公共交通工具上都会看到老弱病残孕专座，有时候售票员还会呼吁大家来让座，基本上每个人都会明白这叫尊老爱幼，是构建社会主义和谐社会的一种道德品质，但没有多少人会发现这其实就是《孟子·梁惠王上》中所提到的“老吾老以及人之老，幼吾幼以及人之幼”。试图让普通人从想当然到知其所以然而后津津乐道就需要借助大数据时代，我们需要使用现代汉语对儒学的原始经典文本进行准确的解读并使之数据化，至于训诂和考据我个人认为它们都带有太强学术性，在儒学的基础推广工作中并没有太多正面的引导作用，而新儒家对于儒学现代化的种种设想还缺乏在大数据时代下的可操作性，更像空中楼阁。简而言之，利用大数据时代完成儒学的普世化推广是关系到儒学生存的关键：从青少年的成长过程中入手，先调动起他们的兴趣，然后用最容易接受和多样化的传播方式将儒学传授给他们，同时保持趣味性和持续性以加强他们与儒学的黏性，力争使儒学能够成为他们在世界观和人生观养成过程中的参与者。我们不奢求儒学在大数据时代重新回到话语权力的中心，这显然是脱离实际的空想，但能用这种方法来保持儒学的传承，使儒学在下一个思维变革的年代到来之前保持活力就足够了。

其次，儒学先天的世俗性和追求道德自律对于大数据时代是具有适应性的。前面提到过儒学要想在大数据时代生存要完成普世化，儒学的普世化取决于它的世俗化。大数据时代的社会其实是一个高度世俗化的社会，任何神圣的东西，不是被轻视与贬低，就是被歪曲、消解或拒斥。原始儒学本是世俗的学问，以关注人的世俗生活为宗旨。但自从董仲舒将原始儒学神秘化以后，儒学开始转变其世俗取向，走向了追求精神神圣化和精神贵族化的发展道路。实践证明，这种儒学越来越背离普通民众的世俗情感、世俗欲望和世俗追求，成为桎梏人的世俗生活的精神枷锁。儒学要在大数据时代下生存需要回到那个世俗化的原始儒学那里，儒学需要传播的是尊重大数据时代下普通民众的生命欲望和精神追求，理解他们的世俗情感、愿望、要求和行动的儒学，将儒学变成与这个时代民众情感认同的意识形态，使儒学能够成为大数据时代民众的潜意识。① 儒学从来不缺乏崇高理想和终极关怀，在大数据时代传播儒学要解决的是受众的情感需要。简而言之就是把儒学变成世俗生活和精神生活之间的桥梁之一，走在桥梁上的人不必知道桥梁的质地是什么，不必知道桥梁架设的物理原理是什么，他只要知道需要这座桥梁就完成了儒学在大数据时代的世俗化过程了。马云先生在一次公开的演讲中发表过对于数据技术的一些看法，大意就是未来世界是从 IT（Information Technology）向 DT（Data Technology）转移。IT 是以自我为中心，利己主义，自己掌握尽可能多的信息来获取最大的利益；DT 是以数据为中心，利他主义，讲求分享、透明及担当。马云提到的利他主义是大数据时代下的理想状态，然而必须看到的是大数据时代下个人的隐私和自由都受到了极大的威胁，同时以数据为中心的思维模式也加剧了过度依赖数据所造成的威胁。对数据的滥用和误用是我们迈向大数据时代所必须支付的代价，数据质量的参差不齐、数据本身的不客观、数据分析存

① 蒋国保：《世俗化：儒学当代发展的基本路向》，《儒林》2006 年第 2 辑。

在的错误或误导性都会让大数据时代下的威胁变得更加不可预测，这一切都为数据独裁埋下了隐患。更有甚者，那些尝到了大数据益处的人可能会把大数据运用到不合适的领域。这些大数据时代的隐忧都为儒学的道德自律提供了可操作的空间。笔者不否认世界上还有很多关注道德的文化模式也可以提供同样效果，但在中国的社会环境下，儒学还是完善道德人格的首选，它是构筑社会道德底线的基础。我们拥抱大数据时代是为了建设更美好的世界，在崇拜技术的前提下提高道德修养是一个保险策略。

2. 儒学在大数据时代的发展方向

儒学如果能成为大数据时代的参与者，那么它在大数据时代还是有自身的发展方向的。从上文的分析中，笔者认为儒学在以下两个方面最容易获得突破性的发展。

第一，儒学的大数据化使儒学的研究获得了更多的资料，学术成果之间的交流也变得更为简化。以训诂学和考据学为例，只要数据足够准确和全面，从事这方面研究的学者是受益最为直接的，他们相较于此前的研究者能够获得更多的资料，而且不排除提供新的资料以供研究。新儒家的研究者同样可以依托大数据来设计更多的儒学现代化的模式，这需要归功于大数据时代所提供的相关性数据。新儒家的优势在于从相关性的数据中找到因果性的联系，这符合维克托·迈尔·舍恩伯格在《大数据时代》中提到的少部分人的情况。虽然新儒家所追求的儒学现代化未必是大数据时代下最好的选择，但能从时代的思维模式中获益也是儒学得到发展的契机。总之，儒学在这个层面上的发展基本上还是遵循了信息时代的模式，大数据时代带来的更多是数据上的量变。

第二，儒学可以通过和其他学科的互动来获得发展，这是大数据时代下儒学发展的重要方向。经济全球化以来，中国成为世界经济链条上越发重要的一环。随着中国经济体量的增加，孔子学院的设立一度被认为是中国经济强盛之后的一个重要的文化输出符号，但近年来孔子学院在国外的很多地方遭遇到了冷遇，美国和欧洲的一些大学陆陆续续关闭了部分孔子学院。抛开孔子学院的官方背景，笔者认为这种情况也恰恰反映了经济全球化重压之下的文化反现代化倾向。不仅仅是中国文化在全球化浪潮中呈现出反动的态势，临近的韩国、日本、泰国、印度和远在欧洲的德国、法国甚至被认为是文化霸权和文化殖民输出的美国都出现了对于全球化和现代性的反思。在反思现代性对于文化的影响中，儒学反而成为了一部分欧美研究者的工具。在国内学术界看来，21 世纪的中国在经济上有发展，在政治上有影响，但是文化上如果没有新的信息、新的认同，文化中国也不

可能在世界上受到尊重。我们客观上要建设一个开放、多元而且有深刻的自我反思和自我批判能力的新时期中国文化，儒学应该可以借助大数据时代得到参与的机会。当然是否要建设一个以儒学精神为中心的文化中国，这个命题现在看起来还远远不到可供讨论的阶段。但值得注意的是，儒学开始被西方文明当作一种需求或者是以参照物的身份频繁出现。在18世纪的欧洲启蒙运动中，儒学吸引了包括伏尔泰、狄德罗、孟德斯鸠和亚当·斯密等一大批欧洲知识分子，他们认识到了儒学作为一种思想资源对于打破基督教传统所造成的神学枷锁有着重要的参照价值。如果把儒学这次西渐看作是一次文化对话行为，那么21世纪的儒学与现代西方文明再度进行的对话则是两者各自发展几百年后的一次核心价值的对话。ProQuest博硕士论文全文数据库是国内可以最完备全文检索国外大学博硕士论文的平台，这个数据库在北美大学中也是最值得信赖的。在ProQuest中以Confucian、Confucius和Confucianism为关键词进行检索，时间限定为2011年1月1日至2011年12月31日，可检索到文献共5154篇。由此可见，在欧美研究人员中，对于儒学的关注度最高，其次是儒家和孔子。儒学在北美地区有着自身的生命力，而不是作为孔子研究的衍生品存在的。对这些研究论文进行学科再分类可知，儒学涵盖了多个一级学科。哲学为主题的相关文献数量最大，也仅占全部文献的23.04%，社会学以15.67%排第二，教育学以11.44%排第三，此外还有文学、政治、历史、心理学、管理、艺术、传播学、经济、医学、法学和理工等。① 以澳大利亚格里菲斯大学彼得·伍兹和维多利亚大学大卫·拉蒙德合著的《孔子何为？——儒家管理伦理与自律》对《论语》在管理中的现代价值进行了研究。他们通过对《论语》的研究，探究了儒家道德哲学中的道德伦理如何帮助管理者规范自身行为（自律），以维护行为的道德标准。他们认为，一些与自律相关的儒家美德与西方的管理道德概念是一致的，如仁慈、正义、智慧和信用。然而，儒家还有一些独特的概念是西方管理道德所没有的，比如说礼和孝。该文提出了七种儒家的原则：君子原则；社会和谐原则；以身份定位行为原则；“恕”原则；“北辰”原则；“知足”原则；“善人胜于善法”原则，并探讨了这些原则如何实现管理上的道德自律。② 如果儒学能够依托大数据发掘出自身在建筑、音乐、艺术、商业管理等多学科中的新价值，那么儒学的发展将会变得更有前途。

① 李树超：《美欧及大洋洲儒学研究的现状与发展趋势（2011）》，《国际儒学发展报告2012》，2013年。

② 同上。

最后以杜维明教授的一段话作为结语："儒家绝对不是一种排他的学问，但儒家也不要就走一个包容性的路线而已，要走一个多元化的路线。我们要欣赏一个人不愿意仅做一个善人而已，要做一个'信'人，要做一个'美'人，做一个'大'人，这种发展是人性光辉的发展。但人性最基本的是如何能够存活，有一些基本的价值，这些价值儒家掌握得非常全面，没有这些价值，人就不能成为人。但是这些价值要充分地发展可以从各种各样的渠道发展。"① 当人类历史的进程来到大数据时代，笔者据此认为儒学有机会在这个时代生存并获得发展。

孔喆，孔庙和国子监博物馆副研究馆员

① 《杜维明教授谈国际儒学发展（2011）》，《国际儒学发展报告2012》，2013 年。

◎浅议儒家八德对海外华人的影响

◎ 黄文波

【摘　要】儒家八德一般指“孝、悌、忠、信、礼、义、廉、耻”，是中华传统道德伦理体系中的优秀成分。儒家八德体现的哲学理念和弘扬的传统美德，不仅仅对恪守中华传统文化的国人影响至深，对于扎根海外的华人群体，同样发挥着重要的作用，影响着海外华人的思维模式、道德信念和行为操守。

【关键词】儒家八德　海外华人　传承

一　儒家八德的释义

儒家八德是指儒家所倡导的“孝、悌、忠、信、礼、义、廉、耻”等思想，被认为是中华民族的传统美德。不同于一般的宗教教义，儒家思想中的八德把国家治理和社会教化有机地结合起来，以道德行为规范对人们进行约束和节制，以促进个人利益和社会利益。所以儒家八德既是古往今来许多政治家治国的政治需求，也是中国人构建道德伦理的崇高理想。

儒家八德即为“孝、悌、忠、信、礼、义、廉、耻”，它所展开的释义部分，就是由近及远的“格物、致知、诚意、正心、修身、齐家、治国、平天下”的主张，是中国古代圣人先贤积淀流传下来的精髓部分。

（一）孝乃德之本

“夫孝，德之本也。”孝，简而言之是孝敬父母。孝道是德行的根本，是教化的出发点，孝道文化是中国传统文化的基本文化。《论语》曰：“君子务本，本立而道生。孝弟也者，其为仁之本与！”（《论语·学而》）“弟子入则孝，出则悌，谨而信，泛爱众，而亲仁。”（《论语·学而》）“父在，观其志。父没，观其行。三年无改于父之道，可谓孝矣。”（《论语·学而》）“今之孝者，是谓能养。至于犬马，皆能有养。不敬，何以别乎？”（《论语·为政》）“有事，弟子服其劳，有酒食，先生馔，曾是以为孝乎？”（《论语·为政》）“父母之年，不可不知也。一则以喜，一则以惧。”（《论

语·里仁》)

孝道是中国传统社会十分重要的道德规范，也是中华民族尊奉的传统美德。中华传统文化是以孝敬父母为核心的孝道文化，把孝亲敬老视为最崇高的美德，甚至作为选拔官员的标准。虞舜以孝赢天下，孔子为尽孝道而做官，周代以孝道作为人的基本品德，汉武帝的“举孝廉”，隋唐科举的孝悌廉让科和孝悌力田科，宋代丁忧制度，清代的“孝廉方正”，都是历代以孝为重的典范。综上可见，孝道贯通古今上下五千年，已成为了中华民族繁衍生息、世代相传的优良传统与价值观。

（二）悌乃德之序

曾子曰：“悌，德之序也。”（《曾子·子思子》）悌，指兄弟姊妹的友爱。兄弟关系是儒家家庭伦理观念中应有之义。孟子曰“长幼有序”（《孟子·滕文公》），“君子有三乐，而王天下不与存焉。父母俱存，兄弟无故，一乐也；仰不愧于天，俯不怍于人，二乐也；得天下英才而教育之，三乐也。君子有三乐，而王天下不与存焉”（《孟子·尽心上》）。兄长同胞，先于我生，必尽悌道，这是天经地义的事情，一切都需要遵守家庭规矩，遵循礼敬之理，不犯上作乱，不做不敬之事，不失手足之情，家族才能兴旺。

（三）忠乃德之正

“忠，德之正也。”（《孔子家语·弟子行》）儒家学说里的忠，以忠信为主，曾子曰：“夫子之道，忠恕而已矣。”（《论语·里仁》）是说孔夫子所讲的道，就是忠恕之道而已。早期儒家学说的“忠”并没有绝对要求臣君的愚忠，孔子和孟子认为，“忠”隶属于“仁”，忠是诚实的表现，它所传示的精深内涵本身便是仁义。忠在众德中（克己、爱人、惠、恕、孝、信、讱、勇、俭、无怨、直、刚、恭、敬、宽、庄、敏、慎、逊、让）的地位很高，“忠”作为众德之一，受着人类社会活动和人际关系中应当遵循之最高原则的“义”的节制①，衍生为个人利益要服从集体利益，实现小我服从大我。

（四）信乃德之固

《论语》中多次提到诚信，曾子曰：“吾日三省吾身，为人谋而不忠乎？与朋友交而不信乎？传不习乎？”“与朋友交，言而有信。”“道千乘之国，敬事而信，节用而爱人，使民以时。”（《论语·学而》）“言必信，行必果。”（《论语·子路》）子曰：“君子义以为质，礼以行之，孙以出之，信以成之。君子哉！”子曰：“言忠信，行笃敬，虽蛮貊之邦，行矣。

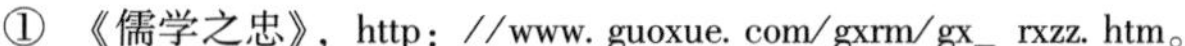

① 《儒学之忠》，http：//www. guoxue. com/gxrm/gx_ rxzz. htm。

言不忠信，行不笃敬，虽州里，行乎哉？”（《论语·卫灵公》）子曰：“人而无信，不知其可也。大车无輗，小车无軏，其何以行之哉？”（《论语·为政》）

中华民族是一个注重诚信的民族，从春秋时期开始，人们就以诚信作为相互交往的准则。自古以来，“信”是儒家道德修养的主要内容，无论是官方还是民间，均强调诚实、讲信用、不虚伪，人们按照规定互守信用，能够消除对立阶级之间的矛盾。所以信是立身做人的根本，是兴业做事的基点，也是道德人格的要求。

（五）礼乃德之范

子曰：“克己复礼为仁。一日克己复礼，天下归仁焉。为仁由己，而由人乎哉？”（《论语·颜渊》）儒家思想非常重视礼的构建，孔子认为礼是社会秩序的基础。礼也有两层意思，一是仪式和规章制度，二是人与人的礼节礼仪。儒家的礼仪是无所不包的，用《曲礼》中的话来说：“道德仁义，非礼不成；教训正俗，非礼不备；分争辨讼，非礼不决；君臣、上下、父子、兄弟，非礼不定；宦学事师，非礼不亲；班朝治军，莅官行法，非礼威严不行；祷祠祭祀，供给鬼神，非礼不诚不庄。是以君子恭敬、撙节、退让以明礼。”① 礼是人际文明的规范，是做人的根本。礼能表现人的身份及人格，必须要遵守法律礼仪。尊老敬贤、仪尚适宜、礼貌待人、容仪有整、行为规律、慈悲博爱，都是礼之道，是道德品质外在的表现。

（六）义乃德之仪

“何谓人义？父慈、子孝、兄良、弟悌、夫义、妇听、长惠、幼顺、君仁、臣忠，十者谓之人义。”（《礼记·礼运》）我国古人非常注重十义，认为是每个人都要遵从、不可疏忽的事。义包含了兄弟义气、做人公道、公正合宜、心秉正直等含义，是人类社会活动和人际关系中应当遵循之最高原则。重义轻利则是儒家经济价值观，子曰：“君子喻于义，小人喻于利。”（《论语·里仁》）在经济关系上，“义”是处理物质利益关系的最高准则，有道德的人都要遵守，要做到在物质利益面前坚守正义，不损人利己，不贪不义之财。

（七）廉乃德之节

儒家经典《周礼·天官冢宰》提到“以听官府之六计，弊群吏之治：

① 《什么是儒家的礼?》，http：//www.360doc.com/content/14/1026/20/3328689_420131364.shtm。

一曰廉善，二曰廉能，三曰廉敬，四曰廉正，五曰廉法，六曰廉辨。”中国古代的君王为了维护自己的统治，很注重官吏的清廉。而以孔子、孟子为代表的历代儒家人士，可以说是廉政理论的倡导者，例如“政者，正也”（《论语·颜渊》）、“仁者爱人”（《孟子·离娄下》）、“修己以敬，修己以安人，修己以安百姓”（《论语·宪问》）、“礼，与其奢也宁俭”（《论语·阳货》）等主张，就包含了丰富的廉政思想。从儒家源远流长的廉政思想中得到启示，为官从政需要具备刚正无私、廉洁修身、坚守气节、艰苦奋斗、勤政爱民的良好素质。

（八）耻乃德之基

子曰：“知耻近乎勇”（《礼记·中庸》）意为知道羞耻就接近勇敢了，强调知耻改过的道德拯救。耻是对坏事的羞耻心，做人要懂得知耻，要有羞愧感。君子知耻养志，才能进退自如。民族的强盛，也在于自知屈辱，继而发愤图强。

儒家八德以精辟的八个字，涵盖了中华传统美德，虽然其存在一定的历史局限性，但作为中国传统文化的主流哲学思想，它的思想精髓在当今仍是道德行为约束体系中最重要的组成部分。

二　儒家八德在海外的传承

儒家学说和儒学思想在中国两千多年的历史长河中长期居于尊崇地位和统治地位，其不仅是中华文化的主流，对中国社会、政治和文化等各方面影响深远，还是中华民族宝贵的精神财富，中华民族精神的重要渊源，更是人类文明的重要组成部分，影响了亚洲乃至世界文化的发展。

传播学认为，传播是人类生存和社会化的前提，是促使社会发展和进步的重要手段。儒学的传播是精神层面的需要，它与社会价值观的确立联系密切。早在古代，儒家学说就伴随中国人的迁居海外而广泛传播，接受程度最高的是华侨华人到达最多的地区——邻近中国的东亚、东南亚。明清之后，随着东亚封贡体系的确立，政治生活的需要，儒家学说在东亚、东南亚地区获得进一步确认和发展，形成了儒家文化圈。

儒家思想中的儒家八德，作为中华传统道德伦理体系中的优秀成分，在长期潜移默化地传播中，深刻地影响着儒家文化圈内的国家，在这些国家与社会中得到了传承和发展。

（一）越南以儒家八德精髓兴科举

儒学在秦汉时期就已经传入越南。汉代时，越南就深入开展推行礼乐文明的儒学教育。《三国志·吴书·薛综传》载：“锡光为交阯，任延为九真太守，乃教其耕犁，使之冠履；为设媒官，始知聘娶；建立学校，导之经义。”① 越南陈朝（1225—1240）中后期，统治者意识到儒学的中央集权和等级尊卑思想才是封建统治的长治久安的思想基础，不断地提高儒学的地位，使儒学的发展达到一个新的高度，在意识形态上取得了主导地位。可以说，儒学迎合了越南自然经济时代统治阶级的需要，造就了以君主为顶端的等级秩序。以儒学为主导的科举制度，是察举制和九品中正制之后最重要的选官制度，它能够按照儒家的标准，选拔符合统治阶级需要的人才。越南科举与中国科举一样，在“学而优则仕”的信条下，普通人想获取士人的身份和官宦的特权，就要接受儒家主张的“王道”思想和道德行为准则。越南科举选拔的人才，也注重德才兼备，而此处的“德”即为具备“孝、悌、忠、信、礼、义、廉、耻”的基本道德。罗怀先生说道：“儒家学说以孝悌忠信礼义廉耻为礼，而以诚意正心修身齐家治国平天下为用……东亚各国中，受儒家思想最深者，则首推越南。”② 因此，越南科举产生的士大夫们，注重道德文化修养，注重气节，恪守“三纲五常”“四维八德”的伦理道德体系，成为维护封建统治的精英阶层。儒家八德通过倡导礼教道德，在思想和道德层面上加强了对士人的控制，使其能够自觉地扮演好自己的角色，更好地为封建统治者服务；反过来，通过儒家八德的教化作用，选举了一大批人才，使越南科举制度得以兴盛起来。

（二）印尼以儒家八德精髓发展孔教

早在 17 世纪，中国儒教就开始在印尼传播，最初主要是通过华人的家庭教育和庙堂、宗祠的祭祀以及私塾、书院的文化教育。19 世纪末期，印尼华人中兴起了以孔子学说为基础的孔教，并定义孔教为一种宗教，确立了孔教的基本教义，以“四书”“五经”为主要经典。孔教被认为是印尼华人文化中最主要的成分，所有在印尼（荷属东印度）的华人都有义务学习孔子学说，作为孔教的信徒，不仅要努力学习“四书”“五经”，更重要的是要把经书的教导、孔圣的精神贯彻到日常行动上，落实到社会生活中。除了五常、五伦之外，孔教明确制定了“孝悌忠信礼义廉耻”八德为教规，孔教徒必须以此作为人生的准则。孔教徒应始终遵循“仁”与“忠恕”的精神，诚立明命，率性履道，己欲立而立人，己欲达而达人，己所不欲，勿施于人，坚持“四海之内皆兄弟”的理念③。此外，孔教还有一整套包括

① （晋）陈寿：《三国志》，中华书局 1982 年版。

② 罗怀：《儒学在越南》，载郭廷以主编《中越文化论集（二）》，中华文化出版事业委员会 1956 年版，第 143 页。

③ 王爱平：《宗教仪式与文化传承——印度尼西亚孔教研究》，博士学位论文，厦门大学，2007 年，第 101 页。

礼敬、祭祀、宣道、人生礼仪等多种仪规，构成了内容十分丰富而又规范、完整的礼仪体系。

（三）新加坡以儒家八德精髓治国

新加坡是一个以华人为主的民主国家，中华传统文化在新加坡得到了很好的继承和传播。新加坡在社会管理方面最突出、最成功的经验之一，便是在经济高速发展、人民物质生活水平迅速提高的同时，十分注重国民精神的建设，注重发扬和利用中华传统文化，尤其是以孔子为代表的儒家文化。新加坡开国元勋、前总理李光耀在大量研讨中国儒家文化的基础上，对儒家八德的思想精髓赋予了崭新的、符合国情的现代化内容，归纳了八个字“忠、孝、仁、爱、礼、义、廉、耻”的“新八德”，并应用到治国方略当中。“忠”就是要忠于国家，具有国民意识，即把新加坡看作自己的乡土而扎根于斯，增强群体意识，把国家利益放在首位；“孝”就是要孝顺长辈，尊老敬贤，形成尊敬老人，关怀老人和孝顺父母的社会风气；“仁”就是要富有同情心和友爱精神，尊重关心他人，在处理种族、宗教、劳资及新老两代之间的关系上，要坚持“和谐至上”的人际关系准则；“礼、义”就是待人接物不仅要以礼相待，而且要坦诚守信，养成良好的社会公德心；“廉”就是要秉公守法、清正廉洁，杜绝贪污受贿和裙带风；“耻”就是要有羞耻之心，分清是非荣辱，提高道德修养水平。① 用“八德”哲学理念治理下的新加坡取得了前所未有的成就，使得弹丸之地的新加坡跨入了“亚洲四小龙”的行列，也使新加坡人共同的价值观得到了很好的实施，令世界为之瞩目。

三　儒家八德在海外华人中的体现

海外华人指的是居住于国外，已经加入或拥有外国国籍，在一定程度上保持中华文化、中国人血缘的非中国公民。与完全西化的“香蕉人”（华裔）的概念有所区别，对于中华文化的认同或者部分认同，是“海外华人”概念的一个重要属性。目前世界各地有约5000万华侨华人，他们在各居住国（除新加坡外）属于少数族群，却能够扮演着异常重要的角色，甚至影响居住地的政治局势和经济发展。在海外华人社群的文化意识中，中华文化能够有效地根植于居住地，与其主张和提倡的价值观有着千丝万缕的关系，也和其保持民族性的文化属性有关。中国传统文化尤其是其中的儒家文化影响着海外华人的发展与创业过程，华侨华人之所以能够成为中国与

① 参见王继雨《新加坡推进社会建设的经验》，《红旗文稿》2010年第13期。

世界沟通的桥梁和载体，儒家文化对他们的影响作用是巨大的。

华人在海外繁衍生息的过程中，儒家文化始终贯穿于社会生活的方方面面，其中儒家八德的思想精髓成为影响海外华人意识形态的重要因素，体现于他们的思维模式、道德信念和行为操守中。

（一）思维模式

儒家的思维模式中包含有对自然、社会、人事的根本看法，儒家八德中提倡的“孝悌礼忠义”就是中国传统的人情观。在海外华人社群中，孝是一个亘古不变的话题。西方人倡导独立精神，父母将小孩养到18岁后，他们的关系就会变得疏远。但是在海外华人社会中，亲情的观念占据着较为重要的地位。许多人在起英文名的同时，还是会依照字辈起一个中文名，这既是一种对祖宗的尊敬，也是对先人表孝的方式。海外华人注重家庭观念和家族观念，很少有独身主义者，常常可以看到祖辈、父辈和子辈、孙辈的良性互动往来，这都是一种孝的体现和孝的表达。在印尼的华人家庭中也仍然保存着祭祀祖先的儒家传统。祭祖仪式的领袖都是家庭中第一个男孩，因为男孩子有重要作用，因此，许多印尼华人的家庭必须生一个男孩。[①] 在泰国的清明节那天，“清明祭扫”是泰国华裔家庭每年都要做的礼节，整个家族都会去祭扫祖先的坟墓，表现对祖先的孝敬。[②] 在海外华人社团联谊活动中，经常举办以孝道文化为主题的活动，大力弘扬尊老敬老的传统美德，使之在每个家庭中得以贯彻。从海外华人中华文化传承来说，孝道文化作为自古传承下来的传统美德，影响着海外华人的思维模式。

中国自古被称作“礼仪之邦”，礼学文化在国际上有着深远的影响。儒家思维塑造出的中国传统美德中的“礼”体现于生活上的待人接物。海外华人社会中的“礼”具有明显的继承性，海外华人在从小的学习中，家庭教化了基本的礼仪规则：“足容重”是指脚步稳重，不要轻举妄动；“手容恭”不是指慢腾腾地干活，而是指无事可做时，手要端庄握住，不要乱动；“目容端”是指目不斜视，观察事物时要专注；“口容止”是要求在说话、饮食以外的时间，嘴不要乱动；“声容静”是指振作精神，不要发出打饱嗝或吐唾液的声音；“头容直”是要求昂首挺胸，不要东倚西靠；“气容肃”是指呼吸均匀，不出粗声怪音；“立容德”是指不倚不靠，保持中立，表现出道德风范；“色容庄”是指气色庄重，面无倦意。“九容”是待人仪容上的基本要求，广泛体现于华人社会和华人家庭中。在日常生活中，华人社

① 《儒家与佛教在印尼的影响》，http：//www. docin. com/p—463420262. html。

② 许思佳：《〈论语〉及其儒家观念在泰国的翻译与传播》，硕士学位论文，华东师范大学，2013年，第59页。

会都保留着具有中华传统特色的丧葬礼仪、结婚礼仪、节日礼仪、商务礼仪、着装礼仪等，华人圈子还涌现出许多华人礼仪培训师，通过他们的职业活动将中华礼仪发扬光大。儒家八德的礼在倡导以礼待人的同时，也兼具了知书达理、明智达德的礼让风俗。

推崇忠义，是儒家文化的特点之一。儒家八德中的忠义观是海外华人思维模式中一种强烈的精神观。儒家认为“义”是以“忠”为前提的。一个人立命安身首先要忠于父、忠于君，才能以“义”取身安命。许多海外华人崇尚关公文化，关公文化中蕴含的“忠义”包含了中华民族优秀道德传统和鲜明民族精神的文化形态。在日本，许多城市都建有关帝庙，供人敬仰朝拜，横滨唐人街的关帝庙，则成了华人社会的信仰中心。在东南亚地区的华人餐馆，门厅一定供奉红脸关公像，作为“义”为核心的崇拜对象。海外许多华埠的街道和庙堂命名为“忠义街”“忠义巷”“忠义堂”，体现了华人忠贞、正义的忠义观的重要地位。忠义在华人社会，体现着一种精神、一种人格，甚至具备着舍生取义的伟大力量。

（二）道德信念

“各国的文化都重视道德，但是没有哪一种文化，能像中国传统文化这样把道德作为自己的基础，让道德观念渗透一切；也没有哪一种文化，能像中国传统文化这样，系统强调个人的品德修养，不仅把实践道德视为人性的体现，而且把它看得比生命更可贵。”① 中国传统文化中的儒家八德强调个人的道德在社会生活中的作用，强化海外华人应具备的传统道德信念。道德信念具有阶段性和发展性，现代社会里，物质主义、功利主义、个人主义等大行其道，但在海外华人区现代化和世俗化的过程中，中国传统的道德信念仍起着重要作用，儒家八德所提倡的价值观仍然被大众化接受。孝亲敬祖、光宗耀祖、家庭和睦、团结友爱、重视教育、诚实守信、知恩图报、与人为善、勤俭节约、朋友义气、忍辱负重、羞耻之心等，仍是海外华人选择的最主要的价值观。许多华人家庭教育里，就传承了儒家八德的思想精髓，而在华文学校的教育过程中，更加实现了自我监督、自我反省和自我强化。一些优秀的儒家道德信念能够存在于华人头脑中，帮助判断某些道德行为准则的正确与否，使他们坚定正确的，摒弃错误的。与西方人重视金钱关系不同，华人重视人与人之间的关系，无论孝悌之义还是朋友之义，海外华人总能选择亲情至上和两肋插刀，这实际上是一种观念形式的道德需要。以马来西亚华人宗教团体德教会推崇儒学为例，我们可

① 郑师渠：《中国传统文化漫谈》，北京师范大学出版社 1990 年版，第 38 页。

以感受到儒家八德的思想精髓在德教中获得的重视程度。“儒家学说支配了中国二千多年的学术思潮，为中华民族的文化主流，同时德教以儒家八德，再加上仁、智为德教十章，又以此八则十章视为德友们的守则和行为之规范……”① 因此，以儒家道德来协助巩固社会道德，崇尚道德是海外华人传统文化的精神追求之一。

（三）行为操守

操守是人的品德和气节，它是为人处世的根本，在人们的社会生活中有着重要作用。在东南亚地区，华人和华裔在经济中起着非常重要的作用，在北美地区，政界的华人和华裔不乏其人。无论是商业还是政坛，由于华人自小受到中国的培养方式或者儒家的思想熏陶，直接影响到他们的处事原则，间接反映到行为操守中。儒家八德中的“忠、信、廉、耻”等在海外华人社会的经济和政治生活中体现尤为突出。在欧美地区，诚信体系已经达到了一个较高的水平，诚信是做人的基本准则，这和儒家讲究“忠”和“信”不谋而合，“忠、信”也成为许多海外华商恪守的生意原则。盘古银行创办人陈弼臣说过：“我认为讲究诚信、努力工作的人肯定会成功的。”② 陈弼臣始终坚持以诚信为本，开拓进取，缔造了金融王国，而诚信和信誉也成了陈氏家族后人代代相传的信条。伍冰枝能够就任加拿大总督，骆家辉能够竞选美国华盛顿州州长，靠的就是诚信，没有诚信就无法赢得当地人民的信任。海外社会中但凡发家致富，创造了商业帝国的华人，或是功成名就，成为政治明星的华人，都是以诚信为生命，用诚信来管束自己的行为操守的。

新加坡是世界公认最廉洁的国家之一，这与国家领导人提倡“内儒外法”的模式有很大关系。从李光耀提出“新八德”的治国方略到吴作栋要求把儒家基本价值观升华为国家意识，新加坡在传承和发扬儒家价值观的基础上，实现了共同体价值和法治价值的融合。八德中的“廉耻”非常深刻地体现于新加坡的国民生活中。新加坡的廉政建设从教育倡廉开始，非常注重对公务员和国民进行儒家思想道德的教育，把儒家八德作为全体国民的基本行为规范，构建公共价值体系；在法治过程中，实行高薪养廉、铁腕护廉的措施，一旦认定贪污，腐败者将身败名裂、倾家荡产；在制度上，以制度保廉和勤政促廉作为手段，公务员不仅在廉洁方面受到监督制

---

① 陈廷昭：《由儒家学说读到德教十章》，《德讯》第 13 期，《马来西亚德教联合总会》1995 年 3 月 1 日。

② 许思佳：《〈论语〉及其儒家观念在泰国的翻译与传播》，硕士学位论文，华东师范大学，2013 年，第 569 页。

约，羞耻方面也受到道德约束，力图做到“吾日三省吾身”，强化自身的行为操守。儒家道德和法治制度的双管齐下，保证了新加坡政府的廉洁与效率。

结　语

儒家思想博大精深，其所构建的道德伦理体系，是中国人血脉里挥之不去的人文情怀。在海外传承中华文化，学会中文和会说中国话固然重要，但伦理道德的传承更加不可或缺。儒家八德是儒家文化中的精髓，是中华传统美德的重要组成部分，对于个人与家庭、社会的道德关系有着规范，对于人的修养有着示范，对于人的操行有着约束。儒家八德作为中华传统文化的优秀成分，不仅体现在大中华地区的社会家庭中，还深刻地影响着努力继承和弘扬中华传统美德的海外华人群体。海外华人具有多元的文化思维，中华传统文化之所以在海外华人社会的发展中能够百折不挠、生生不息，保持强大的生命力和延续力，除了具备一定的普适性和进步性，其核心因素就是具有强大的包容力、创造力和凝聚力，使之能够在海外社会中继承、改良和适应，能够更好地保持华侨华人的民族性，能够增强华侨华人和祖国的联系，能够推动中国走向世界。

黄文波，南宁孔庙博物馆馆员、编辑

◇儒家慈爱之道对家庭伦理与德育的双重启示

◎ 崔锁江

【摘　要】“慈爱”是儒家家庭伦理中的重要维度，特指父母在物质、精神、感情各方面对子女的关爱。随着现代核心家庭生活模式的确立，年轻父母的重心越来越由向上行孝悌之道转变为向下行慈爱之道。慈爱之道成为儒家家庭伦理现代重构的关键所在。慈爱之道在继承以家庭本位、亲情本位与差异秩序为核心精神的传统儒家家庭伦理的同时，也对接了以个人本位、法律与理性精神、自由平等为主体的现代伦理。慈爱之道符合儒家仁学、良知学、觉悟论的内在理路，是儒家仁爱思想的具体化，与外在的博爱思想相比也有殊胜之处。慈爱之道不同于溺爱，包含着家庭德育的含义，是为人父母之道的重点。

【关键词】慈爱　孝悌　家庭伦理　博爱　兼爱　仁爱

忠孝是儒家伦理的主干，然而忠孝伦理离不开慈爱之道。在《论语》里，孔子提到了“孝慈则忠”的思想。与《道德经》的“民复孝慈”一样，孔子并提“孝慈”，而不是单提“孝”。这说明了先秦儒家处于伦理相对主义的状态。《礼记》提出了“父慈子孝”，进一步说明儒家家庭伦理的相对性原则。

儒家的代际差异秩序可以分为两种视角。一种是子女向父母与兄长行孝悌之道。另一种是父母向子女、兄长向幼弟行慈爱之道。但是随着皇权专制的出现，儒家伦理出现绝对化的倾向，进而承认“天下无不是底父母”。李祥俊先生认为：“儒家思想的根在父亲，父亲是家庭的主宰者，是家庭内部伦理道德的源头。”① 传统孝道加强了“君父”的权威，忽略了对父亲责任伦理的监督。与此相反，慈爱之道却要强调父亲的责任伦理。这

① 李祥俊：《儒家思想中的“父亲”》，《当代中国价值观研究》2016年第1期。

有利于儒家家庭伦理实现从孝悌之道向慈爱之道的现代转型，进而重构儒家家庭伦理。

李祥俊先生认为："儒家家庭伦理其核心精神可以概括为家庭整体论、差异秩序论和亲情本位论三个方面"，"从孔子开始，儒家即把家庭伦理的孝悌上升到'为仁之本'。"① 由此可见，孝悌适应了中国古代社会的家庭生活模式，是传统家庭伦理的首要原则。慈爱之道则是其辅助与次要原则。慈爱之道在儒家家庭伦理中长期处于次要位置，大大低于孝悌之道。然而随着现代核心家庭生活模式的确立，年轻父母与未成年子女所组成的核心家庭取代了三代同堂的家长制、家产制为主体的父祖主宰的大家庭模式，年轻父母向上行孝悌之道的重要性降低，而向下行慈爱之道的重要性提升。因此，慈爱之道具备了超越孝悌之道，成为现代家庭伦理的新的核心精神与首要原则。

一　儒家慈爱之道的基本含义

儒家慈爱之道起码有三种含义。第一种是基本义，特指父母对子女的关爱。第二种是狭义，特指父母对子女的管教。第三种是引申义，特指上级对下属、强者对弱者的关怀。这几种含义往往交叉在一起使用。此外，道家、道教、佛教更是在超越意义上使用"慈""慈悲""慈爱"等说法。儒家也在超越意义上使用"仁爱"。慈爱则是仁爱的一种具体化。本文所要讨论的"慈爱之道"更多地基于家庭伦理的层面进行思考。

第一，"慈"的基本义往往是与"孝"相对而言。蒋伯潜的《十三经概论》辑录《论语》论孝的章句，提到："（孝）更推而至于我所生之子女，则有'慈'焉。"② 这里就体现了由孝到慈的逻辑。"父慈子孝"强调的"爱幼少"的基本义。《礼记·礼运》提到："何谓人义？父慈、子孝、兄良、弟弟、夫义、妇听、长惠、幼顺、君仁、臣忠十者，谓之人义。"③ 可见，儒家对为父之道的基本规范就是慈爱。慈与孝、忠、仁、顺等德目具有并列的性质。后世遂把"父慈子孝"放在一起。父的慈与子的孝具有对等性。这里的"慈"，除了有爱护之意，还有教导的含义。《说文解字》曰："慈，爱也。从心，兹声。"④ "慈"的本意即是"爱"。"慈爱"连用则符合双音节词的使用习惯。但是，慈爱却是"爱人"思想的一种，主要针对

---

① 李祥俊：《儒家家庭伦理的核心精神与现代重构》，《河北学刊》2015 年第 3 期。

② 蒋伯潜：《十三经概论》，上海世纪出版集团 2010 年版，第 346 页。

③ （清）朱彬：《礼记训纂》，中华书局 1998 年版，第 102 页。

④ （东汉）许慎：《说文解字》，中华书局 2013 年版，第 217 页。

子女、下属、民众而言。《周礼·大司徒》中提到："以保息六養萬民：一曰慈幼，二曰养老……"① 郑玄注"慈"为"爱幼少也"。这里的"慈"特指君上爱护自己所管辖的未成年人。除了慈爱，慈可以引申为"善"，甚至引申为"恻隐"。慈爱更多指父母子女之间，而慈善则更多是指人与人之间的社会救济行为。《颜氏家训》提到："父母威严而有慈，则子女畏慎而生孝矣。"② 这就把慈与严归纳为"为人父母之德"最重要的两种品质。父亲被称为严父，母亲被称为慈母。家严、家慈可以讳指自己的父母。

第二，"慈"的教导义较为隐晦。按照"严父慈母"的说法，母亲往往是同情、关怀的一方，而不是教导的主体。中国古代里的"父亲"是家教的主要负责人。然而在《礼记》中的"慈母"则是特指对子女进行教育的某一位庶母。《礼记·内则》提到："择于诸母与可者，必求其宽裕慈惠、温良恭敬、慎而寡言者，使为子师，其次为慈母，其次为保母，皆居子室，他人无事不往。"③ 这里的"慈惠"主要取"爱""保护""帮助"的正面意义。这里的"慈母"则不仅仅是"爱护"，而且包含了教导的含义，而不同于后世对母亲的敬称，而特指了一种管教女子、以养成德性的职责。慈母更多地指"主母""嫡母"。对子女的教育是最重要的父母之爱。教导子女是父母最重要的责任。"慈母"这种特殊用法也就包含了"教育"的含义，而区别于一般的养育。发微"慈"的德育含义，也有助于本文阐释慈爱之道的全面性。《管子》提到："弱子下瓦，慈母操棰。"④ 慈母用惩罚来管教儿子上房揭瓦的不端行为，却依然被称之为慈母。这里凸显了慈母的管教义。

第三，慈爱的引申义就是对民众、下属的关爱。进而体现为上级对下级、强者对弱者的关爱。《论语》为政篇提到："临之以庄，则敬；孝慈，则忠。"⑤《集解》引包咸注"君能上孝于亲，下慈于民，则民忠矣"。这说明儒家的"慈"不局限于家庭，也指向了民众。程树德的别解则是强调："故子爱利其亲谓之孝慈。"他引述《淮南子·修务训》的"尧立孝慈仁爱，使民如子弟"的说法，从而把孝慈的家庭伦理推扩到忠君的政治伦理。对于统治者而言，慈成为由孝到忠的重要条件。服虔注《左传·昭公二十八年》中的"慈和遍服曰顺"中的"慈"为："上爱下曰慈。"⑥ 这就把慈爱

① （唐）贾公彦：《周礼注疏》，上海商务印书馆 1995 年版，第 150 页。
② （北齐）颜之推：《颜氏家训》，中国文史出版社 2003 年版，第 8 页。
③ （清）朱彬：《礼记训纂》，中华书局 1998 年版，第 131 页。
④ 《管子解说》，华夏出版社 2009 年版，第 13 页。
⑤ 程树德：《论语集释》，中华书局 1983 年版，第 120 页。
⑥ （清）《春秋左传诂》，中华书局 1998 年版，第 250 页。

用于上级对下级的关爱之上。《贾子·新书》提出："亲爱利子谓之慈，反慈为嚚……恻隐怜人谓之慈，反慈为忍。"① 可见，"慈"除了"亲爱利子"还可以引申为"恻隐""爱下"，并与残忍相区别。《礼记·祭义》提到："先王之所以治天下者五：贵有德，贵贵，贵老，敬长，慈幼。慈幼，为其近于子也。"② 这里的"慈幼"就是关爱幼者，就是广义上的慈爱含义。

二　慈爱之道成为家庭伦理现代重构的首要原则

笔者认为，儒家现代家庭伦理核心精神的重构就是要以慈爱之道替代孝悌之道成为儒家家庭伦理的首要原则。就重要性而言，慈爱之道逐渐大于孝道，更符合现代家庭的生活模式。

第一，伴随着中国现代化的进程，核心家庭越来越以养育教育子女为重心，而子女赡养、孝敬老人虽然依然是重大的家庭责任，却在某种程度上受到削弱。现代社会当中人们的职业高度自由化并加强了个人本位。现代婚姻法也详细地规范了家庭成员的财产权，抑制了传统家产制重男轻女与人身依附。取而代之的是成年子女相对于老年父母有了更加相对独立的经济自主性。这就使得家庭的资源分配更多向未成年子女倾斜，成年父母的责任伦理更多的是养育下一代，行孝道受到了养育后代的冲击。本文并不是因此就否定或者削弱子女赡养、孝敬老人的责任与义务，而是认为慈爱之道越来越重要。唯一的办法是把孝悌之道与慈爱之道结合起来，既要行孝道也要行慈爱之道。

随着现代核心家庭确立了主体地位。随着家庭关系越来越趋向于简单化、养老也越来越社会化，行孝道越来越多地受制于家庭经济状况。而父母行慈爱之道，养育未成年子女则伴随着复杂的、大量的物质、精力、感情等投入。行孝道的物质、精力、感情投入往往无法达到这种水平。与古代大家庭模式相反，现代的核心家庭模式中成年父母更要全身心地投入养育幼年子女的长时间陪伴当中去。中国古代的"傅、师、保"的模式显然只能在现代社会中有限的名门望族中实施。现代的子女教育也完全以独立人格为主，与古代贵族公子模式格格不入。行慈爱之道要求现代父母二人完全担负起"傅、师、保"三种角色。尽管现代社会中老人带孩子也具有普遍性，但主要是起到辅助性质，而不是决定作用。慈爱之道符合现代工业文明、城市生活的进程，相对于孝道而言具有更为重要的意义。儒学研究者需要考虑能否以慈爱之道作为现代家庭伦理的首要原则，从而真正地

---

① （汉）贾谊：《新书》，中华书局2012年版，第252页。

② （清）朱彬：《礼记训纂》，中华书局1998年版，第212页。

实现从孝悌之道到慈爱之道的嬗变。

第二，以慈爱之道重构儒家家庭伦理符合现代家庭生活模式。忠孝作为儒家伦理的首要原则以及孝道作为中国古代家庭伦理的首要原则具有历史合理性。在中国家庭伦理的现代转型中，孝道逐渐失去了作为家庭伦理首要原则的合理性。现代中国的家庭正在经历一个从传统的三代以内的家庭形态向两代以内的核心家庭形态转型。而且这里的两代主要是中青年父母与未成年子女组成的核心家庭。未成年子女的孝道本身很有限，而中青年父母对自己的父母（祖辈）行孝道越来越不占主导地位。而在传统家庭本位模式里的孝道更多是要约束面对祖辈的中青年成年人而言。作为孝道的担当者——中青年人的家庭伦理重心已经变成向未成年的子辈行养育教育的慈爱之道。就时间发生的次序而言，先有父母向子女行慈爱之道，才有子女向父母行孝悌之道。慈爱之道具有时间在前与逻辑在前的双重特点。从这个意义上而言，慈爱之道可以成为儒家家庭伦理现代转型后的核心精神。

三　慈爱之道对传统家庭伦理核心精神的继承

慈爱之道并不是完全颠覆传统家庭伦理，而是吸收了传统儒家家庭伦理的核心精神。现代家庭伦理失序与儒家传统家庭伦理失效是两个相互关联的问题。慈爱之道恰恰是要挽救儒家传统家庭伦理的核心精神，进而抒解现代家庭伦理失序的难题。慈爱之道肩负着实现儒家家庭伦理转型的重要使命，必须继承传统儒家家庭伦理的核心精神。慈爱能够满足传统家庭伦理当中的差异秩序、亲情本位、家庭本位三个维度。慈爱之道能够成为儒家家庭伦理现代重构的核心精神，补救陷入僵化的孝悌伦理。

第一，慈爱之道能够兼顾家庭本位与个人本位。传统的家庭本位受到现代个人本位的冲击。慈爱之道符合家庭本位的核心精神。慈爱之道仍然属于亲情伦理的一种，而不同于公平正义等社会伦理。父母对子女的慈爱体现了父母的道德主体性，必然是以子女的未来发展与家庭的整体利益为根本，必然是以家庭本位关照个人本位。

第二，慈爱之道能够兼顾差异秩序与自由平等。独立、自由的个人是现代社会的基础。家庭伦理的现代重构必须以独立、自由的个人为本，而以家庭整体为辅，实现以自由、独立的个人权利为基础的家庭和谐。慈爱之道恰好把儒家传统的家庭本位与尊重自由、独立的个人本位有效结合起来。慈爱之道是父母对子女的关爱。其责任落在了父母一方。慈爱之道与孝悌之道恰恰是从两个不同的角度去看待差异秩序。慈爱相对于下对上的

“忠”、子对父的“孝”、幼对长的“悌”更体现了长辈对晚辈、领导对下属、强者对弱者的责任伦理。进而，慈爱之道既可以延承以孝悌为主体的传统家庭伦理的核心精神，又可以适应现代家庭对平等性伦理维度的诉求。

第三，慈爱之道能够兼顾亲情本位与法律、理性精神。传统家庭伦理强调亲情本位。而现代家庭伦理更强调理性精神，在家庭成员之间讲究法律精神与理性精神，家庭成员有独立的判断与个人的思想自由。即使父母也只能尊重子女的某些个性。家庭教育的最后归宿也是独立自由的生活，乃至于子女组建新家庭之后的自由平等。而“慈”就是在慈祥、慈悲、慈善等同情心理的基础上对子女进行关爱。爱同样具有亲情伦理的普遍性。慈爱是一种最为深厚的亲情。所以，慈爱之道就是在尊重法律精神与理性精神、尊重子女的自由权利的前提下对子女的感情投射与各种付出。

四　慈爱之道的内在理路与外在价值

儒家家庭伦理的现代重构必须首先提升慈爱之道在儒学思想体系中的地位。就内在理论而言，笔者认为慈爱之道符合儒家仁学与良知学的基本理路。就外在价值而言，慈爱之道体现了儒家对生命存在的觉悟，与博爱、兼爱等说法相比也有一定的殊胜之处。

第一，慈爱之道符合儒家仁学理路。慈爱是儒家仁爱思想在父母—子女这对伦理关系上的具体化。因此，慈爱即是仁。《论语》提出了“仁者爱人”的基本原则。以爱解仁构成了仁学的基本维度。《说文解字》的“慈，爱也”也可以相应提炼为“以爱解慈”。以爱解慈与以爱解仁之间的差距很小。仁与慈都立于爱人之心的基础上。慈爱之道属于儒家仁学的一部分。

第二，慈爱之道符合儒家良知学的基本理路。儒家良知学强调一个人具有道德行为的主体性，能够推扩自己的良知良能，进而致良知于事事物物。慈爱恰恰是一种推扩，以慈善对待他人。相对于父母慈爱子女，作为未成年人的子女也要学习这种关爱他人的思想，具有这种慈爱他人的能力。未成年人需要对花草树木、鸟兽虫鱼、其他需要照顾的弱小生命投注感情。而这种主体性恰恰是现代教育的重要诉求。慈爱之道提倡责任伦理，有利于培养每个人的积极心理。

第三，慈爱之道可以引申为“仁爱”，进而满足“上级关爱下级”、强者同情弱者的伦理要求。儒家慈爱虽然立足于家庭伦理，但也包含了“上爱下”的政治伦理，乃至于可以过渡到“仁民爱物”的仁爱之道。慈爱是儒家、道家、道教、佛教共有的思想。儒家的慈爱之道恰恰是长者对幼儿、强者对弱者的同情心。这是慈爱之道调节人们之间的强弱关系，实现公平正义与和谐的关键所在。进而，儒家以慈爱之道弥补幼敬长、弱敬强的“悌道”所造成的某种遮蔽。

第四，慈爱之道可以包容博爱与兼爱等思想。慈爱与博爱具有非常相近的旨趣。博爱的对象指向了人类整体。而慈爱则指向了以子女为代表的较为弱小、需要保护的人类成员。慈爱是人类普遍之爱的具体化，更强调了人心当中的同情、恻隐的一面。慈爱体现了一种道德主动性和对象性。慈爱可以包容兼爱。兼爱是墨家提出的一种和平主张，反对自私自利。慈爱有助于“幼吾幼，以及人之幼”的理路，能够把爱子女之心推扩到一般人际当中。慈爱之道尽管属于家庭伦理的范围，但却为整体的儒家伦理提供了不同于孝悌原则的另外一种基石，有助于平衡儒家伦理在差异秩序与自由平等之间的张力。

五　儒家慈爱思想对现代家庭德育的启示

王常柱把“孝慈精神”规定为“中国传统社会的家庭道德教育的形上依据”①，本文认为孝悌仅仅是传统家庭德育的内容，而慈爱之道则强调了家庭德育的整个过程与形式，更明确了父母的德育责任。王常柱另外一文提出：“孝慈精神逻辑上主张权利与义务相统一，但事实上却重孝轻慈、表现为一种权利义务失衡的价值选择。”② 慈爱之道在家庭德育中受到忽略，进而也不利于培养子女基于同情心基础上的主体性。有的学者提出：“长辈应关心爱护晚辈以尽慈道”，“孝慈精神是现代社会正常发挥家庭功能的伦理保证。”③ 因此，本文认为慈爱之道相对于孝悌之道而言对今天的家庭教育更有价值。慈爱不仅包括物质条件的满足，也包括行为上的管教与道德上的培养。父母最重要的慈爱就是教给子女为人处世的道理，进而树立正确的人生观，促进人的整体进步与自由而全面的发展。《三字经》强调：“子不教，父之过。教不严，师之惰。”父母负有重要的教育责任，而不仅仅是物质供给。慈爱之道恰恰是把慈爱与德育结合起来，防止家庭教育过度智育化，防止溺爱与惯纵的现象出现，进而成全为人父母之道，传承中国古代优良的家庭教育理念。

第一，慈爱的德育含义也存在于古代家庭的教育模式当中。《礼记》已经对传统家庭德育进行了某种程度的设计。严父慈母恰恰是家庭德育的担

---

① 王常柱：《传统家庭道德教育的形上依据》，《河北学刊》2013 年第 1 期。

② 王常柱：《权利义务观与亲子伦理精神的现代重建》，《兰州学刊》2014 年第 7 期。

③ 马军远、王征：《论孝慈精神的内涵及其对当代社会的适用性》，《人文天下》2016 年第 1 期。

当者。《礼记·内则》提出，女子要有负责文化教育的“师母”、负责道德教育的“慈母”、负责生活起居的“保母”。《礼记》记载孔子针对子游提出的“慈母如母”问题，回答道：“古者，男子外有傅，内有慈母，君命所使教子也，何服之有？”① 可见，慈母负有教育角色。《礼记》上记载：“立大傅、少傅以养之，欲其知父子、君臣之道也。大傅审父子、君臣之道以示之；少傅奉世子，以观大傅之德行而审喻之。大傅在前，少傅在后；入则有保，出则有师，是以教喻而德成也。师也者，教之以事而喻诸德者也；保也者，慎其身以辅翼之而归诸道者也。”② 这都说明中国传统家教具有非常科学与复杂的分工，而不同于现代社会把德育与智育混为一谈。“傅”主要是管理男子的言行举止（相当于慈母），“师”则传授男子文化知识。“保”则管理男子的生活起居、饮食、衣着、出行等。这三个角色相互之间并不混淆。傅相当于“父”主要管理男子的德行。师则负责男子的文化，对德行的管理要弱一些。而女子的“傅、师、保”则主要由“诸母”担当。正如未成年人男子有“傅”“师”“保”三个负责老师一样，《礼记·内则》提到的慈母更多地相当于“傅”，起到陪伴监督、交流思想、规范行为等作用，负责女子的德行。古代后来由慈母概念发展出严父概念。慈母只是针对女子进行道德教育，而严父则针对所有的家庭成员进行道德教育。严父的“严”说明父亲直接负有道德教育的责任，进而以严格为最主要的规范。在这里，我们不应顽固秉持“古者易子而教之，父子之间不责善”“父不亲授”等规矩。“易子而教”主要是针对文化教育而言。而“父子之间不责善”也不能理解为父亲放弃德育的责任，而是不轻易“责善”，尽量委婉地谏亲或者进行德育以维护父子亲情。所以，父子不责善是基于特定的士大夫的家庭背景，有“傅、师、保”代替父亲行使教育职责。而现代核心家庭则没有这样的“傅、师、保”，现代的父亲，也包括母亲都必须亲自担任德育、教育、保育三种工作。现代核心家庭的父母要在物质生活、精神生活、文化教育、德性养成等方面承担抚育子女的责任。这种全方位的责任并没有丝毫减轻，甚至更重了。这就更需要弘扬慈爱之道、慈爱精神、慈爱思想，才能鼓励年轻父母承担使命。

第二，慈爱之道对现代家庭德育具有重要意义。父母作为子女的第一任老师，是整个社会教育的根基。《人民日报》2015年5月14日提到：“大部分城市家庭中，家长们关注的还是孩子的学习成绩，与学习无关的其他

① （清）朱彬：《礼记训纂》，中华书局1998年版，第99页。

② 同上书，第94页。

活动，不管是否有利于孩子的发展，都难以引起家长的真正兴趣。”① 这说明中国目前的家庭教育过于重视智育，而忽视德育。慈爱之道恰恰不是放任自流、毫无管束、惯纵任意，而是注重德育，培养正确的价值观，树立积极向上的人生观。根据《礼记》所提到的有关“慈”的说法，本文认为儒家在家庭教育方面非常重视德育，德育占据了首要位置。虽然说，现代社会也认为德育很重要，然而在实践过程中却往往让位于智育。这就导致父母与子女两方面都对家教产生了错误的认识。父母对子女所进行的养育责任更容易被监督。有的父母能够尽到养育的责任义务，但是对于能否尽到德育的责任与权利则较为欠缺，主要的原因则是父母的德育权利往往被现代社会的平等理念所解构。而德育的责任则往往被养育、智育所掩盖。所以，针对目前家庭教育中德育软弱的情况，必须加强父母的德育责任与权利。慈爱之道重在德育，家庭教育也重在德育。现代社会要加强德育就必须对为人父母之道、慈爱之道有全面正确的理解。

第三，慈爱之道包含着父母在物质、精神、感情三个层次对子女的投入。父母对于子女的责任或者可以归结为慈爱之道应当按照心、事、物三个层次。父母首先要尽到物质上养育、抚养子女的责任。父母还要尽到在事理上教育的责任，其中包含了德育与智育。父母更要在情感上关爱子女，让其心灵处于积极、健康、幸福的状态，在精神层面培育子女有正确的价值观、人生观、世界观，树立远大的理想，成就健康、乐观的积极人格。

第四，慈爱之道包含着父母管教与鼓励子女两种基本手段。鼓励相当于励志教育，让孩子能够做到理想的行为。而管教则属于规范教育，让孩子能够约束自己不做有害的行为。现代社会的人们往往倾向于鼓励教育，而对教育规范儿童的行为，禁止、约束儿童的错误倾向缺乏足够的重视。儒家从来把管教与鼓励并重。儒家的慈爱之道就包含着管教、约束、禁止的一面。严父就担当着禁止、约束的角色。母亲就担当着鼓励的角色。任何优秀的教育者必须同时具备鼓励、约束两种能力。一个家长如果不能很好地约束自己的子女，子女也容易出现行为上的偏执。这就把慈爱变成了溺爱与惯纵。一个家长如果不能很好地鼓励自己的子女，子女也容易性格怯懦、畏惧环境。这就把严格与管束变成了压制与摧折。但是，现代社会的家庭教育往往处在放任与专制两个极端状态。这就需要树立正确的家教观。

第五，慈爱之道的终极目的是父母教给子女有关做人做事的道理，让

---

① 《今天，为何家长难当?》，《人民日报》2015年5月14日第7版。

子女能够健康成长，能够传承优良的品德，而不是让子女过衣食无忧的生活。这一点尤其是为人父母之道的重点。对子女的教育应当着眼于人生的宏观格局，进行基础与基本的教育，其导向更应当是人格健全、学会生活、观察社会、培养兴趣，甚至要到子女成年之后依然发挥着永恒的价值。所以，父母对子女进行家风、传统、使命等人生观的培育。人生观的培育可以让子女具有高度的思想性与使命感，能够激发子女向善向上的品质，进而促进心灵与智慧的迅速成长，避免成长过程的耽搁与弯路。良好的家教能够让孩子懂得是非对错，从而更好地校对自己的人生方向。

第六，慈爱之道兼顾宽容与严格两项要求。慈爱不仅仅是养育子女，而且包括了对子女进行智育、德育的过程。慈爱之道与教育之道有重合性。而且慈爱的“慈”体现出父母站在更好的情感、理性的角度对子女由不成熟走向成熟进行关照，乃至于宽容这一过程中的试错、天真与无知，进而纠正子女的歧路，使得子女走向人生的正路。只有充分理解人性的弱点，理解人成长的烦恼，才可能做到慈爱，否则就会陷入苛刻对待子女的误区。因此慈爱思想必须兼顾“宽容”与“严格”两个维度。有的学者以钱穆先生为例探究了慈爱与严厉对于家庭教育的重要性。① 慈爱是父母对子女的慈祥爱护。相对于颂扬日久的孝道，本文认为慈爱之道将会更加彰显中华道德文明的丰富内涵。在古儒家伦理中，父亲要慈爱地对待子女，就是要本着同情地理解，乃至于宽容对待下属。长辈要给晚辈留下发展的空间，原谅晚辈的错误，包容晚辈的缺点。这样才算是一个慈祥的父亲或者上级。所以，慈爱之道是对父母、长辈、上级的一种要求，在社会意义而言则是对全体社会成员的普遍要求。慈爱之道不仅仅有慈祥关照的一面，也有抚育爱护的一面。爱子女、爱下属、爱护其他生命是儒家“仁者爱人”思想的重要体现。慈爱之道可以引申为人类成员之间的道德关照，是人类文明的光彩之处。因此慈爱之道比孝道更加深远广博。

第七，慈爱之道是父母人格完善的必由之路。子女是父母生命在世界上的延续。子女的健康成长使得为人父母者得以在自然历史境界中获得永恒感和归宿感，使得父母的生命意义得以完整。天地的大德就是生育万物。人效法天地之德就要生儿育女，尽到自己的慈爱之道。慈爱之道体现了中国古人重视生育、尊重生命、面向生活的积极态度。慈爱之道是中华民族兴旺发达的一个重要保证。

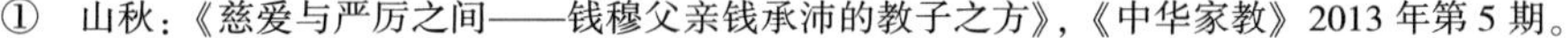

① 山秋：《慈爱与严厉之间——钱穆父亲钱承沛的教子之方》，《中华家教》2013 年第 5 期。

结语　慈爱之道构成现代意义的为人父母之道

《礼记》提出："天子修男教，父道也；后修女顺，母道也。"① 这就初步提出了"为人父母之道"。而传统的孝悌之道可以称为为人子女之道，其责任承担者是子女一方。而慈爱之道则可以称之为为人父母之道，其责任承担者是父母一方。为人父母之道强调父母的责任伦理，符合现代核心家庭的基本生活模式。现代父母不仅要有物质上的养育，还必须有品德上的教育、情感上的呵护等多方面的作为，才能成为称职合格的父母。总之，弘扬慈爱之道顺应了以抚育子女为主体的核心家庭生活模式，重构了儒家现代家庭伦理，有助于增进家庭德育，进而把中华优秀传统文化落实到家庭生活当中。

崔锁江，北京师范大学马克思主义学院博士

① （清）朱彬：《礼记训纂》，中华书局 1998 年版，第 374 页。

◇重读《论语》有感

——浅谈《论语》中孔子的理想和现实

◎ 田树标 颜培建

【摘 要】 为了自己的政治追求和理想，孔子在不得已的情况下选择离开鲁国，开始了周游列国的旅程，幻想能够在其他国家得到君王的赏识，恢复西周礼乐文明。然而，理想的实现需要做出正确的选择，需要在现实中努力。在外颠沛流离十四年后，孔子依然无所遇，他只得回到自己的出生地鲁国。在他生命的最后时刻终于幡然醒悟，虽然理想还未实现，但他也不再踏入仕途，而是毕生执着于教书育才和文献整理，真正寻求到了人生的价值和真谛。

【关键词】 孔子 论语 理想 现实

"孔子者，中国文化之中心也。无孔子，则无中国文化。"① 数千年来，对孔子及其思想的研究几乎从未间断过。迄今为止，人们已经从多种不同的角度，对孔子思想的各个领域进行了深入研究。② 孔子的形象也在这绵延两千多年的阐释解说中不断变化，一直以来众说纷纭。出于从时代和自身的发展需要，人们对他的认识和评价忽高忽低，以致出现了真假孔子之分。③ 无论是被人尊奉为至圣先师，还是被人贬斥为乡野村夫，都不能使我

---

① 柳诒徵：《中国文化史》，东方出版中心 1988 年版。

② 据有学者指出："关于《论语》的书很多，至今总计四千余种。根据中国国家书目数据库的统计数字，1925—2005 年我国出版的论语学专著共有 507 种，其中 1980 年以来的专著就达到了 438 种。又据中国期刊全文数据库所提供的数字，1979—2005 年发表的论语学研究论文就有两千余篇，中国论语学文献呈几何级倍增发展。"（郭素红：《20 世纪中国〈论语〉文献学研究回顾与展望》，《东疆学刊》2007 年第 1 期）

③ 由于历史的原因，人们对孔子形象进行了重塑。周予同《孔子》（上海人民出版社 1934 年版）："真的孔子死了，假的孔子在依着中国的经济组织、政治状况与学术思想的变迁而挨次出现。汉武帝采用董仲舒的建议单独推尊孔子。其实汉朝所尊奉的孔子，只是为政治的便利而捧出的一位假的孔子，至少是一位半真半假的孔子，决不是真的孔子。若使说到学术思想方面，那孔子的变迁就更多了。所以孔子虽是大家所知道的人物，但是大家所知道的孔子未必是真的孔子"，匡亚明《孔子评传》（南京大学出版社 2006 年版）："历代王朝在孔庙里供奉的孔子，都是假孔子或半真半假的孔子，决不是真孔子"。可以看出，周予同与匡亚明的观点是一致的。

们认识真实的孔子。

那么，我们该如何还原一个历史上的真实孔子呢？今天，《论语》是人们一般认为比较可信的材料。为此，我们以《论语》为核心进行考察，试图在承袭前人研究成果的基础上，着重探讨书中所体现的孔子思想中的理想主义和现实主义。

一 理想追求与现实无奈

有关孔子生活的时代和社会风貌，相关著作和论文已多所涉及，此处仅据本文主题稍作简单介绍。孔子生活在春秋末期，周王室日渐衰微，诸侯势力膨胀。君臣夫子名分紊乱，“世道衰微，邪说暴行有作，臣弑其君者有之，子弑其父者有之”①。其时新兴地主的经济和政治势力开始兴起，要求废除奴隶主贵族的特权，发展封建经济，建立地主阶级统治。孔子诛杀少正卯的事件，正是这种矛盾的集中反映。②

在各国混乱情势之下，周礼已经不被重视，出现了“八佾舞于庭”和“三家者以《雍》彻”③ 的局面。孔子认为这种现象“是可忍，孰不可忍？”（《论语·八佾》）孔子渴慕西周之礼，要求“君使臣以礼，臣事君以忠”（《论语·八佾》），认为只有君像君，臣像臣，父像父，子像子，各自按照自己的名分行事，天下才能安定。

除了用礼来维护正常的社会秩序外，孔子认为更重要的是“为政以德”，主张用德政来治理国家，希望建立以“仁”为中心的社会秩序。君主实行德政，这也是他孜孜以求的政治理想。在他看来，“为政以德，譬如北辰，居其所而众星拱之”，“道之以政，齐之以刑，民免而无耻；道之以德，齐之以礼，有耻且格”（《论语·为政》）。所以，具有高尚品格的君主是实现理想社会的先决条件。

春秋乱世，具有强烈忧患意识的孔子希望恢复文武之道。鲁定公十二年（前 498），鲁国政权实际掌握在三桓④手中。十三年（前 497），齐国送女乐到鲁国。君臣迷恋歌舞，多日不理朝政，孔子非常失望。又恰巧此时，鲁国举行冬至郊祭，孔子还寄希望国君能够分给大夫祭祀所用的腊肉。如果那样，表明礼制尚存，结果事与愿违。孔子明白了定公已经疏远自己，

---

① 杨伯峻：《孟子译注·滕文公下》，中华书局 1960 年版。

② 少正卯，鲁国大夫，以能言善辩著称。“孔子诛杀少正卯”最早见于《荀子·宥坐篇》中的记载。

③ 杨伯峻：《论语译注·八佾》，中华书局 1980 年版。

④ 三桓即指鲁国卿大夫孟孙氏、叔孙氏和季孙氏的合称。因为三家出自鲁桓公，史称“三桓”。

顿时心灰意冷。

面对“吾道穷矣”①，他陷入了深刻的思考。为了自己的政治追求和理想，他在不得已的情况下选择离开鲁国，开始了周游列国的旅程，幻想能够在其他国家得到君王的赏识，恢复西周礼乐文明。在某种意义上说，孔子的周游就是政治流亡。试想，前方的路途充满艰难险阻，曲折而又漫长，这一走不知何时才能回来？能够做出这样的一个决定，是需要多么大的勇气啊！

二 理想执着与现实抗争

对于孔子一生的际遇，我们可以从不同角度进行论述得出不同结论。从《论语》的记述来看，大多为孔子及其弟子的“言语行事”，可以由此得知其坚毅执着的政治追求。在此，笔者仅就其荦荦大端，胪列以下几个方面：

（一）周游传道

孔子“周游”一说最早见于《孔丛子·记问》。孔子作《操》曰：“周道衰微，礼乐凌迟，文武既坠，吾将焉师？周游天下，靡邦可依。”② 他感叹王道礼乐废弛，周游列国是摆在眼前的一个十分迫切的问题。人们通常所说的孔子“周游列国”是指前497年至前484年共十四年的在外漂泊。十四年间，在弟子们的陪伴下，孔子颠沛流离于卫、曹、宋、郑、陈、蔡、楚等各国之间。③ 司马迁曰：“孔子明王道，干七十余君，莫能用。”④ 所谓“明王道”，即孔子继承三代的仁政思想，“干七十余君，莫能用”，即见过七十多个国君，终未被任用。汉代王充根据《论语》和诸子各书记载考证，孔子周游列国到过的国家不超过十个。⑤ 引文中所述显然是夸大其词，不足为信。

古今中外，凡是有作为者，都有刻苦勤学的经历，这是实现其理想的

---

① （汉）司马迁：《史记》卷47，《孔子世家》，中华书局1959年版。

② 孔鲋：《孔丛子》第五，《记问》，上海古籍出版社1991年影印版。

③ 孔子周游列国所到过的诸侯国，历代文献说法不一。《论语》中明确提及孔子到过的诸侯国有：鲁、齐、卫、宋、陈、蔡、楚。《墨子》《庄子》《孟子》《荀子》《韩非子》等先秦典籍中提及的有：鲁、齐、卫、宋、陈、蔡、楚、周。《吕氏春秋》提及的有：鲁、齐、卫、陈、蔡。《淮南子》《韩诗外传》《史记》等所提及的诸侯国有：鲁、齐、卫、宋、陈、蔡、楚、周、曹、叶、晋等。相较而言，西汉时期文献提及的诸侯国要多于先秦文献。

④ （汉）司马迁：《史记》卷14，《十二诸侯年表》，中华书局1959年版。

⑤ 王充：“孔子自卫反鲁，在陈绝粮，削迹于卫，忘味于齐，伐树于宋，并费与顿牟，至不能十国。传言七十国，非其实也，或时干十数国也。七十之说，文书传之，因言干七十国矣。”（《论衡》卷26，《儒增篇》，陈蒲清校，岳麓出版社2006年版）

必要条件。为此，孔子一生好学不已，坚信“君子不器”（《论语·为政》）、“三人行必有我师焉”（《论语·述而》），故旅途之中会利用各种机会，向贤能之人和有道之士请教，“不耻下问”（《论语·公冶长》），“就有道而正焉”（《论语·学而》）。他曾这样形容自己：“发愤忘食，乐以忘忧，不知老之将至云尔。”（《论语·述而》）这种学而不厌的精神，我们都可以直接在《论语》中找到有关章句。显然，与老师朝夕相处的学生自然有着非常清醒的认识：

> 叔孙武叔①语大夫于朝曰：“子贡贤于仲尼。”子服景伯以告子贡。子贡曰：“譬之宫墙，赐之墙也及肩，窥见室家之好。夫子之墙数仞，不得其门而入，不见宗庙之美，百官之富。得其门者或寡矣。夫子之云，不亦宜乎！”（《论语·子张》）

这番话以比喻的形式道出了孔子学识的博大精深，不可能一下接触到。子贡能够如此维护老师的声誉，着实令人感动。

> 叔孙武叔毁仲尼。子贡曰：“无以为也！仲尼不可毁也。他人之贤者，丘陵也，犹可逾也；仲尼，日月也，无得而逾焉。人虽欲自绝，其何伤于日月乎？多见其不知量也。”（《论语·子张》）

前面叔孙武叔先是说孔子不如子贡，幸好子贡机智应答，有力地加以回击。贬低不成，就开始毁谤。然而，这种毁谤又有何用呢？别人的贤能，好比山丘，还可以逾越过去。孔子就好比是日月，是不可能逾越的。

同样，陈子禽②也对子贡说：“子为恭也，仲尼岂贤于子乎？”子贡回答：“君子一言以为知，一言以为不知，言不可不慎也。夫子之不可及也，犹天之不可阶而升也。夫子之得邦家者，所谓立之斯立，道之斯行，绥之斯来，动之斯和。其生也荣，其死也哀。如之何其可及也？”（《论语·子张》）

陈子禽认为子贡主要是由于谦虚而认为自己不如老师，但子贡却认为孔子是无人可及的。通过子贡对孔子的评价，让人看到了一个高高在上的圣人形象，表达了自己对老师的敬仰之情。

---

① 叔孙武叔，鲁大夫，名州仇。

② 陈子禽即陈亢，春秋时陈国人。《史记·仲尼弟子列传》无此人，而《孔子家语·七十二弟子解》有其名。有人认为他是孔子的弟子，也有人认为他可能是再传弟子。

凭借精深而广博的见识，孔子受到各诸侯国君接见之时，对其揣摩得很透彻，而且应答自如，慷慨激昂，显示了非凡的外交才能。《论语》中不乏这样的君臣之间的对话，如《论语·颜渊》中的记载：

齐景公问政于孔子。孔子对曰："君君、臣臣、父父、子子。"公曰："善哉！信如君不君，臣不臣，父不父，子不子，虽有粟，吾得而食诸？"

与之相似的语句，还出现于《论语》的不少篇章之中：

王孙贾①问曰："与其媚于奥，宁媚于灶也。何谓也？"子曰："不然。获罪于天，无所祷也。"（《论语·八佾》）

孔子深知，理想变为现实不是一蹴而就、一帆风顺的，往往都会遭遇到一些坎坷。他周旋于各国之时，经历艰险，到处碰壁。又有几次被困，险些丧命，但他并不灰心，仍坚持自己的理想，"自东至西，自南至北，匍匐救之"②。中途被困于匡地时，他慨叹："文王既没，文不在兹乎？天之欲丧斯文也，后死者不得与于斯文也；天之未丧斯文也，匡人其如予何？"（《论语·子罕》）在宋国习礼于大树下，宋司马桓魋竟命人将树砍倒，欲加害孔子。孔子说："天生德于予，桓魋其如予何？"（《论语·述而》）陈蔡之间绝粮，此时的孔子依然"讲诵弦歌不衰"（《论语·阳货》），这些都无不显现出孔子执着于自我信念的人生理想，张扬着一种乐观的伟大精神。

（二）不同学派间的思想碰撞

孔子孜孜不倦地追求自己的人生理想，以济世救民为己任。一路走来，他对自己学说不为时所用的境况已经非常清楚，但又不能像隐士那样消极地面对现实。在途中，孔子遇到了几位避世的隐者：接舆、晨门、荷蒉、长沮、桀溺和荷蓧丈人。《论语》所记隐士，突出了孔子"知其不可而为之"的精神。以下几则为书中孔子所见隐士时的情景记载：

楚狂接舆歌而过孔子曰："凤兮凤兮！何德之衰？往者不可谏，来者犹可追。已而，已而！今之从政者殆而！"孔子下，欲与之言。趋而辟之，不得与之言。（《论语·微子》）

---

① 王孙贾，卫灵公的大臣。

② 许维遹：《韩诗外传集释》，中华书局1980年版。

子路宿于石门。晨门曰："奚自？"子路曰："自孔氏。"曰："是知其不可而为之者与？"（《论语·宪问》）

子击磬于卫，有荷蒉而过孔氏之门者，曰："有心哉，击磬乎！"既而曰："鄙哉，硁硁乎！莫己知也，斯已而已矣。深则厉，浅则揭。"子曰："果哉！末之难矣。"

长沮、桀溺耦而耕，孔子过之，使子路问津焉。长沮曰："夫执舆者为谁？"子路曰："为孔丘。"曰："是鲁孔丘与？"曰："是也。"曰："是知津矣。"问于桀溺，桀溺曰："子为谁？"曰："为仲由。"曰："是鲁孔丘之徒与？"对曰："然。"曰："滔滔者，天下皆是也，而谁以易之？且而与其从辟人之士也，岂若从辟世之士哉？"耰而不辍。子路行以告。夫子怃然曰："鸟兽不可与同群，吾非斯人之徒与而谁与？天下有道，丘不与易也。"（《论语·微子》）

子路从而后，遇丈人，以杖荷蓧。子路问曰："子见夫子乎？"丈人曰："四体不勤，五谷不分，孰为夫子？"植其杖而芸。子路拱而立。止子路宿，杀鸡为黍而食之。见其二子焉。明日，子路行以告。子曰："隐者也。"使子路反见之。至，则行矣。子路曰："不仕无义。长幼之节，不可废也；君臣之义，如之何其废之？欲洁其身，而乱大伦。君子之仕也，行其义也。道之不行，已知之矣。"（《论语·微子》）

这些远离尘世之人面对乱世，采取了一种隐居的方式，过着闲云野鹤的逍遥自在生活。他们都是不满社会现实、不与世俗同流合污的得道隐士。同时，这几段文字也反映了孔子关于社会改革的主观愿望和积极的入世思想，体现出一种可贵的忧患意识和历史责任感。这里，孔子代表的是儒家的入世情怀，而接舆、晨门、荷蒉、长沮、桀溺及荷蓧丈人代表的是道家的避世思想。虽然孔子遇到很多挫折和辛酸，但他从来没放弃过对理想的追求。作为一个出身落魄的贵族，孔子对自己四处碰壁虽然非常痛心，但他不愿退却，不想退居山林、与鸟兽为伍。在理想和现实之间，孔子选择了继续前行。尽管前面的路还是那样漫长、依然那样坎坷。这位"累累若丧家之犬"① 的老人，依旧那样坚强。为了坚守心中的那份信念，使他不敢稍有停歇。

---

① "丧家之犬"出自《史记·孔子世家》（中华书局 1959 年版）的记载：孔子适郑，与弟子相失，孔子独立郭东门。郑人或谓子贡曰："东门有人，其颡似尧，其项类皋陶，其肩类子产，然自腰以下不及禹三寸。累累若丧家之狗。"子贡以实告孔子。孔子欣然笑曰："形状，末也。而谓似丧家之狗，然哉！然哉！"

（三）理想取向与现实努力

理想的实现需要做出正确的选择，需要在现实中努力。在外颠沛流离十四年后，孔子依然无所遇，他只得回到自己的出生地鲁国。

鲁哀公六年（前489），孔子曾困于陈国和蔡国之间，绝粮，从者病。这时孔子已过了耳顺之年，多年的传道生活一无所获，让他心灰意冷，心中不免思念起了鲁国故土。他说："归与，归与！吾党之小子狂简，斐然成章，不知所以裁之。"（《论语·公冶长》）是啊，人到晚年，常常会怀念一些往事。于是他就说了这句话，"回去吧！回去吧！我们那里的学生们志向高大得很，文采又都斐然可观，我不知道怎样去指导他们"。孔子想到了留在家乡的学生，正等着自己回去身传言教。此时，已年近七十的孔子产生了回国教书育人的想法。如果能够把自己的学识传授给他们，把他们培养成栋梁之材，让他们继续完成他未竟的事业。薪火代代相传，理想终能有变成现实的一天。

此外，还有一件事让他产生了这个念头。卫国仪这个地方的边防官请求孔子接见他，曰："君子之至于斯也，吾未尝不得见也。"从者见之。出曰："二三子何患于丧乎？天下之无道也久矣，天将以夫子为木铎。"（《论语·八佾》）在封疆官员看来，你们这些人（孔子的随从学生）为什么着急没有官位呢？天下无道的日子太久了，上天将命孔子制作法度以号令于天下。换句话说，三百六十行，行行出状元。要成为社会有用之人，从政不是唯一的途径。无论从事何种职业，都可以做出自己应有的贡献，实现自己的人生价值。

也许是受到了这番话的启发，孔子游说列国失败从卫国回到鲁国之后，不得不改变从政的初衷，立志开门讲学，寄情于教书育人和整理文化典籍，以毕生精力宣扬儒学。据《史记》记载："孔子以诗、书、礼、乐教，弟子盖三千，身通六艺者七十有二。"① 颜渊是最得意的门生，追随孔子多年。他十分感叹地说："仰之弥高，钻之弥坚，瞻之在前，忽焉在后。夫子循循然善诱人，博我以文，约我以礼。欲罢不能。既竭吾才，如有所立卓尔。虽欲从之，末由也已"（《论语·子罕》），话中充满了对孔子无限的敬仰之情。正如《史记》记载："三百五篇，孔子皆弦歌之，以求合韶、武、雅、颂之音，礼乐自此可得而述，以备王道，成六艺。"② 孔子删《诗》《书》，定《礼》《乐》，赞《周易》，修《春秋》，使得一大批古代经典文化典籍得以保存下来，流传至今。

---

① （汉）司马迁：《史记》卷47，《孔子世家》，中华书局1959年版。

② 同上。

孔子是一名积极的入世者。他出仕做官，是为了实现自己的政治理想；他周游列国，是为了宣传自己的政治主张；他从事教育，是为国家培养治世人才。就现实层面而言，孔子奔波跋涉诸国，求仕未成，志不得伸，没能实现自己求仕和实施仁德政治的目的，最后迫不得已，退居洙泗之上，令人欷歔不已。然而，孔子又是幸运的。在他生命的最后时刻终于幡然醒悟，虽然理想还未实现，但他也不再踏入仕途，而是毕生执着于教书育才和文献整理，真正寻求到了人生的价值和真谛。

三 结语

每个人都有理想，可往往理想与现实是相冲突的。当这个时候，很多人倔强地选择了坚持。为了理想，可以四处流浪。孔子在人生的迟暮之年，依然选择了漂泊。十四年，筚路蓝缕，颠沛流离。残酷的现实使他觉得自己距离这个梦想是如此遥远。李零说，孔子是一个在现实世界里找不到精神家园的人，他是一个堂吉诃德。① 我们认为，孔子那里有两个世界，一个是现实的世界，另一个是理想的世界。心中怀揣着理想的孔子，显然是一个自强不息的“理想主义者”，注定是一个与现实斗争的勇士。

孔子到处布道的道德政治并非不切实际的理想主义，而是出于对现实主义的思考衡量。理想说出来容易，但真正要让当政者欣赏并付诸实施落到实处，可就难上加难了！虽然自己以德治国的方略无人采纳，但他还是坚信自己一生所积累起来的学识，总有被世人公认的时候。历史证明，汉代董仲舒“罢黜百家、独尊儒术”之后，其学说成为了历代帝王尊奉的正统。他由身份低微的布衣到“自天子王侯”都要俯首称臣的对象。据《史记》记载：“孔子布衣，传十余世，学者宗之。自天子王侯，中国言六艺者折中于夫子，可谓至圣矣！”② 此后，孔子被历代王朝所崇奉。宋仁宗至和二年（1055），孔氏后裔被封为“衍圣公”。纵然朝代有兴亡更替，而孔子的“至圣”地位不移，“衍圣公”也世代传衍。正如孔子自己所说的那样：“知我者，其天乎！”（《论语·宪问》）

田树标，曲阜鲁国故城国家考古遗址公园管理处副主任

颜培建，历史学博士，现就职于曲阜市文物管理委员会

---

① 参见李零《丧家狗——我读〈论语〉》，山西人民出版社 2007 年版。

② （汉）司马迁：《史记》卷 47，《孔子世家》，中华书局 1959 年版。

◇《论语》六章新解

◎ 马文增

【摘　要】作者认为《论语》“夷狄之有君”章言夏桀败亡之因；“里仁为美”章言“仁”与“知”之关系；“自行束脩以上”章言孔子自谓有所师法；“后生可畏”章言君子之道须孜孜以求，毋以年老为虑；“三军可夺帅”章言意志坚定之重要；“颜渊死”章言不可破坏“名实相符”之制。

【关键词】夷狄　里仁为美　束脩　后生可畏　三军　颜渊　椁

笔者于《论语》“夷狄之有君”“里仁为美”等章的含义略有新见。浅谬之处，请方家指正。

一

子曰：夷狄之有君，不如诸夏之亡也。（《论语·八佾》）

朱熹曰：“程子曰，夷狄且有君长，不如诸夏之僭乱，反无上下之分也。”（《四书章句集注》）钱穆曰：“夷狄虽有君，仍不如诸夏之无君。”① 杨伯峻曰：“文化落后国家虽然有个君主，还不如中国没有君主哩。”② 笔者认为三家之言或与事实不符，或在逻辑、文法上不通，皆可商榷。

笔者断句、释义如下：

子曰：夷狄之有君，不如诸——夏之亡也。

“夷狄”者，荒蛮地区之民族、国家。

“之”，助词，取消句子独立性。

① 钱穆：《论语新解》，生活·读书·新知三联书店2012年版，第52页。

② 杨伯峻：《论语译注》，中华书局2006年版，第26页。

“君”，君主。

“诸”，“之乎”合音。

“夏”，夏朝。

“亡”，灭亡。

白话译文如下：

子曰：“即便是夷狄之国也有君主。夏桀所作所为连夷狄之君都不如——这是夏亡的原因。”

值得特别指出的是，清华简《尹诰》曰：“尹念天之败西邑夏，曰：‘夏自绝其有民，亦惟厥众。非民亡与守邑。厥辟作怨于民，民复之用离心。’”笔者认为这段文字可直接用作“夏桀不如夷狄之君”之注脚。

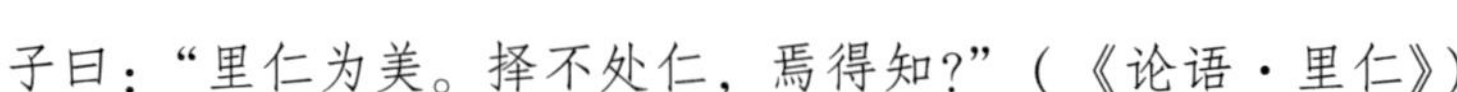

二

子曰：“里仁为美。择不处仁，焉得知？”（《论语·里仁》）

历代注家于此章之注解大同小异，而朱熹之注最为流行。① 朱熹曰：“里有仁厚之俗为美。择里而不居于是焉，则失其是非之本心，而不得为知矣。”（《四书章句集注》）《中庸》曰：“君子素其位而行，不愿乎其外。素富贵，行乎富贵；素贫贱，行乎贫贱；素夷狄，行乎夷狄；素患难，行乎患难。君子无入而不自得焉！”君子之道在“反求诸己”，故“是非之本心”岂能因外在环境的不如意而“失”？朱熹之说显然不成立。

“里”，《说文》：“居也。”此为“居心于”“安心于”之意，意同“择不处仁”之“处”。郑玄所谓之“里者，民之所居也”者，显然属望文生义。

“仁”，爱民，亲民，《说文》：“亲也。”

“美”，好，善，《说文》：“甘也。”《孟子》：“可欲之谓善，有诸己之谓信，充实之谓美，充实而有光辉之谓大，大而化之之谓圣，圣而不可知之之谓神。”

“择”，选择。此处实指人全部的思想、社会活动。人生无时不处于抉择中，如做与不做，说与不说，是与非，赞成与反对，等等。

“处”，居，安。

---

① 参见《论语歧解辑录》，高尚榘主编，中华书局2011年版，第142—144页。

“知”，智慧。

综上，以白话文译之如下：

> 心存仁爱即是美。面临抉择之时，存心不善，怎么可能会有智慧？

“里仁”者，心存仁爱，即安心于仁道。“里仁为美”者，亦即《坤·文言》所言“黄中通理，正位居体。美在其中，畅于四支，发于事业”。关于“仁”与“知”的关系，用古希腊哲学的观点解释，即“智慧即美德”；用现代术语表述，则“仁”与“动机”关联，“知”与“方法”关联。“择不处仁焉得知”者，出发点不对，也就是动机不良，乃背道而驰；背道而驰者自然“不知”，其所做出的选择必然是错的。

三

> 子曰：自行束脩以上，吾未尝无诲焉。（《论语·述而》）

朱熹沿袭前人成说注曰：“修，脯也。十脡为束。古者相见，必执贽以为礼，束修其至薄者。盖人之有生，同具此理，故圣人之于人，无不欲其入于善。但不知来学，则无往教之礼，故苟以礼来，则无不有以教之也。”（《四书章句集注》）今人钱穆译曰：“自带着十脡干脯为礼来求见的，吾从没有不与以教诲的。”① 杨伯峻译曰：“孔子说：‘只要是主动地给我一点见面薄礼，我从没有不教诲的。’”②此种观点历来被人诟病，此不赘述。

笔者断句如下：

> 子曰：“‘自行束’，‘修以上’——吾未尝无诲焉。”

注解如下：

“自”，自己。

“行”，为，做。

“束”，约束，意同颜回所谓“约我以礼”之“约”。“自行束”者，“自我约束”“自强”之意。

“修”，修身、修心，提高道德品行。

“上”，即“上达”，提高道德修养之意。

---

① 钱穆：《论语新解》，生活·读书·新知三联书店2012年版，第156页。

② 杨伯峻：《论语译注》，中华书局2006年版，第76—77页。

“无”，没有。

“诲”，教诲，此指先圣，尤其是文王之教。孔子一生“祖述尧舜，宪章文武”（《中庸》），晚年尤其喜《易》，读《易》而“韦编三绝”，又作《十翼》以阐《易》道，可谓“以《易》为师”。

综上，以白话译之如下：

> 孔子说：“自我约束，修以提高道德——我一直遵循着先圣的教诲。”

“吾未尝无诲”，亦可直译为“我并非无师自通者”。

四

> 子曰：“后生可畏，焉知来者之不如今也？四十、五十而无闻焉，斯亦不足畏也已。”（《论语·子罕》）

朱熹曰：“孔子言后生年富力强，足以积学而有待，其势可畏，安知其将来不如我之今日乎？然或不能自勉，至于老而无闻，则不足畏矣。”（《四书章句集注》）笔者认为，所谓“年富力强”云云，皆臆测、敷衍之说；而“老而无闻则不足畏”者，语意含糊，若强曰乃“老而无名则不值得重视”之意，则姜尚即曾“老而无闻”，故其意又与事实大相径庭。显然，朱注讲不通。

笔者断句如下：

> 子曰：“后生可畏，焉知来者之不如？今也，四十、五十而无闻焉，斯亦不足畏也已。”

注解如下：

“后生”者，“以生为后，以道为先”，即“死而后已”之意。求道者当锲而不舍，孜孜以求；为道者贵以专，当始终如一，勤而不懈。二者皆当不以年纪之大小为虑。如孔子即曾言自己“发愤忘食，乐以忘忧，不知老之将至”（《论语·述而》）。

“可畏”，可敬，值得敬畏。

“来者”，将来。

“如”，“入”之误，入道、入门之意。《论语》中多有同音字之误现象。

“今”，《说文》：“是时也。”孜孜以求，不虚度一日之意。

“无闻”，无闻道，未听闻道，非无名声之谓。明代大儒王阳明曰：“四十、五十而无闻，是不闻道，非无声闻也。孔子云‘是闻也，非达也’，安肯以此望人?”（王阳明《传习录》）

“斯”，这，指“四十、五十而无闻焉”。

“不足畏”，不必担忧。

综上，笔者以白话译之如下：

孔子说：“孜孜以求，不以年纪为虑，这样的人是可敬畏的——焉知将来不会入门？脚踏实地，不虚度一日，这样哪怕四十、五十岁的时候仍未闻道，也没什么可担忧的。”

子曰：“朝闻道，夕死可矣。”（《论语·里仁》）亦含“生死事轻，闻道事重”之意，可与此章之含义互为参照。

五

子曰：“三军可夺帅也，匹夫不可夺志也。”（《论语·子罕》）

朱熹注曰：“侯氏曰：三军之勇在人，匹夫之志在己。故帅可夺而志不可夺，如可夺，则亦不足谓之志矣。”（《四书章句集注》）钱穆译文：“三军之众，可把它元帅夺了。匹夫立志，谁也夺不成。”① 杨伯峻译文：“一国军队，可以使它丧失主帅；一个男子汉，却不能强迫他放弃主张。”② 笔者认为，三者之说皆语意模糊，含义不明。

笔者断句如下：

子曰：“三军可夺，帅也；匹夫不可夺，志也。”

注解如下：

“夺”，强取，以武力压服。

“帅”，主帅，此指“其因在于主帅”，即“主帅意志软弱”之意。

“匹夫”，一个人。

① 钱穆：《论语新解》，生活·读书·新知三联书店2012年版，第220页。

② 杨伯峻：《论语译注》，中华书局2006年版，第108页。

“志”，意志，此指“意志坚强”。

综上，笔者以白话文译之如下：

> 孔子说：“三军之众可以被强取，是因为其主帅懦弱；身单力薄而不屈服者，是因为其意志坚强。”

六

> 颜渊死，颜路请子之车以为之椁。子曰：“才不才，亦各言其子也。鲤也死，有棺而无椁。吾不徒行以为之椁。以吾从大夫之后，不可徒行也。”（《论语·先进》）

汉代孔安国注曰：“颜路，颜渊之父也。家贫，故欲请孔子之车，卖以为椁。”“孔子时为大夫，言从大夫之后，不可以徒行，谦辞也。”① 宋儒、清儒多承袭之。杨伯峻综合前人的注解，译曰：“颜渊死了，他父亲颜路请求孔子卖掉车子来替颜渊办外椁。孔子道：‘不管有才能或者没有才能，但总是自己的儿子。我的儿子鲤死了，也只有内棺，没有外椁。我不能卖掉车子步行来替他买椁。因为我也曾作过大夫，是不可以步行的。’”② 这种认识虽然流行的时间很长，但无论从道理还是事实上看，皆不通顺。③

笔者断句如下：

> 颜渊死，颜路请。子之车，以为之椁。子曰：“才不才，亦各。”言其子也：“鲤也死，有棺而无椁。吾不徒行以为之椁？以吾从大夫之后，不可——徒行也。”

注解如下：

“请”，邀请，此指请孔子参加颜回的葬礼。

“子之车”，即“子以车之”，或“子之以车”，孔子乘车到了那里。“之”，往，到达。

“以为之椁”，同“已为之椁”，“以”通“已”，即已为颜回做好了椁。

“才”，同“材”，木材，此指椁。

---

① 高尚榘：《论语歧解辑录》，中华书局2011年版，第597、598页。

② 杨伯峻：《论语译注》，中华书局2006年版，第127页。

③ 如钱穆即怀疑说：“本章极多疑者。谓颜氏家贫，孔子何不能为办一椁？颜路请孔子助椁，何为独指明欲卖孔子之车？孔子不欲卖车徒行，岂更无他长物可卖？……”（钱穆：《论语新解》，生活·读书·新知三联书店2012年版，第255页）

“亦各”，不一，《诗·载驰》：“女子善怀，亦各有行。”

“言”，说。

“徒行”，使“徒”行，使死者无椁而葬。“徒”，“空”“光”之意；“行”指离世，即下葬。

“从大夫之后”，指孔子身为大夫。

“不可”，不允许。

综上，笔者以白话文译之如下：

> 颜渊死，颜路请孔子参加葬礼。孔子坐车到了的时候，（同门弟子们）已经为颜渊做好了椁。孔子说：“死者是否用外椁，（按礼制）是各不相同的。”然后孔子说起自己的儿子：“孔鲤下葬的时候，有棺而无椁，我就不能为之置一椁而葬之？因为我身为大夫，不可破坏礼制——所以孔鲤无椁而葬。”

按《周礼》规定，士之葬具用一棺一椁，庶人之葬具只用棺不用椁。颜回同孔鲤的身份一样，至死为庶人。既为庶人，则不可用椁。但春秋时已礼崩乐坏，表现在丧葬制度上，当时的风气是庶人下葬普遍僭用“士”的身份而用一棺一椁。而“君子疾没世而名不称焉”（《论语·卫灵公》）。“名实相符”乃君子一生之所遵循者，因此以士人之礼下葬显然违背了颜回的心愿。

《论语·先进》曰：“颜渊死，门人欲厚葬之，子曰不可。门人厚葬之。子曰：‘回也视予犹父也，予不得视犹子也。非我也，夫二三子也。’”从这段记载看，孔子事先即阻止过门人厚葬颜回的意见。颜路来请，之所以强调“子之车”，孔子乘车去，其意即在赶时间，以阻止门人为颜回做椁，但到了的时候仍迟了一步，“以为之椁”。面对这种情况，孔子无法再阻止，因此只能叹息：“你们违背了颜回的意愿！”

另据《论语·子罕》记载：“子疾病，子路使门人为臣。病间，曰：‘久矣哉，由之行诈也！无臣而为有臣。吾谁欺，欺天乎！且予与其死于臣之手也，毋宁死于二三子之手乎！且予纵不得大葬，予死于道路乎？’”据“久矣哉，由之行诈也”推测，笔者推测为颜回制椁者乃子路。

马文增，北京市社会科学院哲学所助理研究员

◎孔子生平事迹考（下）

◎ 常会营

【摘 要】 孔子是儒家思想的创立者，也是中国从古至今最有影响的先贤之一。对于孔子思想的继承、发展和诠释，历代学者众多，且成果丰硕。然而，对于孔子生平之考证工作，却一直是一个难点，即便对于孔子出生的年份以及生日是否为夏历八月二十七日，也存在诸多争议。现在，孔庙和国子监博物馆正在做《大哉孔子展》的改陈准备工作。其中的重要一项内容，便是孔子生平事迹。本文之撰述，是在综合《左传》《史记·孔子世家》、民国《历代尊孔记》、《孔子年谱》（曲阜市档案局编）、今人钱穆《孔子传》、匡亚明《孔子评传》、钟肇鹏《孔子系年》等的基础上，参考今之学者考证，仔细对照互勘，去粗取精，去伪存真，对于孔子之生平事迹做一全面系统的历史考察，并以此求教于大方之家。

【关键词】 孔子 年谱 考述

鲁昭公二十六年（前516），孔子年三十六岁。孔子在此年返鲁。

鲁昭公二十七年（前515），孔子年三十七岁。吴延陵季子（季札）自齐返，其长子卒，葬嬴博之间，孔子自鲁往观其葬礼。① 弟子樊须、原宪生。须，字子迟，鲁人；宪字子思，宋人。

鲁昭公二十八年（前514），孔子年三十八岁。在鲁。孔子赞魏献子之为政。是年，鲁昭公至晋，居乾侯（晋邑）。见《左传·昭公二十八年》：

> 秋，晋韩宣子卒，魏献子为政。分祁氏之田以为七县，分羊舌氏

① 《礼记·檀弓下》：延陵季子适齐，于其反也，其长子死，葬于嬴博之间。孔子曰："延陵季子，吴之习于礼者也。"往而观其葬焉，其坎深不至于泉，其敛以时服，既葬而封，广轮揜坎，其高可隐也。既封，左袒，右还其封，且号者三，曰："骨肉归复于土，命也。若魂气则无不之也，无不之也。"而遂行。孔子曰："延陵季子之于礼也，其合矣乎！"该年，吴公子光使专诸刺吴王僚而自立，是为吴王阖闾。

之田以为三县。司马弥牟为邬大夫，贾辛为祁大夫，司马乌为平陵大夫，魏戊为梗阳大夫，知徐吾为涂水大夫，韩固为马首大夫，孟丙为盂大夫，乐霄为铜鞮大夫，赵朝为平阳大夫，僚安为杨氏大夫。谓贾辛、司马乌为有力于王室，故举之。谓知徐吾、赵朝、韩固、魏戊，余子之不失职，能守业者也。其四人者，皆受县而后见于魏子，以贤举也。……仲尼闻魏子之举也，以为义，曰："近不失亲，远不失举，可谓义矣。"又闻其命贾辛也，以为忠："《诗》曰：'永言配命，自求多福'，忠也。魏子之举也义，其命也忠，其长有后于晋国乎！"

鲁昭公二十九年（前513），孔子年三十九岁。在鲁。见《左传·昭公二十九年》：

冬，晋赵鞅、荀寅帅师城汝滨，遂赋晋国一鼓铁，以铸刑鼎，著范宣子所为刑书焉。仲尼曰："晋其亡乎！失其度矣。夫晋国将守唐叔之所受法度，以经纬其民，卿大夫以序守之。民是以能尊其贵，贵是以能守其业。贵贱不愆，所谓度也。文公是以作执秩之官，为被庐之法，以为盟主。今弃是度也，而为刑鼎，民在鼎矣，何以尊贵？贵何业之守？贵贱无序，何以为国？且夫宣子之刑，夷之蒐也，晋国之乱制也，若之何以为法？"蔡史墨曰："范氏、中行氏其亡乎！中行寅为下卿，而干上令，擅作刑器，以为国法，是法奸也。又加范氏焉，易之，亡也。其及赵氏，赵孟与焉。然不得已，若德，可以免。"

鲁昭公三十年（前512），孔子年四十岁。在鲁。子曰："四十而不惑。"（《论语·为政》）弟子澹台灭明生。灭明字子羽，鲁之武城人。①

鲁昭公三十一年（前511），孔子年四十一岁。在鲁。弟子陈亢生。亢字子禽，陈人。

鲁昭公三十二年（前510），鲁昭公薨，定公立。孔子年四十二岁。

鲁定公元年（前509），孔子年四十三岁。在陈。是年弟子公西赤生。赤，字子华，鲁国人。

鲁定公二年（前508），孔子年四十四岁。在鲁。孔子到雒邑问礼于老聃。是年弟子有若生。

① 此处从《史记·孔子世家》所载：澹台灭明，武城人，字子羽。少孔子三十九岁。而未从《孔子家语·七十二弟子解》：澹台灭明，武城人，字子羽。少孔子四十九岁，有君子之资，孔子尝以容貌望其才，其才不充孔子之望。

孔子见老子，载《史记·孔子世家》：

> 鲁南宫敬叔言鲁君曰："请与孔子适周。"鲁君与之一乘车，两马，一竖子俱，适周问礼，盖见老子云。辞去，而老子送之曰："吾闻富贵者送人以财，仁人者送人以言。吾不能富贵，窃仁人之号，送子以言，曰：'聪明深察而近于死者，好议人者也。博辩广大危其身者，发人之恶者也。为人子者毋以有己，为人臣者毋以有己。'"孔子自周反于鲁，弟子稍益进焉。①

鲁定公三年（前507），孔子年四十五岁。在鲁。邾庄公卒，邾隐公即位，将冠，使人问冠礼于孔子。是年弟子卜商生。商字子夏，卫国人。孔子卒后，他讲学于西河。

鲁定公四年（前506），孔子年四十六岁。在鲁。观于鲁桓公之庙，论欹器。是年弟子言偃生。偃字子游，吴国人。见《荀子·宥坐》：

> 观于鲁桓公之庙，有欹器焉。问于守庙者："此何器？"对曰："此为宥坐之器。"孔子曰："吾闻宥坐之器，虚则欹，中则正，满则覆。明君以为至诫，故常置之于坐侧。"顾谓弟子曰："试注水焉。"乃注之。水中则正，满则覆。夫子喟然叹曰："呜呼！物恶有满而不覆者哉？"子路进曰："敢问持满者有道乎？"子曰："聪明睿智，守之以愚。功被天下，守之以让。勇力振世，守之以怯。富有四海，守之以谦。此所谓损之又损之道也。"

鲁定公五年（前505），孔子年四十七岁。季桓子穿井得土缶，问于孔子。鲁阳货拘押季桓子。阳货欲见孔子。孔子不仕，退修诗书礼乐，弟子弥众。是年弟子鲁曾参、颜幸生。参字子舆，鲁国南武城人。幸字子柳，鲁国人。

---

① 《史记·老庄申韩列传》：老子者，楚苦县厉乡曲仁里人也，姓李氏，名耳，字聃，周守藏室之史也。孔子适周，将问礼于老子。老子曰："子所言者，其人与骨皆已朽矣，独其言在耳。且君子得其时则驾，不得其时则蓬累而行。吾闻之，良贾深藏若虚，君子盛德容貌若愚。去子之骄气与多欲，态色与淫志，是皆无益于子之身。吾所以告子，若是而已。"孔子去，谓弟子曰："鸟，吾知其能飞；鱼，吾知其能游；兽，吾知其能走。走者可以为罔，游者可以为纶，飞者可以为矰。至于龙，吾不能知其乘风云而上天。吾今日见老子，其犹龙邪！"老子修道德，其学以自隐无名为务。居周久之，见周之衰，乃遂去。至关，关令尹喜曰："子将隐矣，强为我著书。"于是老子乃著书上下篇，言道德之意五千余言而去，莫知其所终。或曰：老莱子亦楚人也，著书十五篇，言道家之用，与孔子同时云。

《史记·孔子世家》：

定公立五年，夏，季平子卒，桓子嗣立。季桓子穿井得土缶，中若羊，问仲尼云“得狗”。仲尼曰：“以丘所闻，羊也。丘闻之，木石之怪夔、罔阆，水之怪龙、罔象，土之怪坟羊。”①

《史记·孔子世家》：

桓子嬖臣曰仲梁怀，与阳虎有隙。阳虎欲逐怀，公山不狃止之。其秋，怀益骄，阳虎执怀。桓子怒，阳虎因囚桓子，与盟而醳之。阳虎由此益轻季氏。季氏亦僭于公室，陪臣执国政，是以鲁自大夫以下皆僭离于正道。故孔子不仕，退而修诗书礼乐，弟子弥众，至自远方，莫不受业焉。

《论语·阳货》：

阳货欲见孔子，孔子不见，归孔子豚。孔子时其亡也，而往拜之，遇诸涂。谓孔子曰：“来！予与尔言。”曰：“怀其宝而迷其邦，可谓仁乎？”曰：“不可。”“好从事而亟失时，可谓知乎？”曰：“不可。”“日月逝矣，岁不我与。”孔子曰：“诺。吾将仕矣。”

孔子之答，不过是敷衍之词，事后并未出仕②。

鲁定公六年（前504），孔子年四十八岁。在鲁。

鲁定公七年（前503），孔子年四十九岁。在鲁③。是年弟子颛孙师生。师字子张，陈人。

鲁定公八年（前502），孔子年五十岁。子曰：“五十而知天命。”（《论语·为政》）鲁三家攻阳货，阳货逃奔阳关。④ 是年，公山弗扰召孔子。

《论语·阳货》：

---

① 同载《国语·鲁语下》：季桓子穿井，获如土缶，其中有羊焉。使问之仲尼曰：“吾穿井而获狗，何也？”对曰：“以丘之所闻，羊也。丘闻之：木石之怪曰夔、魍魉，水之怪曰龙、罔象，土之怪曰羵羊。”

② 孔子云：“不义而富且贵，于我如浮云。”（《论语·述而》）

③ 《左传·定公七年》：（二月）齐人归郓、阳关，阳虎居之以为政。

④ 《左传·定公八年》：阳虎欲去三桓，以季寤更季氏，以叔孙辄更叔孙氏，己更孟氏。……入于讙（今山东省宁阳县西北）、阳关（今山东泰安市东南）以叛。

公山弗扰以费畔，召，子欲往。子路不说，曰："末之也已，何必公山氏之之也。"子曰："夫召我者而岂徒哉？如有用我者，吾其为东周乎？"

鲁定公九年（前501），孔子年五十一岁。鲁阳货逃奔齐国。此后，孔子始出仕，定公任命他为鲁中都宰（今山东省汶上县西）。弟子冉孺、曹卹、伯虔、颜高、叔仲会生。孺字子鲁，鲁国人；卹字子循，蔡国人；虔字子析，鲁国人；高字子骄，鲁国人；会字子期，鲁国人。

《左传·定公九年》：

六月，伐阳关。阳虎使焚莱门。师惊，犯之而出，奔齐，请师以伐鲁，曰："三加必取之。"齐侯将许之。鲍文子谏曰："臣尝为隶于施氏矣，鲁未可取也。上下犹和，众庶犹睦，能事大国，而无天灾，若之何取之？阳虎欲勤齐师也，齐师罢，大臣必多死亡，己于是乎奋其诈谋。夫阳虎有宠于季氏，而将杀季孙，以不利鲁国，而求容焉。亲富不亲仁，君焉用之？君富于季氏，而大于鲁国，兹阳虎所欲倾覆也。鲁免其疾，而君又收之，无乃害乎！"齐侯执阳虎，将东之。阳虎愿东，乃囚诸西鄙。尽借邑人之车，锲其轴，麻约而归之。载葱灵，寝于其中而逃。追而得之，囚于齐。又以葱灵逃，奔晋，适赵氏。仲尼曰："赵氏其世有乱乎！"

《孔子家语·相鲁》：

制为养生送死之节，长幼异食，强弱异任，男女别途，路无拾遗，器不雕伪。为四寸之棺，五寸之椁。因丘陵为坟，不封不树。行之一年，而四方之诸侯则焉。定公谓孔子曰："学子此法，以治鲁国何如？"孔子对曰："虽天下可也，何但鲁国而已哉！"

鲁定公十年（前500），孔子年五十二岁。由于孔子政绩卓著，四方效仿，由此由中都宰为司空，由大司空迁为大司寇。孔子摄相事，佐定公于夹谷之会。

《史记·孔子世家》：

定公以孔子为中都宰，一年，四方皆则之。由中都宰为司空，由司空为大司寇。

《史记·孔子世家》：

定公十年春，及齐平。夏，齐大夫黎鉏言于景公曰："鲁用孔丘，其势危齐。"乃使使告鲁为好会，会于夹谷。鲁定公且以乘车好往。孔子摄相事，曰："臣闻有文事者必有武备，有武事者必有文备。古者诸侯出疆，必具官以从。请具左右司马。"定公曰："诺。"具左右司马。会齐侯夹谷，为坛位，土阶三等，以会遇之礼相见，揖让而登。献酬之礼毕，齐有司趋而进曰："请奏四方之乐。"景公曰："诺。"于是旍旄羽袯矛戟剑拨鼓噪而至。孔子趋而进，历阶而登，不尽一等，举袂而言曰："吾两君为好会，夷狄之乐何为于此！请命有司！"有司却之，不去，则左右视晏子与景公。景公心怍，麾而去之。有顷，齐有司趋而进曰："请奏宫中之乐。"景公曰："诺。"优倡侏儒为戏而前。孔子趋而进，历阶而登，不尽一等，曰："匹夫而营惑诸侯者罪当诛！请命有司！"有司加法焉，手足异处。景公惧而动，知义不若，归而大恐，告其群臣曰："鲁以君子之道辅其君，而子独以夷狄之道教寡人，使得罪于鲁君，为之奈何？"有司进对曰："君子有过则谢以质，小人有过则谢以文。君若悼之，则谢以质。"于是齐侯乃归所侵鲁之郓、汶阳、龟阴之田以谢过。①

鲁定公十一年（前499），孔子年五十三岁。为鲁大司寇，鲁国大治。七日而诛乱政大夫少正卯。设法而不用，无奸民。

《孔子家语·相鲁》：

初，鲁之贩羊有沈犹氏者，常朝饮其羊以诈。市人有公慎氏者，妻淫不制，有慎溃氏，奢侈踰法，鲁之鬻六畜者，饰之以储价。及孔子之为政也，则沈犹氏不敢朝饮其羊，公慎氏出其妻，慎溃氏越境而

---

① 《榖梁传·定公十年》所载大致相同：夏，公会齐侯于夹谷。公至自夹谷。离会不致，何为致也？危之也。危之，则以地致何也？为危之也。其危奈何？曰夹谷之会，孔子相焉。两君就坛，两相相揖。齐人鼓譟而起，欲以执鲁君。孔子历阶而上，不尽一等，而视归乎齐侯，曰："两君合好，夷狄之民何为来？"为命司马止之。齐侯逡巡而谢曰："寡人之过也。"退而属其二三大夫曰："夫人率其君与之行古人之道，二三子独率我而入夷狄之俗，何为？"罢会，齐人使优施舞于鲁君之幕下。孔子曰："笑君者罪当死！"使司马行法焉，首足异门而出。齐人来归郓、讙、龟阴之田者，盖为此也。因是以见虽有文事，必在武备，孔子于夹谷之会见之矣。晋赵鞅帅师围卫。齐人来归郓、讙、龟阴之田。

徙，三月，则鬻牛马者不储价，卖羊豚者不加饰，男女行者，别其涂，道不拾遗，男尚忠信，女尚贞顺，四方客至于邑，不求有司，皆如归焉。

《孔子家语·始诛》：

孔子为鲁司寇，摄行相事，有喜色，仲由问曰："由闻君子祸至不惧，福至不喜，今夫子得位而喜，何也?"孔子曰："然，有是言也．不曰乐以贵下人乎?"于是朝政，七日而诛乱政大夫少正卯，戮之于两观之下，尸于朝。三日，子贡进曰："夫少正卯，鲁之闻人也，今夫子为政，而始诛之，或者为失乎?"孔子曰："居，吾语汝以其故。天下有大恶者五，而窃盗不与焉。一曰心逆而险，二曰行僻而坚，三曰言伪而辩，四曰记丑而博，五曰顺非而泽，此五者有一于人，则不免君子之诛，而少正卯皆兼有之。其居处足以撮徒成党，其谈说足以饰褒荣众，其强御足以反是独立，此乃人之奸雄者也，不可以不除。夫殷汤诛尹谐、文王诛潘正、周公诛管蔡、太公诛华士、管仲诛付乙、子产诛史何，是此七子，皆异世而同诛者，以七子异世而同恶，故不可赦也。诗云：'忧心悄悄，愠于群小，小人成群，斯足忧矣。'"①

《史记·孔子世家》：

由大司寇行摄相事，有喜色。门人曰："闻君子祸至不惧，福至不喜。"孔子曰："有是言也。不曰'乐其以贵下人'乎?"于是诛鲁大夫乱政者少正卯。与闻国政三月，粥羔豚者弗饰贾；男女行者别于涂；涂不拾遗；四方之客至乎邑者不求有司，皆予之以归。

---

① 《荀子·宥坐》：以司寇摄朝政，七日而诛乱政大夫少正卯于两观之下。子贡进曰："夫少正卯，鲁之闻人也。今夫子为政而始，诛之，或者为失乎?"子曰："天下有大恶五，而窃盗不与焉：一曰心逆而险，二曰行僻而坚，三曰言伪而辩，四曰记丑而博，五曰顺非而泽。此五者有一于人，则不免君子之诛。而少正卯兼有之。此小人之桀雄也，不可不诛也。"（所载大致相同）关于孔子诛少正卯，匡亚明先生曾于其《孔子评传》一书中予以考证，成《孔子诛少正卯实无其事考》，并列三条依据，具体参见匡亚明《孔子评传》，南京大学出版社1990年版，第58—60页。钟肇鹏先生在《孔子、儒学与经学》之《孔子系年》中亦提出质疑，且指出："作为宰相的'相'，战国以前无此称。孔子当时为鲁司寇是在季孙氏之下，是没有诛杀大夫权力的。《史记》这里的摄相事，很可能是由于上文夹谷之会孔子摄相而误。其次就是时间上也不对……"参见《孔子、儒学与经学》，第150—151页。

鲁定公十二年（前498），孔子年五十四岁。鲁听孔子主张堕三都。堕郈，堕费，又堕成，没能攻克。孔子堕三都的主张于是陷于停顿。弟子公孙龙生[①]。龙字子石，楚国人。

孔子做鲁司寇，他政治上的表现有两大事。其一为相定公与齐会夹谷，继之则是他堕三都之主张。

《左传·定公十二年》：

> 仲由为季氏宰，将堕三都，于是叔孙氏堕郈。季氏将堕费，公山不狃、叔孙辄帅费人以袭鲁。公与三子入于季氏之宫，登武子之台。费人攻之，弗克。入及公侧。仲尼命申句须、乐颀下，伐之，费人北。国人追之，败诸姑蔑。二子奔齐，遂堕费。将堕成，公敛处父谓孟孙："堕成，齐人必至于北门。且成，孟氏之保障也，无成，是无孟氏也。子伪不知，我将不堕。"冬十二月，公围成，弗克。[②]

鲁定公十三年（前497），孔子年五十五岁。季桓子接受齐所赠女乐良马，孔子离开鲁国到达卫国，入住于子路妻兄颜浊邹家。卫国人端木赐（子贡）从游。

《史记·孔子世家》：

> 齐人闻而惧，曰："孔子为政必霸，霸则吾地近焉，我之为先并矣。盍致地焉？"黎鉏曰："请先尝沮之；沮之而不可则致地，庸迟乎！"于是选齐国中女子好者八十人，皆衣文衣而舞康乐，文马三十驷，遗鲁君。陈女乐文马于鲁城南高门外，季桓子微服往观再三，将受，乃语鲁君为周道游，往观终日，怠于政事。子路曰："夫子可以行矣。"孔子曰："鲁今且郊，如致膰乎大夫，则吾犹可以止。"桓子卒受齐女乐，三日不听政；郊，又不致膰俎于大夫。孔子遂行，宿乎屯。而师己送，曰："夫子则非罪。"孔子曰："吾歌可夫？"歌曰："彼妇之口，可以出走；彼妇之谒，可以死败。盖优哉游哉，维以卒岁！"师己反，桓子曰："孔子亦何言？"师己以实告。桓子喟然叹曰："夫子罪我以群婢故也夫！"

---

① 孔子弟子公孙龙并非战国时名家讲"白马非马"的公孙龙。

② 《公羊传·定公十二年》：季孙斯、仲孙何忌帅师堕费。曷为帅师堕郈、帅师堕费？孔子行乎季孙，三月不违，曰："家不藏甲，邑无百雉之城。"于是帅师堕郈、帅师堕费。雉者何？五板而堵，五堵而雉，百雉而城。

《史记·孔子世家》曰：

> 孔子遂适卫，主于子路妻兄颜浊邹家。卫灵公问孔子："居鲁得禄几何？"对曰："奉粟六万。"卫人亦致粟六万。居顷之，或谮孔子于卫灵公。灵公使公孙余假一出一入。孔子恐获罪焉，居十月，去卫。

鲁定公十四年（前 496），孔子年五十六岁。去卫过匡，过蒲，返卫。见卫灵公夫人南子。

《史记·孔子世家》曰：

> 孔子恐获罪焉，居十月，去卫。将适陈，过匡，颜刻为仆，以其策指之曰："昔吾入此，由彼缺也。"匡人闻之，以为鲁之阳虎。阳虎尝暴匡人，匡人于是遂止孔子。孔子状类阳虎，拘焉五日，颜渊后，子曰："吾以汝为死矣。"颜渊曰："子在，回何敢死！"匡人拘孔子益急，弟子惧。孔子曰："文王既没，文不在兹乎？天之将丧斯文也，后死者不得与于斯文也。天之未丧斯文也，匡人其如予何！"孔子使从者为宁武子臣于卫，然后得去。
>
> 孔子去匡，即过蒲。月余反乎卫。灵公夫人有南子者，使人谓孔子曰："四方之君子不辱欲与寡君为兄弟者，必见寡小君。寡小君愿见。"孔子辞谢，不得已而见之。夫人在絺帷中。孔子入门，北面稽首。夫人自帷中再拜，环佩玉声璆然。孔子曰："吾乡为弗见，见之礼答焉。"子路不说。孔子矢之曰："予所不者，天厌之！天厌之！"居卫月余，灵公与夫人同车，宦者雍渠参乘，出，使孔子为次乘，招摇市过之。孔子曰："吾未见好德如好色者也。"于是丑之，去卫，过曹。

鲁定公十五年（前 495），孔子年五十七岁。孔子去卫，过曹，去曹适宋，宋司马桓魋拔树，复适郑，至陈，入住于司城贞子家。是岁，鲁定公卒，鲁哀公继位①。

《史记·孔子世家》曰：

> 孔子去曹适宋，与弟子习礼大树下。宋司马桓魋欲杀孔子，拔其树。孔子去。弟子曰："可以速矣。"孔子曰："天生德于予，桓魋其如

① 郑子朝鲁，子贡观礼。

予何!”

孔子适郑，与弟子相失，孔子独立郭东门。郑人或谓子贡曰：“东门有人，其颡似尧，其项类皋陶，其肩类子产，然自要以下不及禹三寸。累累若丧家之狗。”子贡以实告孔子。孔子欣然笑曰：“形状，末也。而谓似丧家之狗，然哉！然哉!”

孔子遂至陈，主于司城贞子家。

鲁哀公元年（前494），孔子年五十八岁。孔子在陈。陈愍公问矢于孔子。

《史记·孔子世家》曰：

岁余，吴王夫差伐陈，取三邑而去。赵鞅伐朝歌。楚围蔡，蔡迁于吴。吴败越王勾践会稽。

有隼集于陈廷而死，楛矢贯之，石砮，矢长尺有咫。陈愍公使使问仲尼。仲尼曰：“隼来远矣，此肃慎之矢也。昔武王克商，信道九夷百蛮，使各以其方贿来贡，使无忘职业。于是肃慎贡楛矢石砮，长尺有咫。先王欲昭其令德，以肃慎矢分大姬，配虞胡公而封诸陈。分同姓以珍玉，展亲；分异姓以远职，使无忘服。故分陈以肃慎矢。”试求之故府，果得之。

鲁哀公二年（前493），孔子年五十九岁。孔子去陈，过蒲，适卫。去卫，佛肸召孔子。孔子将西见赵简子，至于河而闻窦鸣犊、舜华之死，还息乎陬乡，作为陬操以哀之。而反乎卫，入住蘧伯玉家。卫灵公问陈，去卫至陈。

《史记·孔子世家》：

孔子居陈三岁，会晋楚争强，更伐陈，及吴侵陈，陈常被寇。孔子曰：“归与归与！吾党之小子狂简，进取不忘其初。”于是孔子去陈。

过蒲，会公叔氏以蒲畔，蒲人止孔子。弟子有公良孺者，以私车五乘从孔子。其为人长贤，有勇力，谓曰：“吾昔从夫子遇难于匡，今又遇难于此，命也已。吾与夫子再罹难，宁斗而死。”斗甚疾。蒲人惧，谓孔子曰：“苟毋适卫，吾出子。”与之盟，出孔子东门。孔子遂适卫。子贡曰：“盟可负邪?”孔子曰：“要盟也，神不听。”

卫灵公闻孔子来，喜，郊迎。问曰：“蒲可伐乎?”对曰：“可。”

灵公曰："吾大夫以为不可。今蒲，卫之所以待晋楚也，以卫伐之，无乃不可乎？"孔子曰："其男子有死之志，妇人有保西河之志。吾所伐者不过四五人。"灵公曰："善。"然不伐蒲。

灵公老，怠于政，不用孔子。孔子喟然叹曰："苟有用我者，朞月而已，三年有成。"孔子行。

《史记·孔子世家》曰：

佛肸为中牟宰。赵简子攻范、中行，伐中牟。佛肸畔，使人召孔子。孔子欲往。子路曰："由闻诸夫子，'其身亲为不善者，君子不入也'。今佛肸亲以中牟畔，子欲往，如之何？"孔子曰："有是言也。不曰坚乎，磨而不磷；不曰白乎，涅而不淄。我岂匏瓜也哉，焉能系而不食？"

孔子既不得用于卫，将西见赵简子。至于河而闻窦鸣犊、舜华之死也，临河而叹曰："美哉水，洋洋乎！丘之不济此，命也夫！"子贡趋而进曰："敢问何谓也？"孔子曰："窦鸣犊，舜华，晋国之贤大夫也。赵简子未得志之时，须此两人而后从政；及其已得志，杀之乃从政。丘闻之也，刳胎杀夭则麒麟不至郊，竭泽涸渔则蛟龙不合阴阳，覆巢毁卵则凤皇不翔。何则？君子讳伤其类也。夫鸟兽之于不义也尚知辟之，而况乎丘哉！"乃还息乎陬乡，作为陬操以哀之。而反乎卫，入主蘧伯玉家。

他日，灵公问兵陈。孔子曰："俎豆之事则尝闻之，军旅之事未之学也。"明日，与孔子语，见蜚雁，仰视之，色不在孔子。孔子遂行，复如陈。

四　晚年孔子

鲁哀公三年（前492），孔子年六十岁。子曰："六十而耳顺。"（《论语·为政》）卫灵公卒。孔子在陈。鲁桓釐庙火灾。季桓子病，嘱其子康子召孔子，后康子遂派冉求召孔子。

《史记·孔子世家》曰：

夏，卫灵公卒，立孙辄，是为卫出公。六月，赵鞅内太子蒯聩于戚。阳虎使太子絻，八人衰绖，伪自卫迎者，哭而入，遂居焉。冬，蔡迁于州来。是岁鲁哀公三年，而孔子年六十矣。齐助卫围戚，以卫太子蒯聩在故也。

夏，鲁桓釐庙燔，南宫敬叔救火。孔子在陈，闻之，曰：“灾必于桓釐庙乎?”已而果然。

秋，季桓子病，辇而见鲁城，喟然叹曰：“昔此国几兴矣，以吾获罪于孔子，故不兴也。”顾谓其嗣康子曰：“我即死，若必相鲁；相鲁，必召仲尼。”后数日，桓子卒，康子代立。已葬，欲召仲尼。公之鱼曰：“昔吾先君用之不终，终为诸侯笑。今又用之，不能终，是再为诸侯笑。”康子曰：“则谁召而可?”曰：“必召冉求。”于是使使召冉求。冉求将行，孔子曰：“鲁人召求，非小用之，将大用之也。”是日，孔子曰：“归乎归乎！吾党之小子狂简，斐然成章，吾不知所以裁之。”子赣知孔子思归，送冉求，因诫曰“即用，以孔子为招”云。

鲁哀公四年（前491），孔子年六十一岁。孔子自陈迁于蔡。秋，齐景公卒。

鲁哀公五年（前490），孔子年六十二岁。孔子自蔡如叶，叶公问政。去叶返蔡，孔子使子路问津于长沮、桀溺。子路行，遇荷莜丈人。陈侯起陵阳之台，孔子论道君子。自蔡返陈。

《史记·孔子世家》曰：

叶公问政，孔子曰：“政在来远附迩。”他日，叶公问孔子于子路，子路不对。孔子闻之，曰：“由，尔何不对曰‘其为人也，学道不倦，诲人不厌，发愤忘食，乐以忘忧，不知老之将至’云尔。”

去叶，反于蔡。长沮、桀溺耦而耕，孔子以为隐者，使子路问津焉。长沮曰：“彼执舆者为谁?”子路曰：“为孔丘。”曰：“是鲁孔丘与?”曰：“然。”曰：“是知津矣。”桀溺谓子路曰：“子为谁?”曰：“为仲由。”曰：“子，孔丘之徒与?”曰：“然。”桀溺曰：“悠悠者天下皆是也，而谁以易之?且与其从辟人之士，岂若从辟世之士哉!”耰而不辍。子路以告孔子，孔子怃然曰：“鸟兽不可与同群。天下有道，丘不与易也。”

他日，子路行，遇荷莜丈人，曰：“子见夫子乎?”丈人曰：“四体不勤，五谷不分，孰为夫子!”植其杖而芸。子路以告，孔子曰：“隐者也。”复往，则亡。

陈侯起陵阳之台未毕，而死者数十人。又执三监吏，将杀之。孔子曰：“林不以无人而不芳。君子修道立德，不以穷困而改节。为之者，人也。生死者，命也。”

鲁哀公六年（前489），孔子年六十三岁。吴伐陈，孔子离开陈国。绝粮于陈蔡之间。楚昭王兴师迎孔子。楚狂接舆歌而过孔子。孔子自楚返卫，途经陈国和蔡国。

《史记·孔子世家》曰：

孔子迁于蔡三岁，吴伐陈。楚救陈，军于城父。闻孔子在陈蔡之闲，楚使人聘孔子。孔子将往拜礼，陈蔡大夫谋曰：“孔子贤者，所刺讥皆中诸侯之疾。今者久留陈蔡之间，诸大夫所设行皆非仲尼之意。今楚，大国也，来聘孔子。孔子用于楚，则陈蔡用事大夫危矣。”于是乃相与发徒役围孔子于野。不得行，绝粮。从者病，莫能兴。孔子讲诵弦歌不衰。子路愠见曰：“君子亦有穷乎？”孔子曰：“君子固穷，小人穷斯滥矣。”

子贡色作。孔子曰：“赐，尔以予为多学而识之者与？”曰：“然。非与？”孔子曰：“非也。予一以贯之。”

孔子知弟子有愠心，乃召子路而问曰：“诗云‘匪兕匪虎，率彼旷野’。吾道非邪？吾何为于此？”子路曰：“意者吾未仁邪？人之不我信也。意者吾未知邪？人之不我行也。”孔子曰：“有是乎！由，譬使仁者而必信，安有伯夷、叔齐？使知者而必行，安有王子比干？”

子路出，子贡入见。孔子曰：“赐，诗云‘匪兕匪虎，率彼旷野’。吾道非邪？吾何为于此？”子贡曰：“夫子之道至大也，故天下莫能容夫子。夫子盖少贬焉？”孔子曰：“赐，良农能稼而不能为穑，良工能巧而不能为顺。君子能修其道，纲而纪之，统而理之，而不能为容。今尔不修尔道而求为容。赐，而志不远矣！”

子贡出，颜回入见。孔子曰：“回，诗云‘匪兕匪虎，率彼旷野’。吾道非邪？吾何为于此？”颜回曰：“夫子之道至大，故天下莫能容。虽然，夫子推而行之，不容何病，不容然后见君子！夫道之不修也，是吾丑也。夫道既已大修而不用，是有国者之丑也。不容何病，不容然后见君子！”孔子欣然而笑曰：“有是哉颜氏之子！使尔多财，吾为尔宰。”

于是使子贡至楚。楚昭王兴师迎孔子，然后得免。

昭王将以书社地七百里封孔子。楚令尹子西曰：“王之使使诸侯有如子贡者乎？”曰：“无有。”“王之辅相有如颜回者乎？”曰：“无有。”

“王之将率有如子路者乎?”曰:“无有。”“王之官尹有如宰予者乎?”曰:“无有。”“且楚之祖封于周，号为子男五十里。今孔丘述三五之法，明周召之业，王若用之，则楚安得世世堂堂方数千里乎?夫文王在丰，武王在镐，百里之君卒王天下。今孔丘得据土壤，贤弟子为佐，非楚之福也。”昭王乃止。其秋，楚昭王卒于城父。

楚狂接舆歌而过孔子，曰:“凤兮凤兮，何德之衰!往者不可谏兮，来者犹可追也!已而已而，今之从政者殆而!”孔子下，欲与之言。趋而去，弗得与之言。

于是孔子自楚反乎卫①。是岁也，孔子年六十三，而鲁哀公六年也。

鲁哀公七年(前488)，孔子年六十四岁，在卫。卫君欲得孔子为政。

《史记·孔子世家》曰:

其明年，吴与鲁会缯，征百牢。太宰嚭召季康子。康子使子贡往，然后得已。

孔子曰:“鲁卫之政，兄弟也。”是时，卫君辄父不得立，在外，诸侯数以为让。而孔子弟子多仕于卫，卫君欲得孔子为政。子路曰:“卫君待子而为政，子将奚先?”孔子曰:“必也正名乎!”子路曰:“有是哉，子之迂也!何其正也?”孔子曰:“野哉由也!夫名不正则言不顺，言不顺则事不成，事不成则礼乐不兴，礼乐不兴则刑罚不中，刑罚不中则民无所错手足矣。夫君子为之必可名，言之必可行。君子于其言，无所苟而已矣。”

鲁哀公八年(前487)，孔子年六十五岁，在卫②。

① 据曲阜师范大学郝同辉2009年硕士学位论文《〈孔丛子·嘉言篇〉所见孔子言行考》所考，孔子自楚返卫期间，还第三次至陈国(据《陈杞世家》)，在鲁哀公六年，陈愍公十三年。据《陈杞世家》:“十三年，吴复来伐陈，陈告急楚，楚昭王来救，军于城父，吴师去。是年，楚昭王卒于城父。时孔子在陈。”即楚昭王卒时，孔子在陈国。钱穆先生云:“孔子于鲁哀公六年自陈避兵适蔡见叶公，即以是年返卫，则固当依《世家》也。”则可知，孔子因避陈兵乱前往蔡国，见叶公，叶公问政。《论语·子路》:“叶公问政。子曰:‘近者说，远者来。’”但是，根据上条《史记·孔子世家》所载，既然孔子已经自蔡如叶(应属楚国城邑)，见叶公，叶公问政。则此处应只是返回又经过叶地，然后返蔡，再回到卫国，是原路返回，不应两次见叶公。此时孔子在楚国未受楚昭王任用，沿途返回，应亦无心再见叶公，听其问政。

② 三月，吴伐鲁，吴大败，孔子弟子有若参战有功。

鲁哀公九年（前 486），孔子年六十六岁。在卫。

鲁哀公十年（前 485），孔子年六十七岁。在卫。孔子夫人亓官氏卒。

鲁哀公十一年（前 484），孔子年六十八岁。鲁季康子召孔子，孔子返回鲁国。自孔子离开鲁国到卫国，先后历经十四年而重又返鲁。鲁哀公为政。季康子问政。孔子修诗书，定礼乐，赞周易。此后便开始其晚年期的教育生活，有若、曾参、言偃、卜商（子夏）、颛孙师（子张）诸人皆先后从学①。

《史记·孔子世家》曰：

其明年，冉有为季氏将师，与齐战于郎，克之。季康子曰："子之于军旅，学之乎？性之乎？"冉有曰："学之于孔子。"季康子曰："孔子何如人哉？"对曰："用之有名；播之百姓，质诸鬼神而无憾。求之至于此道，虽累千社，夫子不利也。"康子曰："我欲召之，可乎？"对曰："欲召之，则毋以小人固之，则可矣。"而卫孔文子将攻太叔，问策于仲尼。仲尼辞不知，退而命载而行，曰："鸟能择木，木岂能择鸟乎！"文子固止。会季康子逐公华、公宾、公林，以币迎孔子，孔子归鲁。

孔子之去鲁凡十四岁而反乎鲁。

鲁哀公问政，对曰："政在选臣。"季康子问政，曰："举直错诸枉，则枉者直。"康子患盗，孔子曰："苟子之不欲，虽赏之不窃。"然鲁终不能用孔子，孔子亦不求仕。

孔子之时，周室微而礼乐废，诗书缺。追迹三代之礼，序书传，上纪唐虞之际，下至秦缪，编次其事。曰："夏礼吾能言之，杞不足征也。殷礼吾能言之，宋不足征也。足，则吾能征之矣。"观殷夏所损益，曰："后虽百世可知也，以一文一质。周监二代，郁郁乎文哉。吾从周。"故书传、礼记自孔氏。

……

古者诗三千余篇，及至孔子，去其重，取可施于礼义，上采契后稷，中述殷周之盛，至幽厉之缺，始于衽席，故曰"关雎之乱以为风始，鹿鸣为小雅始，文王为大雅始，清庙为颂始"。三百五篇孔子皆弦歌之，以求合韶武雅颂之音。礼乐自此可得而述，以备王道，成六艺。

孔子晚而喜易，序彖、系、象、说卦、文言。读易，韦编三绝。

① 参见钱穆《论语新解》，生活·读书·新知三联书店 2002 年版，第 515 页。

曰："假我数年，若是，我于易则彬彬矣。"

孔子以诗书礼乐教，弟子盖三千焉，身通六艺者七十有二人。如颜浊邹之徒，颇受业者甚众。

《论语·子罕》：

子曰："吾自卫反鲁，然后乐正，雅颂各得其所。"

《礼记·檀弓上》：

伯鱼母死期年而犹哭。夫子闻之曰："谁与？"门人曰："鲤也。"孔子曰："嘻！其甚也！"伯鱼闻之，遂除之。

鲁哀公十二年（前483），孔子年六十九岁。在鲁。鲁昭公夫人孟子卒，孔子往吊。冬，季孙问螽于仲尼。

《左传·哀公十二年》载：

十二年春，王正月，用田赋。

夏五月，昭夫人孟子卒。昭公娶于吴，故不书姓。死不赴，故不称夫人。不反哭，故言不葬小君。孔子与吊，适季氏。季氏不绕，放绖而拜。

冬十二月，螽。季孙问诸仲尼，仲尼曰："丘闻之，火伏而后蛰者毕。今火犹西流，司历过也。"

鲁哀公十三年（前482），孔子年七十岁。在鲁。子曰："七十而从心所欲不逾矩。"（《论语·为政》）子孔鲤卒。

《史记·孔子世家》曰：

伯鱼年五十，先孔子卒。

鲁哀公十四年（前481），孔子年七十一岁。颜回卒。该年，鲁国西狩获麟。齐陈恒弑其君，孔子请求讨伐，鲁君臣不从。孔子春秋绝笔。春秋始笔在何年，则不可考。

《论语·先进》：

颜渊死。子曰："噫！天丧予！天丧予！"

《史记·孔子世家》：

鲁哀公十四年春，狩大野。叔孙氏车子鉏商获兽，以为不祥。仲尼视之，曰："麟也。"取之。曰："河不出图，雒不出书，吾已矣夫！"颜渊死，孔子曰："天丧予！"及西狩见麟，曰："吾道穷矣！"喟然叹曰："莫知我夫！"子贡曰："何为莫知子？"子曰："不怨天，不尤人，下学而上达，知我者其天乎！"

《左传·哀公十四年》：

十四年春，西狩于大野，叔孙氏之车子鉏商获麟，以为不祥，以赐虞人。仲尼观之，曰："麟也。"然后取之。

夏四月，齐陈恒执其君，置于舒州。

甲午，齐陈恒弑其君壬于舒州。孔丘三日齐，而请伐齐三。公曰："鲁为齐弱久矣，子之伐之，将若之何？"对曰："陈恒弑其君，民之不与者半。以鲁之众，加齐之半，可克也。"公曰："子告季孙。"孔子辞。退而告人曰："吾以从大夫之后也，故不敢不言。"

《论语·宪问》：

陈成子弑简公。孔子沐浴而朝，告于哀公曰："陈恒弑其君，请讨之。"公曰："告夫三子。"孔子曰："以吾从大夫之后，不敢不告也。君曰'告夫三子'者。"之三子告，不可。孔子曰："以吾从大夫之后，不敢不告也。"

《史记·孔子世家》：

子曰："弗乎弗乎，君子病没世而名不称焉。吾道不行矣，吾何以自见于后世哉？"乃因史记作春秋，上至隐公，下讫哀公十四年，十二公。据鲁，亲周，故殷，运之三代。约其文辞而指博。故吴楚之君自称王，而春秋贬之曰"子"；践土之会实召周天子，而春秋讳之曰"天王狩于河阳"：推此类以绳当世。贬损之义，后有王者举而开之。春秋之义行，则天下乱臣贼子惧焉。

孔子在位听讼，文辞有可与人共者，弗独有也。至于为春秋，笔则笔，削则削，子夏之徒不能赞一辞。弟子受春秋，孔子曰："后世知丘者以春秋，而罪丘者亦以春秋。"

鲁哀公十五年（前480），孔子年七十二岁。仲由死于卫。

《史记·孔子世家》：

明岁，子路死于卫。

《史记·卫康叔世家》：

十二年，初，孔圉文子取太子蒯聩之姊，生悝。孔氏之竖浑良夫美好，孔文子卒，良夫通於悝母。太子在宿，悝母使良夫于太子。太子与良夫言曰："苟能入我国，报子以乘轩，免子三死，毋所与。"与之盟，许以悝母为妻。闰月，良夫与太子入，舍孔氏之外圃。昏，二人蒙衣而乘，宦者罗御，如孔氏。孔氏之老栾甯问之，称姻妾以告。遂入，适伯姬氏。既食，悝母杖戈而先，太子与五人介，舆猳从之。伯姬劫悝於厕，彊盟之，遂劫以登台。栾甯将饮酒，炙未熟，闻乱，使告仲由。召护驾乘车，行爵食炙，奉出公辄奔鲁。

仲由将入，遇子羔将出，曰："门已闭矣。"子路曰："吾姑至矣。"子羔曰："不及，莫践其难。"子路曰："食焉不辟其难。"子羔遂出。子路入，及门，公孙敢阖门，曰："毋入为也！"子路曰："是公孙也？求利而逃其难。由不然，利其禄，必救其患。"有使者出，子路乃得入。曰："太子焉用孔悝？虽杀之，必或继之。"且曰："太子无勇。若燔台，必舍孔叔。"太子闻之，惧，下石乞、盂黡敌子路，以戈击之，割缨。子路曰："君子死，冠不免。"结缨而死。孔子闻卫乱，曰："嗟乎！柴也其来乎？由也其死矣。"孔悝竟立太子蒯聩，是为庄公。

鲁哀公十六年（前479）夏四月己丑，孔子年七十三岁，卒。

《史记·孔子世家》：

孔子病，子贡请见。孔子方负杖逍遥于门，曰："赐，汝来何其晚也？"孔子因叹，歌曰："太山坏乎！梁柱摧乎！哲人萎乎！"因以涕下。谓子贡曰："天下无道久矣，莫能宗予。夏人殡于东阶，周人于西阶，殷人两柱闲。昨暮予梦坐奠两柱之闲，予始殷人也。"后七日卒。

孔子年七十三，以鲁哀公十六年四月己丑卒。

哀公诔之曰："旻天不吊，不赉遗一老，俾屏余一人以在位，茕茕余在疚。呜呼哀哉！尼父，毋自律！"子贡曰："君其不没于鲁乎！夫子之言曰：'礼失则昏，名失则愆。失志为昏，失所为愆。'生不能用，死而诔之，非礼也。称'余一人'，非名也。"

孔子葬鲁城北泗上，弟子皆服三年。三年心丧毕，相诀而去，则哭，各复尽哀；或复留。唯子赣庐于冢上，凡六年，然后去。弟子及鲁人往从頉而家者百有余室，因命曰孔里。鲁世世相传以岁时奉祠孔子冢，而诸儒亦讲礼乡饮大射于孔子冢。孔子冢大一顷。故所居堂弟子内，后世因庙藏孔子衣冠琴车书，至于汉二百余年不绝。高皇帝过鲁，以太牢祠焉。诸侯卿相至，常先谒然后从政。

根据《史记·孔子世家》：

孔子生鲤，字伯鱼。伯鱼年五十，先孔子卒。

伯鱼生伋，字子思，年六十二。尝困于宋，子思作中庸。

子思生白，字子上，年四十七。子上生求，字子家，年四十五。子家生箕，字子京，年四十六。子京生穿，字子高，年五十一。子高生子慎，年五十七，尝为魏相。

子慎生鲋，年五十七，为陈王涉博士，死于陈下。

鲋弟子襄，年五十七，尝为孝惠皇帝博士，迁为长沙太傅，长九尺六寸。

子襄生忠，年五十七。忠生武，武生延年及安国，安国为今皇帝博士，至临淮太子守，早卒。

《史记·儒林传》：

自孔子卒后，七十子之徒散游诸侯。大者为师傅卿相，小者友教士大夫，或隐而不见。故子路居卫，子张居陈，澹台子羽居楚，子夏居西河，子贡终于齐，如田子方段干木吴起禽滑厘之属，皆受业于子夏之伦，为王者师。

《史记·孔子世家》：

> 太史公曰：诗有之："高山仰止，景行行止。"虽不能至，然心向往之。余读孔氏书，想见其为人。适鲁，观仲尼庙堂车服礼器，诸生以时习礼其家，余祗回留之不能去云。天下君王至于贤人众矣，当时则荣，没则已焉。孔子布衣，传十余世，学者宗之。自天子王侯，中国言六艺者折中于夫子，可谓至圣矣！

唐开元十三年（725），唐玄宗李隆基曾到山东兖州封泰山，观孔宅，祭奠孔子，并赋诗《经鲁祭孔子而叹之》赞颂孔子。诗曰："夫子何为者，栖栖一代中。地犹鄹氏邑，宅即鲁王宫。叹凤嗟身否，伤麟泣道穷。今看两楹奠，当与梦时同。"

自汉武帝采纳儒生董仲舒对策，罢黜百家，独尊儒术，儒学成为显学，中国从此走入所谓经学时代（以儒学为国家统治思想），绵延两千余年而不绝。孔子也被累世追封，从汉平帝时加封"褒成宣尼公"，到唐玄宗时加封"文宣王"，到宋真宗时加封"至圣文宣王"，再到元武宗时的"大成至圣文宣王"，孔子由生时自称的"从大夫之后"，一直被追封到王公的待遇。在明成化、弘治年间更一度上升为大祀。后嘉靖皇帝降格为中祀，定封号为"至圣先师"。清代顺治年间一度加封"大成至圣文宣先师"，后又改回"至圣先师"。康熙年间，一度拟议升大祀，后因故未实行。光绪三十二年（1906），更是荣升大祀，达皇家规制，与祭天、祭地、祭太庙、祭社稷一起，恩荣优渥，显赫无比。

孔子对于中华民族的教育事业和文化传承做出了巨大历史贡献，而他的一系列政治思想和主张也为后代所吸收和借鉴，对国家统一、经济繁荣和社会稳定起到了积极作用。

常会营，孔庙和国子监博物馆副研究馆员

◎刘宗周的慎独工夫论

◎ 师丽娜

【摘 要】刘宗周作为明末心学发展史上最后一位重要的人物，其学问代表着儒家内圣之学的完成。他继承了宋明儒强调成德之教的本质精神，架构起了独特的以慎独为宗旨的工夫理论体系。其慎独工夫论，基于《大学》《中庸》之慎独，发先儒所未发，提出“独体”概念，独体就是天命之性，慎独乃是体认和静存真己独体，体现出刘宗周本体工夫为一的精神旨向。

【关键词】慎独 独体 静存 心性合一

儒家哲学是以成德立人为宗旨的道德实践之学，它以个体人格的教养和礼仪人伦的教化为价值取向，以理想人格的成就为至高境界。儒家强调即心显性，至善天道性体只有落实在心体上，才能转化为人的实存。这种转化是一种身体力行、涵泳体悟的修身实践，在宋明理学中常被称为工夫。人们心灵境界的开显离不开工夫。

在宋明理学中，工夫论始终是极重要的一个部分，宋儒在本体论—修养论（即明代儒者广泛讨论的本体—工夫之辨）建构上重新确立并深刻诠释了儒家心性义理之学，明儒更深入精微，于心性工夫上更臻于透彻，发展出圆熟的工夫之学。黄宗羲曰：“有明文章事功，皆不及前代，独于理学，前代之所不及也。牛毛茧丝，无不辨析，真能发先儒之所未发。程、朱之辟佛氏，其说虽繁，总是只在迹上；其弥近理而乱真者，终是指他不出。明儒于毫厘之际，使无遁影。”① 王阳明致良知之教是明代儒学工夫论发展的高峰，他以孟子之学为根基，吸纳了佛门禅宗思想，构造了以知行合一为原则的工夫论。但人们对良知本心的生命体验往往具有个体性，这使得王门后学常常以个人体验来解释师学，“各以所立入教”②，以致有学者

① （明）黄宗羲：《明儒学案》，第17页。
② （明）王阳明：《王阳明全集》卷三十六，《年谱附录一》，第1329页。

走向任情恣意，玄虚证悟，不落工夫实地的境地，① 并酿成晚明士人束手不观，侈言良知现成，当下一悟便可优入圣境的浮狂之风。

刘宗周生当明末，以矫正王学末流之失为己任，继承了宋明以来重心性修养工夫的传统，繁复而缜密，遍及以前宋明诸儒的种种工夫，但有着鲜明的主旨，即慎独与诚意，慎独又更为核心。刘宗周对慎独之学用力颇深，乃能发先儒所未发，提出独体这一本体概念。如其高足黄宗羲所说：

> 先师之学在慎独。从来以慎独为宗旨者多矣，……唯先师体当喜怒哀乐一气之通，复不假品节限制，而中和之德，自然流行于日用动静之间。独体如是，如天以一气进退，平分四时，温凉寒暖，不爽其则。……慎者，慎此而已。故其为说，能不与先儒抵牾。②

由此我们可以得知刘宗周的独体乃一性气融贯之本体，慎此本体的工夫即证独工夫。在刘宗周那里，独体即意体，本体工夫的合一展开便为慎独与诚意也。刘宗周之慎独说具有补救阳明后学流弊之功，如梁启超说："刘蕺山晚出，提倡慎独，以救放纵之弊，算是第二次修正。明清嬗代之际，王门下唯蕺山一派独盛。学风已渐趋健实。"③ 慎独是刘宗周一生工夫的根本宗旨，他以慎独来融贯儒家的一切修养工夫，并以慎独为儒学一脉相承之处，"慎独是学问第一义"④。"慎独之外，别无学也。"⑤ 刘宗周的慎独工夫特别之处是他对独体的体证。

一 真己独体

《中庸》开篇即云：

> 天命之谓性，率性之谓道，修道之谓教。道也者，不可须臾离也，可离非道也。是故君子戒慎乎其所不睹，恐惧乎其所不闻。莫见乎隐，

① 王门后学为学宗旨的支离决裂，主要表现在：一是走向虚玄证悟，以提倡"四无"说的王龙溪为代表，以良知当下为具足，本体一悟即是真工夫。二是王门后学也走向了任情恣意，以泰州王心斋一派为代表，从日用常行中随意指点良知。二王都主张当下识得本体即是工夫，导致了工夫的悬置，是违背阳明切实工夫实践的本旨的。

② （明）黄宗羲：《黄宗羲全集》，《先师藏山先生文集序》，浙江古籍出版社 1986 年版，第 51 页。

③ 梁启超：《中国近三百年学术史》，东方出版社 1996 年版，第 47 页。

④ （明）刘宗周：《刘子全书》卷十，《学言上》，清道光甲申刻本，台湾华文书局 1969 年版，第 481 页。

⑤ （明）刘宗周：《刘宗周全集》册二，《大学古记约义》，清道光甲申刻本，台湾华文书局 1969 年版，第 763 页。

莫显乎微，故君子慎其独也。①

《中庸》论慎独是依天命之性、率性之道与修道之教的义理脉络中来的。“天命之性”是儒家的天道和本心相通的义理，循此义理即是道。人能依此本性而行，使道不断地实现的过程，便为教化。朱子把人的意念解为“独知”，而慎独即是慎此“独知”，也就是慎此意念，在意念上的人欲要萌芽时，来把它制止，使得内心的意念能合乎天道。《中庸》所讲慎独是指君子在内心的隐微之处恒保持警惕戒慎之功，如此天命之性才能呈现于生命之中。从朱子的解释中，我们可以得知他的慎独是于意念已发上，用存理遏欲之功，使自己的意识活动保持真诚不妄。而“戒慎恐惧”是于意念尚未发出时，戒慎恐惧保住此本心天理。所以朱子的戒慎恐惧是在本体上说的，而慎独是在意念处说的。而刘宗周将独从慎独中提升出来，赋予它本体的地位，如他说：

> 朱子于独字下补一知字，可谓扩前圣所未发，然专以属之动念边事，何邪？岂静中无知乎？使知有闲于动静，则亦不得谓之知矣。独之知，即致知之知，即本源即末流也。②

刘宗周首先认为朱子独知的论点深具独创性，但对朱子于动念上讲慎独表示质疑。在刘宗周看来，独知乃是通贯于动、静的，“岂静中无知乎”，初步凸显出独体之义。接着他又认为“独知”即是致良知的“良知”，是本源也是末流，即在独知本体处用功即可，而不需在动念处用功。

刘宗周云：“乃知圣贤千言万语，说本体，说工夫，总不离慎独二字。独即天命之性所藏精处，而慎独即尽性之学。”③ 从中，我们就很清楚地看到刘宗周的慎独乃是从本体上说，独即天命之性，慎独即慎此天命之性。刘宗周把朱子所说的戒慎恐惧的本体与慎独打合为一，慎独即本体即工夫也。如他说：

> 戒慎恐惧四字下得十分郑重，而实未尝妄参意见于其间。独体惺惺，故一念未起之中，耳目有所不及，而天下之可睹可闻者，即于此而在。冲漠无朕之中，万象森然已备也。故曰莫见莫显。君子乌得不

① （宋）朱熹：《四书章句集注》，《中庸章句》，中华书局 1983 年版，第 17 页。
② （明）刘宗周：《刘宗周全集》册二，《学言中》，第 494—495 页。
③ （明）刘宗周：《刘宗周全集》册二，《圣学宗要》，第 3023 页。

> 戒慎恐惧、竞竞慎之，慎独而见独之妙焉。①

从以上的论述，可知刘宗周解“戒慎恐惧”和“慎独”都是在本体上说，独体就是天命之性，慎独乃是恒谨慎的体认、存养我们生命中的独体。“独之外，别无本体”②，这个独体既是性天之尊的真实体现，又是明觉心体的主宰，如他说：“独是虚位，从性体来看，则曰莫见莫显，是思虑未起，鬼神莫知时也。从心体来看，则曰十目十手，是思虑既起，吾心独知时也。然性体即在心体中看出。”③ 从中可看出独是即性体即心体的，性体莫显莫隐，思虑未起时乃纯然至善，而此至善性体的全副内容必须透过心体的存养和扩充来证知，以使善成为真实的存在。在此刘宗周赋予了独体以心性合一的意义，人与天，心与性相连接的桥梁便是独体。从中可以看出刘宗周所言之独体是宇宙人生之存有与价值的终极根源。这才是刘宗周论慎独之真确义。

体证本体的慎独工夫即是尽性之学，这种本体工夫为一的思想通贯在刘宗周的整个思想过程中。如他在《中庸首章说》中说道：

> 君子求道于所性之中，直从耳目不交处，时致吾戒慎恐惧之功，而自此以往，有不待言者矣。其指此道而言，道所不睹不闻处，正独知之地也。④

刘宗周独特的见解是把“戒慎乎其所不睹”的“其”解释为“道”，于是君子戒慎恐惧的对象就成了道，即性体、独体本身。他在疏解《大学》时也有同样的理路，如他云：“毋自欺，自之为言独也。”⑤ 他将毋自欺的“自”解释为“独”，独就是人之所以为人的真己，人们对于自己存在根基的认识是最为真实的。所以毋自欺之义便转化为谨慎体认独体的慎独工夫。

二 谨慎证独

黄宗羲在《明儒学案》中说：“先生之学，以慎独为宗。儒者人人言慎独，唯先生始得其真，……学者但证得性体分明，而以时保之，即是慎也。

① （明）刘宗周：《刘宗周全集》册二，《中庸首章说》，第351页。
② 同上书，第352页。
③ （明）刘宗周：《刘宗周全集》册二，《学言上》，第448页。
④ （明）刘宗周：《刘宗周全集》册二，《中庸首章说》，第350—351页。
⑤ （明）刘宗周：《刘宗周全集》册二，《学言上》，第514页。

慎之工夫，只在主宰上，觉有主，是曰意，离意根一步便是妄，便非独也。”① 作为刘宗周最得意的门生，黄宗羲是最能理解先师对传统儒家慎独说的解读，不只是文字训诂的推敲而已，也不只是义理思辨的揣摩而已，他是投入毕生的精力用全副的生命去体证的。就《中庸》《大学》言，刘宗周揭示慎独的精义，足以开启入德之门，就圣学而言，刘宗周依据慎独的体证来会通其思想的核心义理，如他说：“圣学之要，旨在慎独。”② “大学之道，慎独而已矣；中庸之道，慎独而已矣。”③

既然独体是心性合一之本体，那么慎独之功也可分为从心、性两方面，但皆归于一。刘宗周说：“大学言心到极至处，便是尽性之功，故其要归之慎独。中庸言性到极至处，只是尽心之功，故其要亦归之慎独。独，一也。”④ 形而下的心的自觉活动必步步融摄于形而上的性天，形而上的性天必要落实到形而下的心体中见才有意义。在刘宗周看来，此尽性、尽心之功皆归于慎独。虽然慎独是心性合一的，但是刘宗周特别重视慎独性天的层面，以此弥补阳明在这一层面的缺欠。他说：“但恐中庸之教不明，将使学慎独者以把捉意见为工夫，而不觌性天之体。因使求中者以揣摩气象为极则，而反堕虚空之病。”⑤ 这里，刘宗周批评阳明对于《中庸》的疏忽，造成后学忽视性天的层面，只是去空求一个高明的境界，终堕入虚空。我们简单来看一下阳明心学。王阳明心学是继承孟子从主观面的心来立论，重在良知自然化恶为善的功能。致良知不需要做工夫，只是一心之朗现以及明觉良知的于宇宙万物上的自然推扩。王阳明心学的道德实践是全都就着人的主体说，所有的工夫就只是推致此主观面的良知，客观面的性天却稍微虚欠。如他说：“心即理也。此心无私欲之蔽，即是天理。不须外面添一分。以此纯乎天理之心，发之事父便是孝。发之事君便是忠。发之交友治民便是信与仁。只在此心去人欲存天理上用功便是。”⑥ 从中可看出阳明学强调主观面的义理，道德行为的根源是内在于自体，亦即心、良知。良知之教实是把性天完全与本心良知合一了，甚至以良知（或心）取代了性天的地位，如此则道德实践的庄严性不显，则易产生流弊。而刘宗周的慎独是主、客观面皆饱满。我们再引他的话语，来见他的慎独思想的优越性：

① （明）黄宗羲：《黄宗羲全集》第八册，第 890 页。
② （明）刘宗周：《刘宗周全集》册二，《学言上》，第 424 页。
③ 同上。
④ 同上书，第 325 页。
⑤ （明）刘宗周：《刘宗周全集》册二，《圣学宗要》，第 30 页。
⑥ （明）王阳明：《王阳明全集》，《传习录上》，上海古籍出版社 1992 年版，第 2 页。

独体不息之中，而一元常运，喜怒哀乐四气周流，存此之谓中，发此之谓和，阴阳之象也。四气，一阴阳也。阴阳，一独也。其为物不贰，则其生物不测。故中为天下之大本，而和为天下之达道，即其至也，察乎天地，至隐至微、至显至见也。故曰体用一原，显微无间君子所以必慎其独也，此性宗也。①

以上，刘宗周说此独体是存主于喜怒哀乐四气周流之中，喜怒哀乐乃是天命之性赋予人的四种德。刘宗周以周流的四气论证了独体为性体，慎独是慎此与天道合一的性体的工夫。接着，我们来看心体层面的慎独。刘宗周说：

君子俯察于地，而得后天之易焉。夫性，本天者也。心，本人者也。天非人不尽，性非心不体也。心也者，觉而已矣。觉故能照，照心尝寂而尝感，感之以可喜而喜，感之以可怒而怒，其大端也。喜之变为欲、为爱，怒之变为恶、为哀，而惧则立于四者之中，喜得之而不至于淫，怒得之而不至于伤者。合而观之，即人心之七政也。七者皆照心所发也，而发则驰矣。众人匿焉，惟君子时发而时止，时返其照心而不逐于感，得易之逆数焉。此之谓后天而奉天时，盖慎独之实功也。②

刘宗周说“性本天，心本人”，性是就着天道说，即是在于强调人的这本心是与天道合一的，这强调了性的超越性。而“心本人”是指此本心是内在于人的，性天要通过心体来体认，故谓“天非人不尽，性非心不体”。刘宗周也说到心是觉，是常寂常感，且能感此心中之喜怒哀乐。而使此心能感而不逐于感，这就是慎独。

从以上的论述中，可知刘宗周的“性”是就着天道说的，即是强调“性”是出于天。而“心”是就着人说，强调心是内在于人。然而，性体之具体而真实的内容与意义尽在心体中见，而心体的自觉活动又要步步融于此超越的性体。最后心性都归宗于慎独也。

刘宗周论慎独强调性体层面，是因为道德实践有天道贞定，则能保住其永恒性、必然性。性出于天，而心形著性，要经尽心的历程才能成性。如此，可说人和天道间有着距离感，人必须经一道德实践的历程才能合天。

① （明）刘宗周：《刘宗周全集》册二，《易衍》，第160页。

② 同上书，第161页。

如此，才能彰显出天道的庄严、宏大。刘宗周不仅从心性本体层面诠释了慎独的真实含义，而且还将慎独作为做真切的工夫在道德实践中展开。他首先把静坐体证独体，当成慎独最根本与最重要的入手法。宋明儒者尤为重视静坐的修养工夫，静坐是成德跻圣至为重要的方法，通过转化身体内在气质达到精神的境界。刘宗周把静坐融摄到他的慎独中，使之成为一种最切实的工夫："凛闲居以体独""静中养出端倪，端倪即意，即独，即天。"闲居即是静坐的修行。我们在独处静坐时，身心未与外物发生关系，内心自然澄澈，而没有任何杂念，浑然至善的独体自然呈显，我们只需体认它，用戒惧恐惧之工夫存养它，便能使心体时刻保持清明的状态，恒久保持我们内在道德生命的不息。刘宗周认为静存独体不单单只是于闲居时静坐，而是涵摄了动察在内的。以静存括动察，是刘宗周工夫论特色之一。静存与动察其实就是动静问题①，是人们应事接物时的活动情态。有门人曾对刘宗周的静存括动察思想有所质疑："慎独专属之静存，则动时工夫果全无用否？"刘宗周以树木之喻巧妙地做了回答：

> 如树木有根，方有枝叶，栽培灌溉工夫都在根上用，枝叶上如何着得一毫？如静存不得力，才喜才怒时便会走作，此时如何用工夫？苟能一如其未发之体而发，此时一毫私意着不得，又如何用工夫？若走作后便觉得，便与他痛改，此时喜怒已过了，仍是个静存工夫也。②

对树木施肥浇水，主要做在根上，不会落在枝叶上，刘宗周以此比喻工夫落实在保任静存本体，如果静存不得力，喜怒已发时即已偏离，即已走作，此时用工夫，又如何使之复归于正？刘宗周指出，走作偏离后若自觉不妥，欲痛改之，此时工夫，仍不过是复归静存本体。由此可见，刘宗周意将静存与动察的工夫贯通在慎独之上。独体贞定后，无须动念后的省察工夫。刘宗周并不是废除省察工夫，而是将省察收摄于存养独体之内。在崇祯四年所著的《中庸首章说》中，刘宗周更是点出了"静存之外更无动察"的工夫主张。他说："识得心一性一，则工夫亦一。静存之外，更无动察。主敬之外，更无穷理。其究也，工夫与本体亦一，此慎独之说。"③静存与动察的关系问题，其实与宋明儒的心性论思想有着密切关系。以静

① 动静问题是宋儒们热衷于探讨的话题，一般认为动与静是两种不同的状态，需要用不同的涵养工夫。

② （明）刘宗周：《刘宗周全集》册二，《学言上》，第437页。

③ （明）刘宗周：《刘宗周全集》册二，《中庸首章说》，第352页。

存之功析慎独，乃是刘宗周慎独心法理论的内涵。“君子之学，慎独而已矣，无事，此慎独即是存养之要；有事，此慎独即是省察之功。”刘宗周明谓慎独与存养、省察之义，无事存养，有事省察，此只是分开的说，其实皆是慎独工夫。刘宗周坚持心性一本论的原则性立场，以此落实到工夫论，就是主张“静存之外更无动察”的一贯性。此说，从源流上看，是有别于宋儒之见的不同评判，就其自身思想的创发性而言，其揭示出来的修养方法，将成圣工夫推源到最深层的独体中，戒惧谨慎，保任真己，以匡治空谈良知的流弊，从而回归真我的世界。

师丽娜，装甲兵工程学院讲师

博物馆学研究

◇对文物及博物馆馆藏文物若干问题的再认识

◎ 李学军

【摘 要】 文物是人类在历史发展过程中留存下来的遗物、遗迹，是人类宝贵的历史文化遗产。目前，第一次全国可移动文物普查正在开展。对于文博工作者来说，通过普查工作，我们对于文物的认知、对于博物馆馆藏文物重要性的认识应提升到一个全新的层面。首先，在文物的概念、内涵及社会价值层面，文物是中国文化遗产的重要组成部分，具有历史、艺术和科学价值，各种类别文物的产生、发展和变化过程，反映了社会的变革、科学技术的进步、人们物质生活和精神生活的发展变化。其次，文物是博物馆生存与发展的基础，文物藏品是建立博物馆必须具备的条件，是开展业务活动的物质基础，是进行科学研究的实物资料，是达成思想教育的生动教材，是实现社会功能的重要保障，保护好、管理好、利用好文物藏品，是博物馆工作的核心使命。再次，让文物活起来是文博工作者的历史使命，遵照习近平总书记“让历史说话，让文物说话”的指示精神，如何让文物活起来将成为文博工作者今后一个时期研究与探索的中心课题。最后，加强馆藏文物管理是行业主管部门的首要责任，文物保护工作“功在当代，利在千秋”，随着博物馆行业宏观管理的全面推进，“十三五”期间北京市馆藏文物管理保护工作必将逐步向着规范化、标准化、科学化、现代化的目标稳步迈进。

【关键词】 文物 博物馆 基础 使命 责任

文物是人类在历史发展过程中留存下来的遗物、遗迹。各类文物从不同的侧面反映了各个历史时期人类的社会活动、社会关系、意识形态以及利用自然、改造自然和当时生态环境的状况，是人类宝贵的历史文化遗产。文物的保护利用与科学研究，对于人类认识自己的历史和创造力，揭示人类社会发展的客观规律，认识并促进当代和未来社会发展，具有重要的现实意义。

目前，第一次全国可移动文物普查正在开展，它是继我国第三次不可移动文物普查之后，首次针对可移动文物开展的普查，是我国文化遗产领域又一重大国情国力调查，体现了党中央、国务院对文物工作的高度重视，具有重要的历史意义。对于文博工作者来说，通过此次普查的开展，我们对于文物的认知、对于博物馆馆藏可移动文物重要性的认识应提升到一个全新的层面。

以下笔者从理论与实践方面略谈几点体会。

一　文物是中国文化遗产的重要组成部分

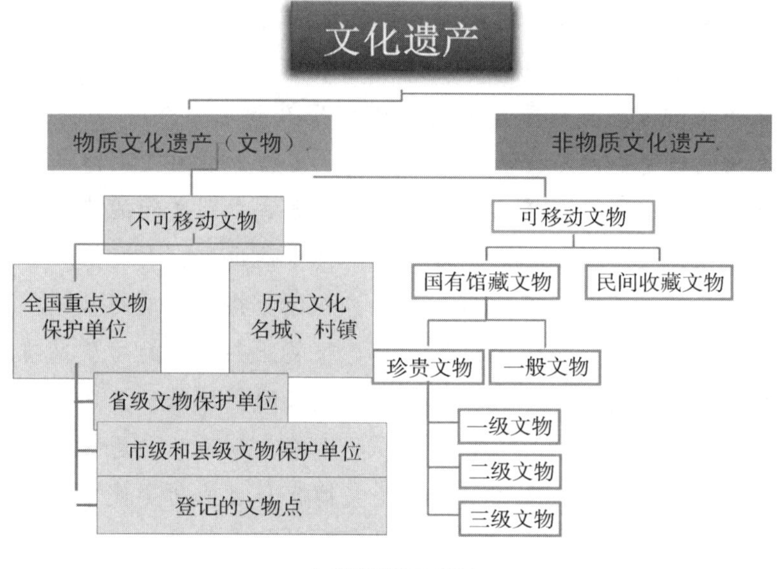

文化遗产示意图

1. 文化遗产概念的理解

文化遗产，又可称文化资产、文化财产或文化财，是指具有历史、艺术、科学等文化保存价值，并经政府机构或国际组织指定或登录之物品，是“有形文化遗产”和“无形文化遗产”的总称。

“有形文化遗产”即传统意义上的“文化遗产”，我国通称为物质文化遗产（文物），是具有历史、艺术和科学价值的文物。根据《保护世界文化和自然遗产公约》，其包括历史文物、历史建筑、人类文化遗址。在我国，物质文化遗产通常包括古遗址、古墓葬、古建筑、石窟寺、石刻、壁画、近代现代重要史迹及代表性建筑等不可移动文物，历史上各时代的重要实物、艺术品、文献、手稿、图书资料等可移动文物；以及在建筑式样、分布均匀或与环境景色结合方面具有突出普遍价值的历史文化名城（街区、村镇）。

“无形文化遗产”即非物质文化遗产，是指各种以非物质形态存在的与群众生活密切相关、世代相承的传统文化表现形式。根据联合国教科文组织《保护非物质文化遗产公约》的定义，无形文化遗产指被各群体、团体或有时为个人视为其文化遗产的各种实践、表演、表现形式、知识和技能及有关的工具、实物、工艺品和文化场所。它是人类以口头或动作方式相传，具有民族历史积淀和广泛、突出代表性的民间文化遗产，包括民间传说、习俗、语言、音乐、舞蹈、礼仪、庆典、烹调以及传统医药等。

文物是中国对有形文化遗产的总称。

2. 文物一词的历史源流

在中国，“文、物”二字联系在一起使用始见于《左传》。《左传·桓公二年》记载：“夫德，俭而有度，登降有数，文物以纪之，声明以发之；以临照百官，百官于是乎戒惧而不敢易纪律。”其后，《后汉书·南匈奴传》有“制衣裳，备文物”。以上所说的“文、物”原指当时的礼乐典章制度，与现代所指文物的含义不同。到唐代，骆宾王诗“文物俄迁谢，英灵有盛衰”，杜牧诗“六朝文物草连天，天淡云闲今古同”，这里所指的“文物”，其含义已接近于现代所指文物的含义，所指已是前代遗物了。北宋中叶（11 世纪），以青铜器、石刻为主要研究对象的金石学兴起，后又逐渐扩大到研究其他各种古代器物，把这些器物统称为“古器物”或“古物”。到明代和清初，比较普遍使用的名称是“古董”或“骨董”，至清乾隆年间（18 世纪）又开始使用“古玩”一词。这些不同的名称其含义基本相同，但在很多场合，古董、骨董和古玩通常用来专指书画、碑帖以外的古器物。

3. 现代社会对文物的认知

目前，各国对文物的称谓并不一致，其含义和范围也不尽相同，因而迄今尚未形成一个对文物共同确认的统一定义。当代中国根据文物的特征，结合中国文物的具体情况，把“文物”一词作为人类社会历史发展进程中遗留下来的、由人类创造或者与人类活动有关的一切有价值的物质遗存的总称。

《辞海》释义“文物”一词为：遗存在社会上或埋藏在地下的人类文化遗物。包括具有历史、艺术、科学价值的文化遗址、墓葬、建筑和碑刻；各时代珍贵的艺术品、工艺美术品以及生活用品；重要的文献资料以及具有史料价值的手稿、古旧图书；反映各时代社会制度、社会生产、社会生活的代表性实物。

在现代社会，文物通常被理解为人类社会活动中遗留下来的具有历史、艺术、科学价值的遗迹和遗物，是重要的有形文化遗产。随着时代的发展、人们思想观念的变化及博物馆门类的迅猛增加，文物这一概念所涵盖的范畴也在不断扩展之中。应当说，文物是没有年代限制的，除古代文物外，近代以来遗留下来的具有历史、艺术、科学价值的各种器物、用品、书画、文献等，无论年代长与短，都可以统称为文物，关键要看其自身的价值。

国家保护的文物具有广泛性，应是反映历代社会制度、生产生活、文化艺术、科学技术等方面的代表性实物。各个方面的文物之间具有广泛和密切的联系，只有进行全面保护才能使文物的价值不受损害。

4. 文物的基本特征与价值作用

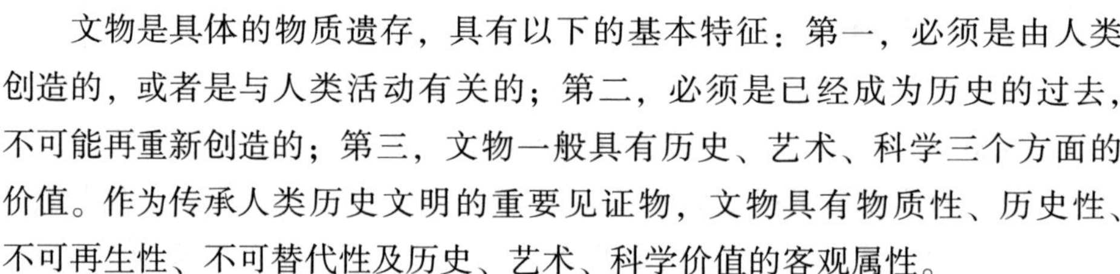

文物是具体的物质遗存，具有以下的基本特征：第一，必须是由人类创造的，或者是与人类活动有关的；第二，必须是已经成为历史的过去，不可能再重新创造的；第三，文物一般具有历史、艺术、科学三个方面的价值。作为传承人类历史文明的重要见证物，文物具有物质性、历史性、不可再生性、不可替代性及历史、艺术、科学价值的客观属性。

文物的价值是客观的，是文物本身所固有的。总体来说，文物主要有历史、艺术和科学价值。文物的作用是文物价值的具体体现。文物对社会所能起到的积极作用主要有教育作用、借鉴作用和为科学研究提供资料的作用。文物的价值和作用既有联系又有区别。人们对文物价值的认识不是一次完成的，而是随着社会发展、人们科学文化水平的不断提高而不断深化的。文物作用的大小，取决于文物价值的高低，因而文物的作用也会随着人们对文物价值认识的深化而变化。有时同样的文物，在不同的时间、地点、条件下，其价值也会发生变化。这种变化通常不是改变或降低了它的固有价值，而是为其增添了新的价值。

文物是一定历史时期人类社会活动的产物，具有时代的特点。各种类别文物的产生、发展和变化的过程，反映了社会的变革、科学技术的进步、人们物质生活和精神生活的发展变化。总的来说，文物是帮助人们认识和恢复历史本来面貌的重要依据，特别是对没有文字记载的人类远古历史，它成了人们了解、认识这一历史阶段人类活动和社会发展的主要依据。

5. 文物的分类

文物依照其特点、历史文化背景、规模大小有很多分类。根据《中华人民共和国文物保护法》的界定，按照大小、规模和可移动性分类，分为“不可移动文物”和“可移动文物”二大类；按照文物所有者划分，分为国有文物（公有文物）和私有文物。

“可移动文物”主要指馆藏文物，即历史上各时代重要实物、艺术品、文献、手稿、图书资料、代表性实物等，分为珍贵文物和一般文物；珍贵文物分为一、二、三级；“可移动文物”的收藏单位以博物馆、纪念馆、图书馆、档案馆或企事业单位、民间团体、个人为主。不可移动文物（或称古迹、史迹、文化古迹、历史遗迹），是先民在历史、文化、建筑、艺术上的具体遗产或遗址，包含古建筑物、传统聚落、古市街，考古遗址及其他历史文化遗迹，涵盖政治、军事、宗教、祭祀、居住、生活、娱乐、劳动、社会、经济、教育等多方面领域。

在博物馆业内馆藏文物从称谓上一般分为古代文物和近现代文物。古代文物时间界定为乾隆六十年（1795）以前，近现代文物为1795年以后至今。

二　文物是博物馆生存与发展的基础

文物是人类社会活动的产物，文物的社会属性对于博物馆学研究中理清文物所承载的历史、艺术、科学价值以及其背后的文化内涵、故事传说至关重要。作为博物馆工作者，接触最多的是馆藏文物及与之相关的文化背景、历史事件。因此，对于馆藏文物的研究与利用是博物馆工作的重要使命与责任。

1. 文物藏品是博物馆存在的根本源泉

从博物馆诞生之日起，文物藏品即是它的最高象征，没有文物藏品博物馆就只能称为“展览馆”或“会展中心”。因此，拥有文物藏品是博物馆的重要标志，文物的品质和数量是博物馆规模和地位的重要衡量标准。可以说，没有文物藏品，博物馆即无生存之本、发展之源。

在我国，博物馆作为文物和标本的主要收藏机构、宣传教育机构和科学研究机构，在社会发展中发挥着独特的重要功能。作为国家宝贵的科学文化财产，文物藏品既是博物馆赖以生存的物质基础，也是博物馆得以立足的根本基石。在实际工作中，文物藏品是建立博物馆必须具备的条件，是开展业务活动的物质基础，是进行科学研究的实物资料，是达成思想教育的生动教材，是实现社会功能的重要保障。保护好、管理好、利用好文物藏品，是博物馆工作的核心使命。

2. 馆藏文物的包含范围

涉及博物馆的馆藏文物一般包括以下几方面内容：历史上各时代珍贵的艺术品、工艺美术品；具有历史、艺术、科学价值的古文化遗址、古墓葬出土的文物；具有历史、艺术、科学价值的古建筑构件、石刻、壁画；

历史上各时代重要文献资料以及具有历史、艺术、科学价值的手稿和图书资料等；反映历史上各时代、各民族社会制度、社会生产、社会生活的代表性实物；与重大历史事件、革命运动或者著名人物有关的，以及具有重要纪念意义、教育意义或者史料价值的近现代及当代重要实物；当代具有特殊意义的代表性物品、能反映和代表当代经济社会发展水平的重要见证物；具有科学价值的古脊椎动物化石和古人类化石。

3. 博物馆工作中文物概念的扩展

近年来随着博物馆门类、内容的不断丰富，特别是文物系统外新兴博物馆如行业博物馆、企业博物馆、民办博物馆、科技自然类博物馆、现当代艺术类博物馆的迅猛发展，传统意义上的馆藏文物概念也随之发生了巨大的变化。其范畴已逐步扩展到诸如古生物、古人类化石、自然地质标本、邮政电信、邮票磁卡、航空航天、军用器材、高科技产物、家用电器、机车车辆、交通运输、影视资料、媒体网络、医药卫生、供水供电、餐饮娱乐、生物化学、装潢设计、戏剧曲艺、现代工艺美术作品等各个领域，这一变化充分体现了博物馆馆藏文物的时代特点。

三　让文物活起来是文博工作者的历史使命

“让历史说话，让文物说话”是习近平总书记对于文博工作的重要指示。2013年12月30日，习近平总书记在主持中共中央政治局第十二次集体学习时提出，要系统梳理传统文化资源，“让收藏在禁宫里的文物、陈列在广阔大地上的遗产、书写在古籍里的文字都活起来”。2014年2月25日，在首都博物馆参观展览时习近平总书记曾说：“搞历史博物展览，为的是见证历史、以史鉴今、启迪后人。要在展览的同时高度重视修史修志，让文物说话、把历史智慧告诉人们，激发我们的民族自豪感和自信心，坚定全体人民振兴中华、实现中国梦的信心和决心。”2015年2月15日，习近平总书记在陕西省西安市调研时指出，一个博物院就是一所大学校。要把凝结着中华民族传统文化的文物保护好、管理好，同时加强研究和利用，让历史说话，让文物说话。在传承祖先的成就和光荣、增强民族自尊和自信的同时，谨记历史的挫折和教训，以少走弯路、更好前进。

遵照习近平总书记的指示，如何让文物活起来将成为文博工作者今后一个时期研究与探索的中心课题，也必将成为文博工作者的历史使命。按照博物馆工作的实际，可在如下几个方面实践探索文物活起来的具体方式。

1. 利用陈列展览提高文物使用率

博物馆应通过固定陈列、临时展览、巡回展览、联合办展、举办外展等形式，把更多的文物介绍给社会，提高馆藏文物的展出率；行政管理部门应打破地域、行政级别的限制，充分整合馆藏文物资源，支持博物馆通过联展、借展、巡展等方式扩大馆际合作，促进文物资源利用，形成博物馆馆藏资源共享平台，从而有针对性地解决大馆、省馆文物藏品闲置而基层中小博物馆藏品匮乏、缺少展品的问题。在举办文物展览、临展、特展中要把文物之间的相互关系与历史文化有机结合，以讲故事的形式作为沟通的桥梁，讲好文物故事，扩大中华文化影响力。同时，全面加强文物对外交流合作，配合外交大局，策划一批富含传统文化、凝聚先民智慧、展现大国气象的精品文物展览“走出去”。

2. 利用博物馆资源配合学校教育课程“活化历史”

突出博物馆的教育功能，为弘扬社会主义核心价值观服务。要深入挖掘和阐释中华传统文化“讲仁爱、重民本、守诚信、崇正义、尚和合、求大同”的时代价值，使优秀传统文化成为涵养社会主义核心价值观的重要源泉。把博物馆的文物文化资源、展览陈列资源与当前中小学生教育课程相结合，与学生素质教育要求相结合，通过与教育界的沟通交流，有针对性地按照学校教学需要策划展览、举办活动。在展览形式方面可以引入“体验式”的活项目，让学生能够身临其境地走进历史、贴近文物、感悟文化。博物馆展览活动与学校课堂教育相结合是实现素质教育的必由之路。

3. 围绕馆藏文物开展科学研究及学术交流

秉持正确的文物保护理念，必须深入研究文物的历史文化价值，要以敬畏历史、抱朴求真之心对待文物。搞好任何一种类型的文物保护，都要首先研究其自身价值，特别是在印证国家历史、凝聚民族精神、展示先民智慧等方面的价值。

让文物活起来，学术研究是基础。博物馆应首先把研究工作做好，对馆藏文物、历史背景、文物背后的故事及博物馆所蕴含的文化内涵进行深入研究，在此基础上再在展陈形式、创意设计、高新科技手段应用上下工夫，并以此为契机开展文博领域内外的学术交流活动。

4. 开发文博创意产品及文化衍生产品

文化创意产品天生即被赋予了浓郁的传统文化内涵，具有纪念性、宣传性、教育性的特点，这是一般商品所不具备的特性。对博物馆而言，文化创意产品是连接大众的最好纽带。在现实生活中，文物不会真的“活起来”，但博物馆面向公众设计销售文创产品，的确是让观众留下记忆的好方式。文创产品一般来源于博物馆馆藏文物，普遍承载着特有的文化理念，经过再创作，形成不同的品种与消费档次，以满足各层次消费群体的文化需求。同时，博物馆还需要从文创中发掘文物新的价值，通过与行业内单位以及教育、宣传、出版、科研、文化等社会机构合作，依托自身强大的资源优势，完全可能形成品种齐全、特色鲜明、设计独特、富有竞争力的文化创意产品体系，并拥有广阔的市场前景。它在走进亿万家庭的同时，也将相关文物藏品的历史、科学、文化信息传播到千家万户。

5. 利用高新科技开发文物藏品数字资源

目前我国博物馆的展陈普遍面积有限，大量馆藏文物不能上展。因此，博物馆应充分利用信息数字技术、网络新媒体等现代高新科技成果，创新文物展示的形式与手段，创新文博数字化产品的传输方式，建立即时共享、互动参与的平台，拉近文物与社会公众的距离，积极打造网上展览、网上博物馆、网上文物知识课堂，全方位扩大文物的展示渠道。通过数字化的传播方式，有助于加深现代人尤其是年轻人对历史文物的了解和认知，把馆藏文物变成面对公众的文化共享。

积极实践“互联网＋中华文明”的构想，利用信息化手段和互联网技术把分散于全国各地的博物馆陈列展览及馆藏文物等资源，以生动的、智能的、交互的、现代化的手段集中展示出来，通过 360°全景、二维码扫描、智能导览、三维虚拟现实、3D 场景再现、手机 APP 等新技术，增强观众互动，更加贴近群众、贴近实际、贴近生活，实现学术性、知识性、趣味性、观赏性、互动性、娱乐性、便捷性相统一，拓展文化遗产传承利用途径。

四 加强馆藏文物管理是行业主管部门的首要责任

1. 认清当前馆藏文物管理中存在的主要问题

（1）长期以来文物收藏单位底数不清。在博物馆内部，由于其内部规章、藏品管理等方面存在的问题，许多博物馆对于本馆文物藏品的底数长期处于模糊不清的状态。此次全国可移动文物普查即暴露出许多问题，如许多文物长期外借不能收回，致使文物的归属发生问题，文物藏品的计件、命名、分类不统一、不规范，文物管理人员变动不履行点交程序，已丢失的或已完全损坏的文物长期不办理注销手续、新征集文物长期不入账等现象，严重影响了文物管理工作水平，也影响了博物馆社会效益的发挥。

（2）国家缺乏馆藏文物的系统工作标准。博物馆馆藏文物管理方面目前尚无一套完整的行业标准及工作规范，造成了博物馆馆藏文物管理工作中诸多实际问题。如博物馆馆藏文物、图书档案资料之间的界定标准，馆藏文物的鉴定、分类标准，馆藏文物的编号、命名、计件方式，文物总登记账、分类账、固定资产账的使用与统计方法，以及文物信息数字化管理中数据、字段的设置等方面，长期以来没有形成全国通用的行业标准和规范，往往是一项工作出台一套标准，标准与标准间内容形式均不统一又互不兼容，因此极易造成博物馆实际工作中的困难及统计数据的失实。

（3）博物馆隶属关系复杂，藏品管理工作很难统一。目前各博物馆、纪念馆、美术馆及含博物馆性质的开放单位均为归口管理，各有自己的上级单位，人员管理和经费投入均由各系统自行解决，并无统一的行政领导机关。由于各博物馆的上级单位情况各不相同，其对于博物馆行业的特点、规律、工作方法、运作方式均不十分了解，加之职能部门行业管理的局限性，往往会造成各博物馆内部在业务管理、指导思想及人员培训等方面的诸多不统一，往往加大馆藏文物宏观管理工作的难度。

（4）馆藏文物保护设施及资金普遍不足。目前部分博物馆由于资金紧张、场地局促，馆藏文物保护的设备设施无法得到及时更新和完善，致使文物保护设施条件较差，缺乏标准配置的文物库房，设备老化、面积狭小、环境不佳，一些历史文物容易受到雨水、雷电、虫蛀、潮湿、霉变、尘埃、地震等多方面的影响，导致文物的自然损坏现象时有发生。此外，由于文博单位隶属关系复杂，各单位在文物保护经费的投入及资金来源渠道等方面千差万别，其主管领导对文物保护工作的重视程度也不尽相同，因此客观上导致了文物保护专项资金不足、库房条件差、文物保护设备设施简陋的现象。

（5）馆藏文物保护技术手段及管理制度不健全。由于博物馆文物保护技术手段的不足，致使很多馆藏文物缺乏必要的日常保护措施和保护方案，需要修复的文物不能得到及时安排，博物馆的管理仅仅停留在基本的统计阶段，其他问题则不能得到及时有效的解决。同时，缺乏完善的馆藏文物管理制度，以及制度不能落实到位是很多博物馆管理工作中比较棘手的现实问题。缺乏制度的约束，工作中的岗位、人员都会相对缺乏约束，没有明确的分工与责任划分，常常会疏漏很多问题，缺乏应有的责任意识。

2. 行政主管部门涉及馆藏文物的管理模式

目前，博物馆行业主管部门涉及馆藏文物的管理，除宏观指导服务、行业数据统计、开展专业培训、定期督促检查方式外，其管理主要是通过行政审批模式进行，主要内容包括以下三个方面——行政审批类 7 项：国有文物收藏单位之间借用馆藏一级文物批准；非国有文物收藏单位和其他单位借用国有馆藏二级及以下文物批准；调拨国有文物收藏单位馆藏文物批准；已经建立馆藏文物档案的国有文物收藏单位交换馆藏文物批准；博物馆藏品取样审批（权限内）；可移动文物修复、复制、拓印资质批准；修复、复制、拓印馆藏二级文物和馆藏三级文物批准。初审类 2 项：文物出入境展览初审；修复、复制、拓印馆藏一级文物初审。按照备案类管理的有 7 项：国有文物收藏单位之间因举办展览、科学研究等借用馆藏文物备案；文物收藏单位收藏文物定级备案；国家机关和国有企业事业组织及文物收藏单位文物藏品档案备案；博物馆、图书馆和其他文物收藏单位藏品档案、管理制度备案；指定具有馆藏文物保管条件的单位代管暂无条件设立专库或者专柜保管的国有馆藏珍贵文物；博物馆处置不够入藏标准、无保管价值的藏品审批；对涉及藏品保护、修复的技术进行评审鉴定。

3. 对博物馆馆藏文物保管工作的基本要求

文物收藏单位对馆藏文物负有科学管理、有效保护、整理研究、公开展示等职责。馆藏文物管理和使用应当做到制度健全、账目清楚、鉴定确切、编目详明、档案完善、保管妥善、查用方便、操作规范。文物收藏单位应当建立健全馆藏文物接收、鉴定、登记、编目和档案制度，库房管理及人员出入库制度，文物出入库、注销和统计制度，藏品提用审批制度，文物保养、修复和复制制度，文物安全检查制度等文物管理制度，以及文物安全工作预案及定期巡查制度，以确保馆藏文物安全。

4. 今后的工作建议

（1）积极争取馆藏文物保护专项经费用于北京市的文物保护修复工作。由于文博单位管理体制等方面的原因，在文博单位馆藏文物保护及日常管理工作上仍存在一定的问题，最为突出的是缺乏馆藏文物保护资金的大规模投入、文物专用库房及相关设备设施的缺乏、馆藏品建账建档及备案工作的滞后。因此，行政主管部门应在充分调研的基础上，沟通协调相关财政部门力争实现设立“全市馆藏文物保护专项经费”的设想，申请设立专项经费面向北京市馆藏文物的修复保护工作。

（2）积极推进北京市可移动文物保护研究展示中心建设。结合第一次可移动文物普查成果以及北京地区高水平文物库房及科技保护手段不足的实际问题，在“十三五”期间建设北京可移动文物收藏研究展示中心，中心三大职能设定为实体文物保护收藏、数据信息存储查询、临时展览展示项目举办。中心将面向市属及民办博物馆及从事考古发掘单位提供实体文物的储藏保管、修复、保护、研究服务，为民间收藏爱好者及相关行业提供文物艺术品存放、代管、修复、保护的服务。中心将实现北京地区馆藏文物电子数据信息的储存并面向社会提供资料查询。同时，利用中心的展览展示场地，为社会各界、国内外各级各类文博单位，提供举办高水平展览展示项目及综合文化活动的现代化场所。

（3）继续开展馆藏文物保护工作培训。为提高基层文物保护工作者的技能，北京市将逐年举办馆藏文物保管员培训班，聘请专家讲授相关课程，内容涉及“文物保管员的工作职责、基本工作要求及文物藏品的规范管理”“保管部实际工作中的一般工作程序、实际操作规程及工作中应当注意的内容”“文物保护环境、各种质地文物的科学保护技术，文物展品日常监测设备及工作中的应注意的问题”等诸多方面，以期全面提高北京市馆藏文物管理工作者的水平。

（4）圆满完成第一次全国可移动文物普查工作，积极推进普查成果的应用。第一次全国可移动文物普查是我国首次针对可移动文物开展的普查，目前北京市的普查工作正在顺利推进过程中，现已进入数据审核阶段。普查结束后将公布全国可移动文物名录，普查成果也将向社会开放。此次普查对于加强国有文物监管、拓展文物保护工作对象和范围、规范藏品管理机制、推动国家登录制度建设及丰富公共文化服务内容等方面具有重要意义。

在普查工作的基础上，普查成果的利用将是今后的工作重点，拟建设中的“社会服务系统”将基于已登录的文物，向公众提供文物藏品、收藏单位信息查询及相关展示，并根据不同用户的特点和需求，提供针对性服务；普查建立的网上资源库，也将使观众实现从“参观者”到“参与者”的身份转变成为可能。

文物保护工作“功在当代，利在千秋”。切实加强文物保护工作需要文博工作者对文物的重要性有更高的认知。近年来，在北京地区各文博单位的共同努力下，随着博物馆行业宏观管理的全面推进，馆藏文物的保管工作取得了一定的成效。“十三五”期间，伴随着第一次全国可移动文物普查工作的完成，北京市馆藏文物管理保护工作必将逐步向着规范化、标准化、科学化、现代化的目标稳步迈进。

文物是人类宝贵的历史文化遗产。保护文物就是传承历史文化与文明。文物作为文明沿袭的具象载体，各种形式的文物遗产均值得我们致以最大的敬意，这种敬意就体现在保护上。今后一个时期，博物馆应以专业化的精神、高尚的职业情操，科学的管理方法、科学的业务规范和可持续性的资源利用，充分发挥博物馆事业在国民经济和社会发展总体布局中的积极作用，为实现中华民族的伟大复兴做出文博人应有的贡献。

李学军，北京市文物局调研员，孔庙和国子监博物馆副馆长、副研究员

◇中国历代军事陈列展览大纲解读

◎ 李杨　李超英

【摘　要】 军事博物馆项目是国家级展览项目，要求与一般省级项目不同。起点高是其第一个特征，设计水准要高于同类省级馆。军博的展览设计应该是全国同类展览的集大成。因此，展览设计工作应建立在对大纲准确理解的基础之上。本文从展览解题、脉络结构、展示重点、设计思路几个方面对中国历代军事陈列展览大纲进行了详尽专业的解读。

【关键词】 中国　军事　陈列　展览　大纲

一　展览解题

军事博物馆项目是国家级展览项目，要求与一般省级项目不同。起点高是其第一个特征，设计水准要高于同类省级馆，比如解放战争有辽沈战役纪念馆，在军博展示同一内容时，表现水准要高出一筹，军博的展览设计应该是全国同类展览的集大成。因此，展览设计工作应建立在对大纲准确理解的基础之上。

大纲解读归纳起来是：一体、两类、三性、四要素，即多元一体、两类节点、三种属性、四个要素。中国军事文化多元一体，共同创造。面对不可胜数的战争，选取影响历史进程的、军事史上有典型意义的重点表现。历史属性、专业属性、科学属性构成展览基本特色及其与中国通史类展览的区别。四个要素是展览具体表现的内容。

中国文化是多元一体的文化，中国军事文化也有相同特点。理解中国军事陈列大纲，可以看出对历史上在中国境内出现的各种政权及其军事文化的客观表现和尊重。读懂军事史大纲要有放眼世界、域内一家的胸怀与见识，摒弃历史上汉家正统的偏见。南北朝时期少数民族政权军事文化的表现，辽金西夏及元代军事史的详述，都是具体反映。

有一种普遍的模糊认识，军事史就是战争史，而数以百计的战例如何表现成为首要难题。而且一个接一个的战例会产生视觉疲劳，由于历史悠久，内容庞杂，只能浮光掠影地历数往事，点到为止，很难产生深刻的印象。作为军事展览有节制地表现战争应当是最为明智的选择，绝不能成为战例排队。那么如何选择需要重点表现的战例？需要明确两个节点，也就是影响中国历史进程的、有军事典型意义的战例重点表现。把握两个节点，以点带面，观众就会形成对战争的基本了解，展览骨干脉络就能够形成。

中国军事史上重大事件大多就是中国通史上的大事，军事史如果做不出特色，很容易似曾相识，与通史大同小异。中国经典战例，中小学教材多有涉及，展览如果没有特点，会有陈词滥调、老调重弹的嫌疑。但是避开这些耳熟能详的东西，另搞一套也是不行的。中国军事史是中国历史的有机组成部分，这是回避不掉的，所以展览的历史属性应该放在首位。如何把展览做出特色，关键在军事二字，也就是在军事专业上做文章。同样表现一个战例，从军事专业反映和从通史角度描绘效果是不一样的。所以展览的第二个属性是专业属性，这是区别于其他类展览，能够引人入胜的关键。五千年的军事史不能也不会是平铺直叙过往的事情。它的精彩之处、影响世界的闪亮之处还在于古代军事科学的发生发展，其中包括军事理论和军事发明，这在展览大纲中有充分体现，展览的科学性不能忽略，设计展览时要给予足够的重视。明珠不可暗投，要让它发出耀眼的光芒。

四要素是由战争实践、军事理论、兵器演进、军队组织四部分有机构成的。它是展览主体内容。设计中不应是平均用力，依据大纲提示以战争实践为连贯主线，军事理论是对战争实践的总结，采用如线穿珠的方法间断提及，先秦以孙子为高潮起点，在以下朝代经典战例中提及，唐宋形成第二个高潮，笔断意不断。兵器演进主要把握变化的节点，突出其对世界军事的贡献。军事组织增加演变图表，便于观众掌握大体脉络。总之，把握四个要素，做名副其实的军事展览。

二 脉络结构

这个展览陈列的表现范围在中国通史之内，历史上的重大军事事件就是展览的主要战争内容，只看这一部分，似乎是在重复中国通史。而且这一部分也是观众熟悉的内容，能够产生共鸣和认知。同时作为战争实践大纲还另外突出了其他内容，各个朝代的统一战争、各个朝代的农民起义。总之是由著名战役、统一战争、农民起义构成战争的实际内容。但是在整个展览中这些只占四分之一，其他三项是：军事理论、兵器演进、军队组织。也就是说展览的结构是由战争实践、军事理论、兵器演进、军队组织四部分有机构成的。

围绕四要素谋划展览，就是设计抓住要点。方案要点：(1)范围策略。理解内容，按朝代梳理范围，中国历史上重点事件与战争事例重合。(2)兵器的演变要比历史细致。框架：实践、理论、组织、兵器。四要素的进步与发展就是展览按历史时期顺沿的过程。表现在结构上是以时间为轴，四要素依次展开，一纵四横。设计策略应该是著名战役构成宏大场面，军事理论形象表现，兵器演进动态表现，军事组织通过不同兵种协同布阵，表现在大战开始前的状态。

展览大纲划分了不同的历史时期，在不同的历史时期侧重表现的内容有所区别。先秦时期主要表现其奠基作用，通过春秋战国时期发展，军事要素基本具备。这一时期大纲采用远略近详的布局方式，传说时代的军事发展不做细致描绘。展示结构上要给予对应，这样在以后章节中便于接续。秦汉时期，军事的各个方面发展较为成熟。秦代的最大功绩在于建立了完整军事制度和组织，汉代最大的功绩在于通过军事行动形成、稳固了大一统国家地域格局。三国两晋南北朝最大特点在于军事本身的成就，水战、骑战、火攻达到新的高度。隋唐时期军事体制的变革与火药的发明引人注目。宋辽夏金元时期，军事舞台热闹纷繁，是军事史上百花齐放的时期，异彩纷呈。尤其是火器的使用开启了一个新的时代。明清进入冷兵器与火器并用的时代，明代的抗倭、清前期的边防海防维护了国家稳固与统一。晚清在军事上的最大特点在于军事近代化。大纲梳理了基本脉络，重点明确，逻辑结构清晰。

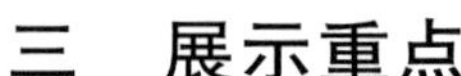

三　展示重点

展览重点的原则首先是平衡原则，对展览的四类内容兼而顾及。战争实践作为构成军事历史的主题，作为展览连贯性的纽带。军事理论作为亮点处理。兵器演变随着时代的变化跳跃提及，军事组织分为兵制和作战兵种配置，把战前的军事组织作为重点表现的内容，按照兵力配置、战争策略、装备特点三个步骤展开。结合重点内容的展示，做出军事陈列的特色。

第一单元，先秦时期。选择三次战争代表全部：传说时代、春秋战国、秦国兼并。涿鹿之战为起始。柏举之战，做过的设计可以利用。马陵之战，知名度高，家喻户晓。长平之战是秦统一的著名战争，在先秦时期具有开启、奠基作用。战争、兵器、军制、兵法是展览组成部分的四个要素不可偏废。兵器内容：战车、战船、攻守城战具。兵法：社会文明的繁荣发展与战争实践的丰富，为军事思想的孕育、发展与成熟提供了合适的温床，孙子兵法奠定了中国古代军事思想的基本特质和主导倾向。孙子兵法的形象化表现，可以产生世界意义，他是具有世界影响的军事家。

第二单元，秦汉时期。西汉与匈奴的战争，成功地使用了大骑兵集团远程奔袭、大纵深迂回等新战法，终获胜利。军事策略的先进影响战争的结果，在中国历史上有深远影响，元代对南宋的迂回，解放战争西南迂回。万里长城通过沙盘表现，结合嘉峪关的设计积累。边塞候望系统，实景结合多媒体互动，观众扮演报警人，远处狼烟。孙子兵法标志着军事理论的成熟，秦代军队标志着军制成熟。这是本单元要抓住的两个点。

第三单元，三国两晋南北朝。军事成就结合具体战例表现：水战、骑战、火攻达到新的高度。赤壁之战，家喻户晓的战例，一战而奠定了三国鼎立的历史局面。巨幅壁画配合近景表现。赤壁之战对兵法的运用堪称典范，反间计的使用，军事地理、气象的借助。大纲对军事理论的辉煌，表现得不够，这是中国古代足以傲视世界的辉煌，在展览中应补充。秦晋淝水之战，经营设计好了可以产生观众共鸣，同类影视多媒体很多，加以编辑可以引人入胜。在此营造电影画面感。设置马型座椅，分甲乙两方对阵，中间3D影像，表现战争画面，观众有各在一阵之中的现场参与感。八阵图，凡是军事思想都应做重点表现，用实景八阵图表现，观众可以穿行其中体会。

第四单元，隋唐五代。募兵制的兴起，表现唐代的军事制度，此处可以制作大型模型：各兵种协同阵列，形象表现那个时代整体作战的面貌。据相关资料做效果图。火药的发明是中国对世界军事的贡献，要重点表现。道士炼丹与焰火飞天构成场景。前景后屏，前景道士炼丹，后屏焰火飞天。对后屏做装饰遮掩，产生实效的感觉。

第五单元，宋辽夏金元时期。特别注意的是进入冷兵器与火器并用时代。重点表现时代进步，军事发展，冷兵器与火器并用的战例。高浮雕雕刻表现《武经总要》图式部分。抓住理论与实践进步的两个脉搏。火器、指南针的发明和应用，这是整个展览的重点之一，开启了世界军事历史的新篇章。采用组合条形屏大跨度，大气势表现火器发射。可以参考奥运博物馆飞机起飞的条屏效果，成为展览一景。

宋代更加重视对军事理论的总结与研究，编纂以《武经七书》为代表的兵学教科书，并结合战争实践撰写出《武经总要》《虎钤经》《守城录》等一批军事著作，是军事学术和军事思想自先秦以来出现了第二个发展的高潮。武经总要浮雕可以放在这里。同时，另外两种书设计互动内容，在互动中表现守城的军事理论。浮雕与互动结合，一动一静，相互配合。

元代的军事内容要作为重点，既补充了以前对这方面表现较少的历史缺憾，也为探究元代驰骋亚欧的军事成因提供注脚。忽必烈善于运用远程奔袭、迂回、围歼以及步兵、骑兵、炮兵、水兵联合作战等战法，夺取胜利。拿出一块面积展示联合作战及兵种协同，告诉世界蒙古军队横行欧亚大陆内在原因。宋元襄樊之战，忽必烈为灭南宋，采取以襄樊为战略突破点，实施中间突破，然后浮汉入江，直趋临安的方略，取得了灭宋战争的胜利。先进的军事策略有其科学性。排除狭隘的汉族正统，大胸怀、大气度对待自己国家的历史。

第六单元，明代与清代前期。这一时期的特点：战争为抵御侵略。兵器、军制：独立兵种。兵法：兵书问世。四要素变化发展。东南沿海抗倭和中朝联军抗日战争（针对第一要素）。戚家军及其阵法（鸳鸯阵、三才阵、车营）用尺幅塑像制作军阵，形成类似兵马俑的大气势。这是第一要素的延伸表现。火器使用战术（这是第二要素，重点表现），郑成功收复台湾之战（这是战争要素的表现，可以列为重点），巩固西北和北部边疆的战争（西北是重点，以左宗棠抬棺西征为场景）。

第七单元，清代晚期。晚清注意军事近代化，历史部分的重点在此不作为重点。以免重复，似曾相识。军事近代化是军事历史前进的步伐，需要重点表现。吸取天津史老馆展览效果，营造火车头、兵工厂、老式机器的现场感。中日甲午战争后，清政府决定进行军制改革，编练新式陆军。军队的装备、编制、训练等均效仿西方，军事制度发生了重大变化。这是中国军事与世界接轨的开始，从此告别大刀长矛的古代。新的军队，新的军事学校，新的武器，新的军队体制，要给以充分表现。同时注意近代军事教育，创办新型军事学校（军校外门场景）。派遣军事留学生（乘船出洋场景）。

四　设计思路

序厅与尾厅

用刀枪入库、马放南山、解甲归田组成雕塑，表现军事的最终目的永远是和平，中国自古至今向往和平这一主题。解甲归田，解：脱下；甲：古代将士打仗时穿的战服。脱下军装，回家种地。指战士退伍还乡。出自汉·扬雄《解嘲》："叔孙通起于桴鼓之间，解甲投戈，遂作君臣之仪，得也。"清·钱彩《说岳全传》："其时天下太平已久，真个是：马放南山，刀枪入库，五谷丰登，万民乐业。"马放南山，成语，意思是比喻天下太平，不再用兵。出自《尚书・武成》："王来自商，至于丰，乃偃武修文，归马于华山之阳，放牛于桃林之野，示天下弗服。"

军事题材的序厅不用刀兵相见形象，一定是超凡脱俗、异于众家的。这个展览的序厅很容易做得杀气腾腾。围绕战争展开形象固然切题，但是这会忽略了孙子兵法讲的军事的最高境界，孙子曰："夫用兵之法，全国为上，破国次之；全军为上，破军次之；全旅为上，破旅次之；全卒为上，破卒次之；全伍为上，破伍次之。是故百战百胜，非善之善也；不战而屈人之兵，善之善者也。"

尾厅的结束形象用长城的形象，寓意万里长城永不倒，象征中华民族屹立在东方。中国古代军事的发展始终是保卫家园，为的是安居乐业、太平盛世。绝不是为了向外扩张，欺负邻里。长城这个形象向着广漠的远方延伸，伸向天地之际，构成意蕴无穷的感官效果。而且长城形象本身也是中外皆知、家喻户晓的，容易引起共鸣，产生民族自豪。如果招标文件没有尾厅要求，长城形象也可以作为序厅第二选择。中国几千年的军事文化虽然是以保卫家园为第一要务，但是它是不可征服的。序厅还可以有一个更为奇特的选择：在青山绿水之旁，平畴沃野之间，一群祥和的鸽子悠然其中。这个设计的好处是在引人猜测和思考，军事的归宿在哪里。美好愿望需要勇士们守护。如果需要简洁的序厅方案，也可以采用长城与和平鸽组成图案，表现中国古代军事追求的最高境界，守护和平，没有战争。

色彩与气氛

军事题材展览展示文物、展示内容要强调整体气氛与色彩。这在同类题材展览中有许多成功的范例。考查其成功的原因，在于氛围的营造。解决这个问题的关键不在繁复与简洁，在于恰当其分。大漠风尘，金戈铁马是一种形象。两军对垒，营帐相连，刀枪林立又是一种肃杀的气氛。城门洞开，雄师待发，旌旗猎猎又是征战的豪气。这些都不能直接搬到展览里装饰气氛，但是作为设计元素是可以吸取的。在色彩方面也可以在不经意间予以营造，大漠的黄色、军事营帐的颜色与飘动、城墙背景的冷色与凝重，直角方棱，锐角长形的使用都可以营造氛围。成片的金属冷色与细锐红色融合使用，可以造成血色黄昏的悲壮。形象经过抽象的过程是产生美的过程，也是观众说不出，却能感受到的。

亮点与细节

由于这个展览地域广阔，囊括九百多万平方公里，历史纵深漫长，上下五千年。因此只能是粗线条表现历史事件。这在经营亮点时会有一定困难，设计这部分内容时应特别注意细节的表现。如果都是一张油画，一条说明，一组文物很难形成展览高潮。为此应设计战争双方在决战之前大兵团对垒和他们的兵种配备，使得观众产生震撼，在几十平方米内再现古代战争的排兵布阵，给军事历史一个生动的、活脱的诠释。说到秦代的军事再没有比秦始皇兵马俑更能反映其威武的气魄了，展览中要营造几个这样宏大的场面，走出军事题材新的展览路子。场面在文物之间穿插，细节制造亮点，既在常规之中，又在意料之外，观者或能为之动容。

结束语

总结全篇，展览设计应与大纲无缝对接，既符合军事展览的一般规律，又能有创新和突破。

李杨，北京市古代钱币展览馆馆员
李超英，孔庙和国子监博物馆副馆长、副研究员

◇传统文化类廉政教育基地的展览序厅定位

——以《中国古代官德文化展》为例

◎ 白雪松

【摘　要】《中国古代官德文化展》是以中国古代官德文化为主题的展览。展览主要展示古代官德思想的起源、发展和演变，古代官员的选拔、管理和监察，以及古代官员的各种官德事迹。孔庙和国子监博物馆发挥自身传统文化优势，审慎选取展览主题并明确定位，秉承打造精品展览的理念精心设计布展，按照高品质低消耗的标准严格选材、运用现代科技手段引入“声、光、电”等全新陈列手段，致力于将该展览打造成为集人文、科技、绿色于一体的高品位展览，以长久传播中国古代优秀的“官德”文化。

【关键词】官德　官德文化　序厅　定位

2013 年年底，《中国古代官德文化展》在孔庙和国子监博物馆开幕。该展览是由北京市纪委、北京市委宣传部、北京市科委、北京市文物局联合主办，孔庙和国子监博物馆承办的长期固定展览。在市纪委等主办单位的支持和领导下，该展览项目从谋划筹备、设计立项到制作施工、布展开幕，历时近两年时间。展览运营以来，迄 2016 年 4 月，共接待预约参观观众 4.3 万余人，在北京市廉政教育方面产生了广泛的影响。这其中，展览主题的选取和展览自身的定位，对展览取得良好效果起着至关重要的作用。

一　总览全局　选取主题

作为孔庙和国子监博物馆的长期固定展览，这个展览也是全国首家推出的以讲述官德文化为主题的展览。展览旨在宣传中国古代优良的官德文化，为领导干部提供历史借鉴和从政警示，是落实十八大精神，建设社会主义政治文明和加强党的建设的重要举措，具有很强的现实意义。而之所以选取中国古代官德文化作为展览主题，是从北京市廉政教育建设的全局出发，结合馆内现有文化资源，馆外馆内统筹兼顾，做出的适宜之举。

1. 唯一的传统文化教育基地

2009 年 11 月，北京市纪委将中国人民抗日战争纪念馆、中国电影博物馆、孔庙和国子监博物馆、北京新文化运动纪念馆、北京宋庆龄故居、北京李大钊故居、冀热察挺进军司令部旧址陈列馆、房山区“没有共产党就没有新中国”纪念馆、焦庄户地道战遗址纪念馆、怀柔第一党支部纪念馆十家单位命名为北京市廉政教育基地，旨在推动廉政文化建设向纵深发展，深入推进党风廉政建设和反腐败工作，推动党员领导干部作风建设取得新成效，为首都转变经济发展方式、建设世界城市做出新的贡献。2010 年 4 月，孔庙和国子监博物馆举行了授牌仪式。

第一批十家教育基地中有九家是以反映红色革命题材为主要内容的教育基地，而唯独孔庙和国子监博物馆属于传统文化遗址类的教育基地。孔庙和国子监是儒家文化中非常尊崇的地方，在此建立廉政教育基地，就是要充分利用孔庙和国子监自身深厚的历史文化资源，努力开发和探索“古代官德文化”方面的主要内容，并以展览的形式呈现给观众。孔庙是元、明、清三代皇家祭祀孔子的场所，最高统治者在此通过祭祀孔子来尊崇儒家的精神文明、伦理教化，借以提升士大夫官僚阶层的道德水准和精神凝聚力。

2. 深厚的传统文化资源

国子监是元、明、清三代国家最高学府和教育管理机构，是国家培养士子打造官员阶层梯队的重要基地，统治者的人才理念和国家的教育政策在此得以贯彻实施。孔庙现存进士题名碑林是古时国家将优秀士子吸收进统治阶层的历史见证，乾隆石经是清代国家培养这些士子的教材范本，国子监辟雍是最高统治者宣讲国家教育理论导向的场所。正是这些承载着传统历史文化的遗存，使得孔庙和国子监博物馆在廉政教育基地中别具一格。它能使来此参观的党员干部和广大群众深切地感受到传统文化的熏陶和精神指引。深厚丰富的文化资源会使廉政文化的学习会带有鲜明的传统文化特色。而官德指的是官员恪守职业道德，保持政治操守的优良品格，它包含廉政，而且重视廉政，恰恰能将本馆的传统文化资源与当前的廉政教育结合起来，在促进北京市文化发展繁荣的同时，配合当前反腐倡廉的开展。

自廉政教育基地挂牌以来，孔庙和国子监博物馆廉政教育基地的建设，在市纪委、市委宣传部和市文物局领导的高度重视和指导之下取得了长足进步和发展。在实际工作落实方面，基地的建设从无到有，开展了以官德为内容的讲座，开办了各类干部培训班，也有多项基本陈列和传统文化资源可供学习。然而，无论是从基地建设的需要，还是从博物馆业务工作开展本身来看，研究和探索中国古代官德文化，必须要有一个质的变化和发展。因此，推出以中国古代官德为主题的固定陈列，将会是使廉政教育基地名实相副，促进基地发展迈上更高层次台阶的显著有效手段。

展厅内景（1）

展厅内景（2）

二　立足自身 明确定位

从北京市廉政教育基地的角度来讲，《中国古代官德文化展》是整个孔庙和国子监博物馆的序厅。该展览的定位，即在作为序厅整合统率全馆各项传统文化资源，引领廉政教育基地建设。展览力求能使观众在参观后再参观馆内其他展览获得更系统的认识，并引发观众参观其他展览的兴趣。

2008 年孔庙和国子监博物馆对外开放后，陆续推出《大哉孔子展》《国子监原状陈列展》《中国古代科举展》等几项常规展览。这些展览受到社会上的好评，在民众了解孔庙国子监历史的同时，也普及了国学知识，宣传了中华传统文化。但是，仅仅拘泥于这些既有展览停步不前，就会落后于国家提出的文化大发展大繁荣的政策号召，不能为当前的政治教育服务。在当前本馆各项丰富多样的传统文化资源未经整合、缺少统率的情况下，党员领导干部及广大人民群众在参观后往往印象不深、记忆凌乱。作为北京市首批廉政教育基地之一，来此参观学习的领导干部在接受国学教育的同时，未必能够领会传统文化中的优良成果，形成系统化、条理化的学习心得。因此，本馆推出古代官德文化展，有着内部外部的多方面意义。首先，就本馆自身发展来讲，官德文化展既能整合统率本馆既有的各项传统文化资源，又符合了廉政教育基地的建设需求，能够为推动基地的长远发展明确方向、指明道路。其次，从当前的政治教育上来看，官德问题已经引起了中央的高度重视，由 2012 年国家公务员的招录首次考察德行即可见一斑。本馆若能适时推出本项展览，将成为北京市乃至全国首家推出以讲述官德文化为主题的展览，其正面宣传优良的官德文化，为党员干部提供精神食粮，势必会受到宣传、纪检、党校等各个系统的支持乃至追捧，是顺应国家发展需求之举。最后，官德文化展也将产生多方面的社会影响，在提升百姓对党员干部的执政信心，增进历史文化知识方面也会有促进作用。

官德指的是官员恪守职业道德，保持政治操守的品质。中国古代的官德思想更多的是指儒家的德治思想，上层的政治建筑以儒家学说为指导思想，官德著作及人物事迹的评判也以儒家的价值观为准绳，可以说中国古代的官德文化深受儒家文化的影响。在孔庙国子监这个中国古代尊崇儒家地位、宣扬儒家学说的场所举办官德文化展览，有着学术思想上的契合点，适宜以官德文化带动政治文明中的廉政建设。廉洁自律只是官德中的一部分，官德展览是将廉政问题上升到更高更广的层次来加以说明，顺应廉政基地的建设需求。

经过近年来的不断深入研究，我们对孔子的德治思想、儒家士子的培养机制、古代官员的选拔制度、儒家人物的典型事迹等，均有丰硕的成果和展陈试验。在此基础上，将这些研究成果中的可用部分纳入官德文化展览的体系之中，是可行的。

更重要的是，官德文化展能够将孔庙国子监现有各个展览统率整合，纳入官德文化体系，作为官德文化展中相关要素的拓展内容，使得观众在参观完官德文化展后再参观馆内其他展览，能够有更系统的认识，并激发观众参观其他展览的兴趣。

2014 年 4 月 28 日，北京市纪委书记叶青纯参观《中国古代官德文化展》

三　整合资源 拓展层次

打造一个展览，有必要对这个展览的框架结构进行设计分析，这样才能更好地掌握展览定位的精髓所在。对于《中国古代官德文化展》这样一个作为序厅而常设的展览，仅仅立足于展览本身搭建结构，难免会考虑不周，既难以把握展览内容的设计编排，更无法突出序厅地位的重要性。由此，我们有必要从整个廉政教育基地的全局着眼，首先理顺全馆各项基本陈列和文化资源的框架结构关系，然后再回过头来具体设计展览内容的各个部分。

孔庙和国子监博物馆自 2005 年成立以来，陈列展览包含了三大部分，一是固定陈列，如《大哉孔子展》《中国古代科举展》《国子监原状陈列展》和《孔庙历史沿革展》；二是原状陈列，如大成殿原状陈列和辟雍大殿原状陈列；三是临时展览和巡回展览，如北京市东城区纪委主办的《廉者仁心——北京古代廉政历史文化展览》。此外在两组院落的建筑中也有进士题名碑、乾隆石经和其他建筑等文化资源。从这些展陈可以看出，孔庙和国子监浓缩了古代官德文化的历史内涵，可供利用的传统文化资源内容丰富。尤其在元、明、清三朝的培养官员、选拔官员、使用官员和管理官员方面形成了一个有机整体。而中国古代官德文化的研究包括官员选拔、官员培养和官员管理等方面内容，这正与孔庙和国子监博物馆的业务紧密相连，没有脱节。由此，我们从廉政教育基地的总体布局分析，力求以其一点带动全部，以《古代官德文化展》带动博物馆整体展示功能的有效发挥。

在总体设计中，我们把孔庙和国子监全部展示区域划分为三个板块，同时这三个板块也是三个层次。

第一个板块即《中国古代官德文化展》，这是整个廉政教育基地的序厅和总纲，也是进入基地参观学习的起点。我们以这个面积 260 平方米的小展厅集中展示中国古代官德文化的主题。展厅虽然面积很小，但是作用极大。它可以将孔庙和国子监博物馆的固定展览、原状陈列以及临时展览等相对比较分散的展陈，通过连通、拓展和调动，形成一个聚合体。观众在此作为参观的起点，了解并总体把握了全馆的官德文化资源脉络后又像射线一样放射开去，继而拓展参观与之相关连的其他展陈。在此，《古代官德文化展》产生了发散性的作用，使参观的线路犹如链条一般，将各个展陈环环相套链接，层层递进拓展。由此，我们也形成了以小展厅容纳大展览的独特功能，达到了以点带线、以线带面的整合全馆文化资源的完整规划。

第二个板块即孔庙和国子监博物馆的基本陈列、原状陈列和固有文化资源，同时这也是继序厅之后的第二层次的内容。在参观完古代官德文化展之后，若想进一步了解官德文化、丰富官德知识，就很有必要继续参观这些基本陈列、原状陈列和馆内固有文化资源。简而言之，《大哉孔子展览》中孔子思想的部分即是讲以孔子为代表的儒家官德思想源流；《中国古代科举展》展示的是古代官员的选拔机制；《国子监原状陈列展》呈现的是元、明、清三代最高学府的原貌，即育官场所的展示；《孔庙历史沿革展》讲的是孔庙的历史沿革，亦可看作古代官德文化的流传；大成殿是祭祀孔子的主殿，自然是古代统治者宣扬官德教化的场所；辟雍大殿是皇帝讲学的所在，可以视作最高的一堂官员政治课；进士题名碑毫无疑问是古代选官成果的直接印证；乾隆石经即十三经碑林，是古代最后一部完整的官方石刻儒家经典，是官方倡导官德教育的教材读本。廉政教育基地内的这些展陈和资源皆可与官德文化产生联系。可以说，这些内容是继序厅之后对中国古代官德文化的拓展和补充，由此起到了对序厅的支撑作用。

第三个板块即临时展览、文化活动和官德讲堂等拓展内容。一是引进举办一些对“古代官德文化展”起到烘托效用的临时展览。例如北京市东城区纪委组织编写的《廉者仁心——北京廉政历史文化展览》，该展览以北京廉政历史文化为主要内容，而廉政文化的相关内容也是官德文化的一个组成部分。二是举办大型文化活动，借以宣传廉政教育基地和官德文化。

例如“国子监国学文化节”（每年9月中旬），观众可直接参与祭祀孔子的大型文化活动，并可观看“大成礼乐”乐舞表演。该活动可以制作成宣传片面向全国推出。三是借助国学文化大讲堂的平台，配合各级廉政教育培训班举办官德文化大讲堂。讲堂风格机动灵活、与时俱进，授课时间及其授课内容可视参观情况，或者应主办方的意向而定。

理解了整个廉政教育基地既有陈列和文化资源的递进拓展关系，再回过头来看《中国古代官德文化展》，我们就能更容易梳理其框架脉络。展览紧紧围绕官德文化这一主线展开，立足源流、制度和实践三个方面，分为六个单元，采用单元下包含展示组的二级结构，具体展示了古代官德思想的起源、发展和演变，古代官员的选拔、管理和监察，以及古代官员的各种官德事迹。

第一单元“官德思想、源远流长”讲官德思想的起源和发展，下设上古萌发、诸子汇流、发展完备三个展示组。以字形的演变和《尚书》的九德点出官德的起源，以诸子百家的官德学说交代各派官德思想的融合与汇流，以董仲舒和朱熹的主张勾画出官德思想体系在经学时代的发展完备。

第二单元“统治思想、为政以德”讲述以孔子为代表的儒家官德思想。两个展示组集中展示了何为“为政以德”以及怎样做到“为政以德”。前者重点引述了孔子的学说，并关联到《大哉孔子展》以作为拓展参观的内容。后者以儒家的教育模式来说明问题，关联到《国子监原状陈列展》和乾隆石经作为拓展。

第三单元“制度实践、保障德行”以选拔、管理、监察三个方面讲古代官德建设中的制度规范。由选拔制度看出官员选拔强调以德为先，以品级等第和磨勘法体现管理考核注重奖廉惩贪，以御史制度说明监察制度重在彰善惩恶。又以《中国古代科举展》来拓展古代官员选拔方面的知识。

第四单元“清流物议、引领风气”主要讲官德的舆论氛围。以帝王和名臣的官德著作反映社会对官员品德修养的诉求，以传统官箴让人感受到古代士大夫引导官场树立良好风气的努力，以天子讲学直观地再现了古代帝王以儒家思想培育王朝中坚力量的用心。

第五单元“明君明主、任贤爱民”讲君德的实践。选取唐太宗、宋太祖、朱元璋和康熙为例展现了率先垂范、任贤纳谏、崇尚勤俭、竭诚爱民等君德。

第六单元“良臣循吏、中流砥柱”讲臣德的实践。选取了诸多贤臣良吏展现了公忠体国、浩然正气、修身律己、仁爱百姓、清廉节俭、公正无私、举贤任能、锐意进取等臣德。

总之，三个方面六个单元的二级展示结构既有利于官德文化背景的交代，又便于展示官德实践的具体实例，使得整个展览线索明确、脉络清晰。序厅统率全馆既有陈列和文化资源的框架设计又能由点连线、由线带面，做到大处着眼、把握全局。这样，既推出了本馆的传统文化特色，又方便了开展相关文化活动。

四　突出重点 营造亮点

对官德文化中重点内容的强调是要给观众留下深刻的印象，从而使得观众能够勾勒出一个展览的大致轮廓，达到学有所得。而科技展项等手段的引入能够提升展示水平、营造展览氛围，构成展览的亮点元素，为整个展览增光添彩。

展厅开始部分设置有互动点播平台，意在整体介绍廉政基地、官德展、孔庙和国子监的状况，使观众能够有一整体印象。第一单元讲起源和发展，重点是诸子汇流，以孔子为核心，融汇百家。第二单元讲思想，重点是孔子的“为政以德”。而且，“为政以德”也是整个展览要突出的思想核心。

第二单元后的滑屏体验装置可以说是展览的第一个亮点，用来分别介绍本馆的四个基本陈列，即官德思想源流——《大哉孔子展》，官员选拔机制——《中国古代科举展》，古代育官场所——《国子监原状陈列展》，官德文化流传——《孔庙历史沿革展》。突出序厅地位，统摄四个基本陈列，基本全靠这个科技展项来体现。之所以将四个基本陈列置于同等并列的位置，用意也在于此。在此补充一下，将《孔庙历史沿革展》看作官德文化流传的内在逻辑：孔庙是祭祀孔子的场所，即可视作宣扬儒家思想文化，而儒家要达到的目标是臻于“内圣外王”的境界，欲达此境界则须将南宋大儒朱熹 的“格物、致知、正心、诚意、修身、齐家、治国、平天下”的“八条目”作为官员士子提升道德修养以参与政治建设的正途，经此正途则可保证“为政以德”。

第三单元讲制度，重点在考核，尤其是宋代磨勘、清代回避制度。

第四单元讲舆论，重点是天子讲学。临雍讲学场景用幻影成像立体展现，以“振德育才”匾为实物佐证。

临雍讲学幻影成像是本展览的第二个亮点。该展项以幻影成像和三维动画为主要展示手段，全景展现乾隆皇帝临雍讲学的宏大场面：辟雍外圆内方的独特建筑形式；乾隆皇帝及众多听讲官员、师生形象；临雍讲学内容及过程。古籍《钦定国子监志》的徐徐展开、辟雍大殿的内外场景、皇帝与群臣的悉数登场、讲学动画的绘声绘色，使观众在有限的空间里领略古代国家教化的内容，使得展览更加形象化，提高观众参观学习的兴趣。

之后的官德启蒙教育三折幕增加了观众的互动。第五单元讲君德，重点是《戒石铭》。第六单元讲臣德，重点是官员的正气，范仲淹的先忧后乐也正好与序厅相呼应。

滑屏装置

通过对《中国古代官德文化展》的梳理，我们可以对传统文化类廉政教育基地的展览序厅有更进一步的认识。以传统文化类的博物馆作为廉政教育基地，其序厅定位和展示主题的适宜性便成为展览成败的关键。一方面要能够盘活本馆现有资源，做到主次分明；另一方面也要在发挥自身优长的同时符合廉政教育的要求，不能离题太远。同时我们也能看到，当前廉政教育基地中的展览筹办，经费、技术和设计早已不是问题，问题的关键在于适宜的定位策划、精准的主题提炼和更好的展示思路。

地幕

白雪松，孔庙和国子监博物馆馆员

◇论鞍山市博物馆文化创意产品开发

◎ 陶俊竹 李晓頔

【摘 要】 20 世纪 80 年代，法国“新理论”开始盛行，新博物馆学理论也随之产生。新博物馆学改变了以往的经营理念，强调要加强自身与社群、市场的联系。博物馆文化产业作为其中的一种实践逐渐发展起来。本文概述了鞍山市博物馆文化创意产品开发的必然性、所处困境，并提出发展的合理化建议，以期鞍山市博物馆文创事业能更上一层楼。

【关键词】 文化创意衍生品 鞍博 对策

“新博物馆学主要致力于博物馆的价值重估，博物馆的功能、博物馆实践的技术及意义重新检视，从收藏到展览各个运作环节的维度受到空前关注。”①在新博物馆学众多的理论关注点中，博物馆文化及创意衍生产品的开发和运营，无疑与新博物馆学中重视博物馆自身功能、创造性与文化辐射力建构的理论高度契合，使得观众不论是否踏进博物馆都可以通过文化产品的途径获取“博物馆精髓文化信息”，不受时空限制地畅享博物馆的文化外延。

一 博物馆文化创意产业及衍生品概念的提出

谈及博物馆文化创意产业/衍生品，简称为博物馆文创产业/产品，它的含义从广义上来说是个复杂的交叉概念，主要涉及文化产业、文化产品、文化创意产业、文化创意产品。

文化产业（Culture Industry），德国学者、法兰克福学派的代表本雅明在《技术复制时代的艺术作品》一书中第一次提出使用。在文化产业实践发展基础上，1998 年英国创意产业特别工作小组提出 Creative Industries/

① 吴琼：《博物馆中的词与物》，《文艺研究》2013 年第 10 期。

Cultural Creative Industries 的概念，即“通过生成和利用知识产权，源自具有创造财富、创造就业岗位的潜力的个人创造力、技能和才华的活动”①。然而不同国家和地区对文化产业和文化创意产业的界定从来都不是完全统一的。美国将文化产业特指为版权产业，日本把与文化相关的产业和文化事业全部归入文化产业的范畴，加拿大、英国等国家则将文化产业等同于文化创意产业。我国认为文化产业是可以服务社会公众，提供文化娱乐产品和行业服务，并且从事各类与文化相关的活动。中文语境下，台湾地区最早使用文化创意产业的说法，将其定义为“源自创意或者文化积累，透过智慧财产的形式与运用，具有创造财富与就业机会潜力，并促进整体生活提升之行业”②。笔者认为围绕博物馆及馆藏文物所进行的一切相关创意性开发、设计等行为皆可视为博物馆文化创意产业，这些开发设计行为所产生的产品即是博物馆文化创意衍生品。

二 对博物馆发展文创产业必然性的认识

从国际发展态势来看，充分发掘文化资源潜力，大力发展文创产业是国际共识。以英国为代表的发达国家不仅高度重视文创产业发展且模式趋于成熟，文创产业拉动经济增长贡献率常年保持在10%及其以上。具体到英国、美国甚至中国台湾地区对博物馆文创产业的广泛支持与实践成果举世瞩目，为全世界文博领域所称叹标榜，对我国博物馆文创的影响同样意义深远。

从国内发展形势来看，社会文化发展环境宽松与政策动向因势利导，成为博物馆文创产业不可逆转地突破式发展的良好时机。2014 年 11 月，厦门举办了第六届博物馆博览会，此次“博博会”以“博物馆发展·科技创新·文化创意”为主题，旨在为博物馆与相关产业之间架起沟通合作的桥梁，推动博物馆文创、文博科技升级。博博会作为博物馆业界的盛会，切入点再一次聚焦于国内博物馆行业发展和文创产业，这必将引发新一轮的博物馆文创设计风潮。另外，新的《博物馆条例》已经于2015 年1 月14 日国务院第78 次常务会议通过，其中第三十四条就明确指出：“博物馆应当根据自身特点、条件，运用现代信息技术，开展形式多样、生动活泼的社会教育和服务活动，参与社区文化建设和对外文化交流与合作。国家鼓励

① DCMS：Creative Industries：Mapping Document 2001. United Kingdom. Department of Culture，Media and Sports，2001.

② 许振明：《亚太金融中心的推动与两岸金融合作》，《两岸共同市场基金会通讯》2008 年第12 期。

博物馆挖掘藏品内涵，与文化创意、旅游等产业相结合，开发衍生产品，增强博物馆发展能力。”① 博物馆条例作为博物馆行业重要的准则性指导文件，博物馆开展文创产业事业就此有了政策保障、制度基础。

从博物馆自身发展来看，博物馆专注文创产业是博物馆完善自身建设与可持续发展的必然选择。一方面，博物馆自诞生至今已历经二三百年，对其自身发展的探索却从未中止，建设宗旨与经营理论亦随之发生了翻天覆地的变化。博物馆角色转化走下神坛，与文化创意产业共通共谋，以实现博物馆文化价值最大化。通过创意产品研发与地方网络之间形成串联，让更多的观众、社区人员变相参与到博物馆的规划、营运、展售、行销过程中，使文化传统与社会群体、弱势团体呈现多元论述。另一方面，博物馆作为非营利性组织，一直以来冠以公益性的帽子，多数博物馆单方面依赖国家、政府的经济支持勉强维持运营尚显捉襟见肘，何况2008年以来博物馆对公众免费开放使得博物馆面临经费紧张的情况更雪上加霜。太多博物馆自身缺乏“造血”能力，开拓博物馆文创业务是多渠道筹措资金的重要举措，利用文创盘活闲置馆藏品，深度挖掘其文化内涵，既能让博物馆运营无经费的后顾之忧，又可提升博物馆服务水平和质量。

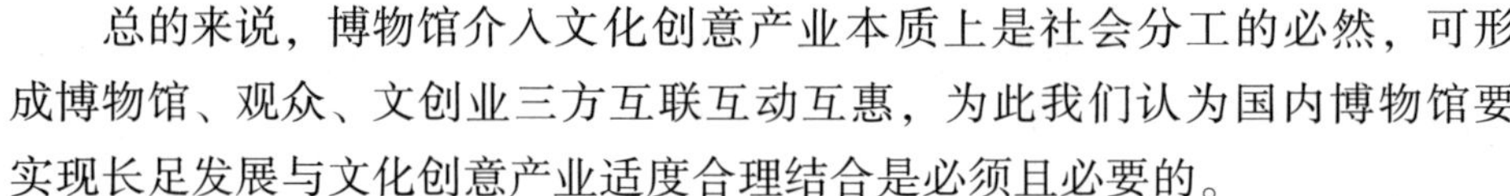

总的来说，博物馆介入文化创意产业本质上是社会分工的必然，可形成博物馆、观众、文创业三方互联互动互惠，为此我们认为国内博物馆要实现长足发展与文化创意产业适度合理结合是必须且必要的。

三　国内外博物馆文化创意产业发展情况

西方一些大型博物馆的文化产品开发研究已经相当发达，具有成熟的产品开发、创意、设计、销售、售后的链条，首先突出表现在硬件设施完善。国外著名博物馆大多数都有体量庞大、种类丰富、经营规范的博物馆实体商店、销售点和网上商店。如美国纽约大都会博物馆的馆内文创商店营业厅的面积为五千多平方米，还在日本、澳大利亚、泰国、新加坡等地机场及美国其他城市大型商场设立了分支销售点。其次，开发专业先进。国外博物馆大多有专门的文创团队，严格执行授权制度，产品开发创意独具，商品种类差异化明显、质量上乘能够多层次满足客户的需要。“如大都会博物馆的创意珠宝首饰系列文化产品就是结合馆藏文化的很好案例，得到了广大参观者的关注与购买；英国博物馆在开发文化产品时就用独特的方式传递展览信息的故事性叙述方法，即通过挖掘文化产品背后的故事来

① 《中华人民共和国国务院令第659号》：新博物馆条例第三十四条。

吸引参观者。"① 最后，经济收益丰厚。这些文化创意产品深受广大消费者喜爱，为博物馆商店带来了相当可观的收入。像"大都会博物馆每年的收支总额达 4 亿—5 亿美元，仅文化创意产品的销售收入就达 1 亿美元以上。每年圣诞旺季的收入更是可与大型百货公司媲美"②。

进入 21 世纪，国内各级别博物馆纷纷重建新馆，博物馆内部机构设置也无一例外地新置了"服务中心""商品部"或"博物馆商店"等。我国博物馆文创发展程度有特殊性，主要和该馆的闻名程度、发展历史、实力背景及所处地区经济水平有着直接关系。国家级、省级的一些大型馆舍往往走在国内文创行业前列，如故宫博物馆、上海博物馆、湖南省博物馆等。北京故宫博物院的书画高仿品、图录、工艺品和自主品牌"故宫""紫禁城"都有不错的销售业绩，特别是 2014 年故宫开发的"当皇帝"APP 为故宫在国内文创开发上赢得了广泛的赞誉。上海博物馆、湖南省博物馆文创表现也优于其他，"特别是上海博物馆还设立相关部门，专门从事文化衍生创意产品的开发和销售，1996 年至 2006 年的 10 年里，成功开发出 1600 多种文化商品，年销售额 2500 万元。他们设计的具有本馆文化特色的领带、丝巾、便笺等十分畅销，有的还远销海外；湖南省博物馆设立文化产业开发中心，充分利用馆藏文物和人才资源打造湖南省博物馆和'马王堆'品牌，弘扬湖湘文化传统"③。

虽然以故宫为首的国内大型博物馆文创发展态势喜人，但相比国外博物馆文创遍地开花的现状，我国大陆地区的博物馆文创发展极不均衡。中小型博物馆是我国博物馆的主流，其文创产品整体开发历史短、规模小、水平低且地区分化明显。所以，改变中小型博物馆文化创意产品开发经营现状是提升我国博物馆文创行业整体实力的关键，政府、社会、业界应该给予高度重视。

四　鞍山市博物馆文化创意产品开发

（一）鞍山市博物馆概况

鞍山市博物馆作为典型的地方综合性历史类中小型博物馆的代表，它位于辽宁省第三大城市鞍山，正式成立于 1983 年，其前身是鞍山市文物商店。鞍山市博物馆隶属于鞍山市文化广电新闻出版局，属于全额拨款县

① 徐卓：《湖北省博物馆文化产品创意设计开发研究》，硕士学位论文，湖北工业大学，2014 年。

② 黄光男：《博物馆企业》，台湾艺术家出版社 2007 年版，第 147—152 页。

③ 胡雨霞、徐卓：《当博物馆文物遇见现代产品设计——浅谈湖北省博物馆文化衍生产品设计开发研究》，《设计》2014 年第 2 期。

(团）级事业单位，市级爱国主义教育基地，辽宁科普示范基地。鞍山市博物馆现坐落于玉佛苑风景区，内设四个基本陈列展厅和一个多功能厅、库房、办公区域及休闲区。

（二）鞍山市博物馆文化产品开发现状

目前鞍山市博物馆文化产品的研发尚处于探索、培育、起步的初级阶段，整体水平低，基础相对薄弱，但是鞍山市博物馆在文化产品的开发经营上正在不断努力尝试之中。鞍山市博物馆商店名称为“鞍山市城市印象馆”，采用馆舍租赁外包的博物馆商店经营方式。该实体商店设置在博物馆一层、二层展厅出口通道同侧边缘处，面积约为70平方米。主要经营商品上百种，大致为五类：地方特产类，如南果梨系列饮品、鞍山老窖系列、汤岗子温泉泥制系列日用品等；岫玉文玩类，如岫玉摆件、岫玉装饰品等；典藏复仿类，一件是清嘉庆珊瑚粉彩花鸟盘龙纹天球瓶，另一件是清乾隆青花缠枝莲纹螭耳瓶；民间工艺品类，如手绢、布老虎、刺绣挂屏；创意纪念品类，如鞍钢钥匙扣、手电筒等。城市印象馆的运营单方面依托博物馆场地，经营上有很大的自主权，服务人员态度热情、与旅游团队相挂钩，常会出现人潮汹涌的情况。

（三）文创衍生品开发困境及原因分析

鞍山市博物馆内的城市印象馆销售产品琳琅满目，总体销售表现不错。但这繁荣的背后正是鞍山市博物馆文创产品开发困境最无奈的表现，该城市印象馆是由本地某经销商租赁博物馆场地来独立经营的，所以实际上城市印象馆中出售的商品并没有博物馆自行研发的产品。这种合作方式对博物馆来说确实轻松又能带来不少额外的观众，但城市印象馆以旅游团为主的营销模式必然以旅游团队为基础，商店商品采用市场进货、缺乏创意，种类设置忽视了太多常规博物馆观众的消费需求。长远来看，博物馆无法掌控商品信息与质量，可能致使博物馆对外形象受损，更会严重阻碍博物馆文创产品开发进程。

造成以上产品开发局面的主要原因集中在以下几方面：其一，观念陈旧。国有博物馆本来就长期处于平稳的生存状态中，因循守旧地恪守收藏、保管、研究、教育功能成为中小博物馆面对变幻莫测新社会环境的不变姿态，而博物馆固有的行政干预束缚又让博物馆人员对新理念、新实践认识不足、兴趣缺失，导致博物馆文创产业新理念推广步履维艰，文创开发实践畏首畏尾或停滞不前。其二，资金匮乏。在全国博物馆执行免票制度之后，像鞍山市博物馆这样的地市级中小博物馆的资金基本上是全部依靠地方财政拨款。作为社会公益性事业机构，地方财政拨款是相当有限的，仅够勉强维持博物馆日常运作所需的水电、馆舍维护、雇佣人员薪酬等费用开支。博物馆文化创意产品开发与反哺博物馆是一个长期的过程，前期启动和运营是需要资金支持的，但鉴于经济发展水平一般的城市中小博物馆的财政状况，开发文创产品实在力不从心。其三，人才不足。文创产品的开发需要的是具有文博专业、创意思维、熟悉营销的综合性高级人才，这对本就缺乏专业人才的中小博物馆提出了严峻的挑战。

（四）鞍博文创衍生品开发的建议及对策

1. 政策环境全面化，筹措资金多元化

我国博物馆文创产品开发全部依靠各级财政专项拨款是远远不够的。国家相关部门和地方政府应该加快优化文博业政策环境，如制定与博物馆文创相关的税收减免等优惠政策，加快文化产业、博物馆的专门立法进程。

博物馆资金紧缺是世界性博物馆问题之一，筹措资金向来是其软肋。传统的资金筹措无外乎出租场地、借展这样的被动方式，多元化的筹措应考虑接受赞助、吸纳博物馆会员、开展对外专业培训等，源自文博衍生品与文化创意产业的交集，博物馆资金来源有了新的可能。

近几年，文化众筹作为一种新型文化融资模式进入公众视野且众筹融资项目呈现出爆发式增长。“我国首份针对文化产业采用众筹模式融资报告显示，最近两年来，项目融资规模从 2011 年的 6.2 万元增长到 2013 年年末的 1278.9 万元。”① 因国家对非物质文化遗产保护与建设的重视，非遗类博物馆成为文博众筹的先行者。紧随时代发展思路，鞍博这样的综合型中小馆也应该尝试文创品适度众筹，以众筹谋启动资金，链接设计人员、工艺大师，借文创成品回馈社会，变博物馆文创品研发、生产、销售间断发展为循环永续发展。

2. 尊重文创品开发规律，创新博物馆经管理念

与一般商品不同，博物馆商品是一种文化创意产品，“既有经济属性，又有文化属性”②。故而博物馆文化创意产品从创意到售后的全部流程既要遵循文博规律，又要遵循市场学、体验学规律。设计肇始于前期市场调研，设计过程中将实用原则与美学规律完美搭配，设计出符合大众审美、附着流行时尚、不失博物馆文化品位的文创商品，产品定位高档精致与普世大众兼备。

---

① 马骏、胡磊：《新视角下我国文化创意产业发展促进和制约因素的思考》，《经济视野》2014 年第 22 期。

② Richard C. Sansing, In Search of Profits: Measuring Income from the Unrelated Commereial Use of a Tax – Exempt Organization, 5 Assets [J] . The Accounting Review, 2001, 76 (2): 245 – 265.

文化创意产品营销过程，博物馆需要放低身段，不断吸收接纳新思路、新方法使用新技术。前期抓住市场价值规律，与市场高度接轨控制文创品流通；与传统媒体、电子媒体、户外媒体长期合作，在娱乐有度、保全文物安全的前提下增加博物馆曝光率，达到对博物馆及文创的宣传效果。如韩剧《来自星星的你》男主人公所钟情的发簪就为仁川博物馆藏品，与电视剧拍摄合作，让仁川博物馆及该发簪文创品为大众所追捧。文创品交易过程，遵循营销学规律，利用打折优惠、会员特价、节假日满减等手段扩大销售额，利用互联网营销，开设网店、购物客户端，实现线上、线下无缝对接；后期做好售后服务和价值评估，让文创品质量、博物馆信誉、服务水平站在同一高度接受观众检验。

3. 依托本馆资源，利用地区文化，打造鞍博品牌

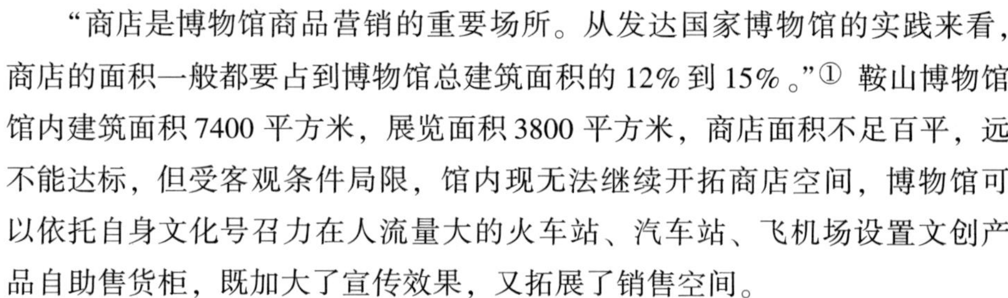

“商店是博物馆商品营销的重要场所。从发达国家博物馆的实践来看，商店的面积一般都要占到博物馆总建筑面积的12%到15%。”① 鞍山博物馆馆内建筑面积7400平方米，展览面积3800平方米，商店面积不足百平，远不能达标，但受客观条件局限，馆内现无法继续开拓商店空间，博物馆可以依托自身文化号召力在人流量大的火车站、汽车站、飞机场设置文创产品自助售货柜，既加大了宣传效果，又拓展了销售空间。

博物馆文创商品的研发，与博物馆自身规模及其拥有的藏品数量密切相关。鞍博馆藏文物万余件，种类丰富，其中明清宫廷家具、瓷器及小孤山旧石器遗址出土的史前遗物等尤为珍贵。现博物馆商店销售的文创商品仅有两件瓷器复制品是以馆藏精品为原型，故我馆的文创商品开发可开拓空间很大，如馆藏明式黄花梨翘头案、朱漆戗金龙凤双喜帽盒、元代青花松竹梅八棱罐、清乾隆缠枝莲纹贯耳瓶等文物精品适于典藏复仿类文创品开发；现已出版研究著作有《鞍山文化遗产》《考古·鞍山》《鞍山市博物馆藏品集锦》《千秋历史话鞍山》《鞍山历史文化丛书》《鞍山碑志》等，可以通过版权授权的形式对书籍进行直接销售，或提取内部精华图片、文字制成明信片、微缩拓片、手绘地图、音像制品等；与省内馆舍加强联系，洽谈精品临展入鞍，配合文创品开发。

另外，鞍山博物馆文创产品开发必须要融入地区特色文化元素，如泥疗文化、玉石文化、钢铁文化、满族文化等。一件文创品可综合运用以上几种文化元素，像以岫岩玉雕塑炼钢炉，可以鞍钢钢铁相框、满族刺绣馆藏字画等形式来吸引消费者。这些文化产品的开发都要有博物馆品牌和知

① 蒋晟：《博物馆商品营销研究》，硕士学位论文，上海复旦大学，2010年。

识产权意识，有的放矢地打造鞍博独树一帜的文创品牌。

4. 整合鞍山文博资源，助力文创产业集聚

本地的博物馆资源，除鞍山市博物馆外，综合历史类的博物馆还有海城、岫岩、台安的市（县）博物馆；专题性博物馆有鞍山市酒文化博物馆、岫岩玉文化博物馆；故居类博物馆有张学良故居、黄显声将军故居；行业博物馆有鞍钢展览馆；其他类，如鞍山市美术馆、山西会馆、冯庸大学历史文化博物馆等。鞍山的历史遗迹和文物古迹也占据文博资源的半壁江山，重要的有析木石棚、小孤山仙人洞、海城三塔、岫岩玉器出土遗址、鞍山驿站遗址、黄瓦窑遗址、尚王陵园、千山龙泉寺在内的五大禅林等。

梳理以上这些文博系统分支机构可直观地发现，鞍山地区的文博资源相当丰富。市博物馆的文创衍生品开发并非是鞍博单独的任务与责任，其他文博机构也面临同样的境况与选择，鞍博文创道路上不应该单打独斗，和区域内的其他单位就发展文创事业加强沟通联系，合力完成博物馆文化产品开发必是目前最直接最可行的方案。在此基础上，可参考鞍山数字娱乐电子竞技文化产业园文创产业的经验进行实践，最终形成以市博物馆为中心的鞍山地区博物馆文创联盟。

陶俊竹，鞍山博物馆助理馆员

李晓頔，孔庙和国子监博物馆助理馆员

博物馆探索与实践

◇北京孔庙《中国礼乐文化展演进校园》活动策划与乐舞曲目解析

◎ 吴志友

【摘 要】孔庙和国子监博物馆2014年倾力打造推出的《孔庙大成礼乐之古典乐舞》，是继2010年崇圣祠《大成礼乐》展演之后的又一台更为精彩的剧场版演出，它以全新的视角、丰富的内容、深厚的文化内涵，展现了中国礼乐文化的博大精深。《孔庙大成礼乐之古典乐舞》，依据孔子“礼教寓于乐教”的思想和古代韶乐、雅乐的元素，挖掘传统礼乐文化中“讲仁爱、重民本、守诚信、崇正义、尚和合、求大同”的核心价值，撷取中国古代礼乐制度的精华，将礼乐形式与内容艺术地结合在一起，更直观地将中华古典礼乐文化和古代冠礼、婚礼、射礼、乡饮酒礼等礼仪活动呈现给观众，用音乐舞蹈的形式展示礼乐文化的内涵与魅力。本文从项目策划的文化背景、舞曲构成解析角度对《孔庙大成礼乐之古典乐舞》进行了全方位解析。

【关键词】北京孔庙 礼乐 文化 策划 乐舞

北京孔庙国子监是元、明、清三朝皇家最高学府和祭祀孔子的场所，是皇家“行礼乐，宣教化，昭文明而流教泽”的中心。孔庙和国子监博物馆2014年倾力打造推出的《孔庙大成礼乐之古典乐舞》，是继2010年崇圣祠《大成礼乐》展演之后的又一台更为精彩的剧场版演出，他以全新的视角、丰富的内容、深厚的文化内涵，展现了中国礼乐文化的博大精深。《孔庙大成礼乐之古典乐舞》，依据孔子“礼教寓于乐教”的思想和古代韶乐、雅乐的元素，挖掘传统礼乐文化中“讲仁爱、重民本、守诚信、崇正义、尚和合、求大同”的核心价值，撷取中国古代礼乐制度的精华，将礼乐形式与内容艺术地结合在一起，更直观地将中华古典礼乐文化和古代冠礼、婚礼、射礼、乡饮酒礼等礼仪活动呈现给观众，用音乐舞蹈的形式展示礼乐文化的内涵与魅力。

一　项目策划的文化背景

党的十八大以来，习近平总书记多次提到“文化自信”，反复强调“继承中华优秀传统文化”，“没有文明的继承和发展，没有文化的弘扬和繁荣，就没有中国梦的实现”。北京孔庙国子监具有深厚的历史文化内涵，为了弘扬传统礼乐文化，让“书写在古籍里的文字活起来”，我们于 2014 年开始重新编创孔庙大成礼乐剧场版演出曲目。自 2015 年开始推出北京孔庙《中国礼乐文化展演进校园》公益活动，先后在多所高校和中学、小学进行巡回展演，并配合推出了一系列介绍中国礼乐文化发展的流动展览和讲座，在更大范围宣传北京孔庙特有的文化内涵和儒家思想精髓，弘扬中国传统文化。展演内容包括诗、歌、礼、乐、吟诵、古典舞。通过表演、现场讲解、请观众参与互动学习中国传统礼仪，让礼乐的教化功能产生实际的社会效果，帮助青年人理解并树立社会主义的核心价值观，为实现中国梦做贡献。

孔子精通音乐，对弹琴、击磬、鼓瑟，还有乐舞等都有深刻研究，作曲方面已达到“赋曲”的高度。据《史记·孔子世家》记载，孔子曾作曲《陬操》。诗经 305 篇孔子皆弦歌之，以求合《韶》《武》《雅》《颂》之音，礼乐“以备王道，成六艺”。孔子一方面将仁的道德内涵注入音乐当中，赋予了音乐仁者爱人的精神；另一方面他把“礼”和音乐紧密地接合到了一起，利用礼乐文化来陶冶人的情操，促进国家与社会和谐稳定。《论语·泰伯》又云：“兴于诗”“立于礼”“成于乐”。在孔子的教育思想体系中，乐教既是内容也是手段，既是过程也是目的，具有严谨完整的逻辑系统性，孔子的乐教内容，是建立在“仁”“礼”及“中和”三大范畴基础上的。

祭孔乐舞是文庙祀孔大典配置的乐舞，是封建王朝对“德隆千古”“教垂万世”的孔子“祀典崇重”的反映，也是封建国家最高祭祀礼仪之一，从其产生的原因和本质看，是古代帝王以“乐教”的形式，美化繁缛枯燥的礼仪，进而达到陶冶人的性情，感化人的思想，规范人的言行，最终实现“德化天下”、巩固统治的政治目的。孔庙祭孔乐章中，用于彰功宣德的歌词，其指导思想、表现手法及作品的内涵，都具有很高的文学艺术水准和应用价值，既富有情感寄托，又充满大雅韵律的方式，歌颂了孔子的丰功伟绩。祭孔乐舞是集礼、乐、歌、舞为一体的庙堂祭祀，有“闻乐知德，观舞澄心，识礼明仁，礼正乐垂，中和位育”的说法，它是孔庙释奠礼的重要组成部分，又称“丁祀乐舞”。

所谓礼，即《仪礼》《周礼》和《礼记》三礼，是十三经的重要组成

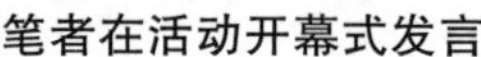
笔者在活动开幕式发言

部分。《仪礼》记的是冠、婚、丧、祭、饮、射、燕、聘、觐的具体仪式；《周礼》是通过记述三百多种职官的职务，从而展开对社会政治制度的设想；而《礼记》的内容侧重于阐明礼的作用和意义。西汉时期，《仪礼》取得了经的地位，而有关礼的一些“记”，仅是《仪礼》的从属性资料。汉末《礼记》独立成书，此后习《礼记》的渐多，到了唐代，开始取得了经的地位，位列九经之一。从对社会、对人们思想的影响来说，《礼记》远比《仪礼》《周礼》为大。孔子曰：“不学《礼》，无以立。”

《礼记·曲礼》曰：“夫礼者，所以定亲疏，决嫌疑，别同异，明是非也。礼不妄悦人，不辞费。礼不逾节，不侵侮，不好狎。修身践言，谓之善行。行修言道，礼之质也。”礼，是用来确定亲疏，判断嫌疑，分别同异，辨明是非的。礼，不要胡乱取悦于人，不说做不到的话。礼，不能用超越节限，不能侵犯侮慢，不能轻佻戏弄。修养身心，实践诺言，这叫作完善的品行。品行完美，说话合乎正道，这是礼的本质。①

《礼记》曰：“礼者，履也，律也，义同而名异，五礼者，吉凶宾军嘉也。”礼，有践履之义，是一种外在的律令。“吉凶宾军嘉”就是古代五种

① 本文所引《礼记》及相关译文皆引自或参考王文锦《礼记译解》，中华书局2001年版。

礼仪。《周礼·春官·大宗伯》之职，以吉礼事邦国之鬼神祇，事谓祀之祭之享之，以凶礼哀邦国之忧，哀谓救患分灾也，以宾礼亲邦国，以军礼同邦国，以嘉礼亲万民。嘉，善也，所以因人心所善而为制。嘉礼之别有六，一曰饮食，二曰婚冠，三曰宾射，四曰飨燕，五曰脤膰，六曰庆贺。

礼乐文化，是古人将“礼教”与“乐教”并提而形成的教化体系，它们的本义是以礼为教、以乐为教。《礼记·乐记》中说：“乐者，天地之和也；礼者，天地之序也。”中国古人把人类社会和自然看作是一体的，都遵循着同一规律，礼和乐就被看作是天地自然规律的体现，这就是人与自然和谐相处。而礼乐的根本在于营造一种秩序井然、和谐融洽的良好社会氛围，使得国家繁荣、社会稳定，人民安居乐业，共享盛世太平。

儒家礼乐文化的特征就是用“礼乐”展现和处理人际关系，进行社会调节和管理，其终极目标就是为了通过引导社会各个阶层按照“礼乐”的规范和原则来处理人与社会、人与自然的关系，从而在社会公共生活中形成一种良好的、稳定的社会秩序，建立和谐融洽的社会人际关系。

西周时期，乐舞文化的个性更为突出和完整，把乐舞与统治秩序和伦理道德紧密联系在一起。习演乐舞与修养道德以及规范行为，皆融为一体，和谐人心。具有代表性的六大舞与六小舞及相关的思想，体现了政治与艺术、乐舞与礼仪、乐舞与教育的相互结合。周代乐舞内容丰富、思想深邃，成为古代乐舞文化的重要源头；周代乐舞人生教育和乐舞思想理论，对后世影响深远。周代乐舞教育是礼、乐一体，同时也是诗、歌、乐、舞四位一体。诗，发其心志。歌，咏叹其声。舞，动其节奏。礼，涵养行为。

春秋战国时期，孔子非常重视乐舞教育，继承发展了周代礼乐教育思想，并对当时的诗、书、礼、乐加以整理，用来作为教授弟子的教材。《论语·泰伯》曰：“兴于诗，立于礼，成于乐。”孔子认为，乐舞要将人们内心的思想感情，扎根于“礼”成就于“乐”。乐舞要养育人们的性情，和谐身心，完善人们的道德。乐舞礼仪的教育是要使人们内有涵养，外有德行，在现实生活中成为一个谦谦有礼、恭敬温文的君子，成为忠孝悌廉、仁义礼智信、学为人师、行为世范的楷模。

祭孔乐舞源自《六代之乐》，《大韶》《大武》对其影响尤甚。《韶》乃虞舜时期歌颂领袖贤德之乐舞，《武》为歌颂武王伐纣得胜之乐舞。《六代之乐》乃我国古代著名大型古典乐舞，若《云门大卷》《大咸》《大韶》《大夏》《大濩》《大武》等六部不同时代、不同内容之乐舞。周初，皆用于各种祭祀场合。周末，礼崩乐坏，大都失传。《通典》曰：“秦始皇平天下，六代庙乐唯《韶》《武》存焉。”

《中和韶乐》是清代大乐，用于祭祀和大朝会、大宴飨。顺治元年（1644）议定，祭天地、太庙、社稷，都用中和韶乐，亦称宫廷雅乐，它包括祭祀乐、朝会乐、宴会乐。朝会乐、宴会乐只有奏乐而无演唱和舞蹈。祭祀乐则包括了奏乐、演唱和舞蹈。后来，中和韶乐推广至祭祀孔子、祭祀历代帝王等。康熙五十二年（1713），考定坛、庙、宫殿乐器。乾隆时又加以修改。凡大朝会、大祭祀皆在殿陛奏中和韶乐。中和韶乐舞蹈分为三段八十八式。初献用武舞，亚献、终献用文舞。

祭祀典礼所用八音古乐包括金、石、土、木、革、丝、竹、匏，分别是编钟、编磬、镈钟、特磬、建鼓、搏拊、琴、瑟、笛、排箫、篪、笙、埙、箫、柷、敔、麾、节等。分别如下：

金：特钟（镈钟）、编钟

石：特磬、编磬

竹：笛、排箫、籥、箫

木：柷（古击乐器）、敔（古击乐器）

革：建鼓、应鼓、鼍鼓、搏鼓、鼗鼓

丝：琴、瑟

匏：笙

土：埙

另外，还有下列乐舞器具：

节和麾（用于指挥乐舞）

羽（右手执）籥（左手执）（文舞器具）

孔庙祭孔乐器释义如下：

建鼓：鼓的一种，又称转班鼓，上有方形孔，用木柱贯穿孔穴而竖立，木柱底部呈十字形状。

鼗鼓：鼓的一种，又称博浪鼓，体型小，有木柄，带双耳，持柄摇动，双耳连动撞击两面鼓心，发出声响。

应鼓：鼓的一种，用一鼓柱支撑竖立，底座为十字形状。

晋鼓：鼓的一种，又称大成鼓。形体较大，置于木架上。

搏拊：又称拊搏、抚拍，乐器的一种，用皮革制成，形如鼓状，腹内装有谷糠。作用是打拍子。

镛钟：钟的一种，体形较大。

麾：旌旗的一种，以缥帛制成，用来指挥奏乐歌唱。

镈钟：钟的一种，又称特钟，体形较大。用木柱撞击发声。

编钟：古代乐器，通常由 16 个钟组成，也可以由 32 个钟、48 个

钟……组成，安置在钟架上全场演奏（祭孔）乐曲，是（祭孔）乐曲的主要乐器，每个钟音阶不同。

磬：乐器。通常由 16 片或 32 片灵璧石组合而成，安置在架子上，与扁钟一起同为演奏祭孔乐曲的主要乐器。

籈：乐器的一种，用 12 支竹片或木片捆成一束，专用以刷击敔背以止乐。

篪：古代乐器的一种，儿竹制成，形状如笛。

特磬：乐器。用大型灵璧石悬挂于架子上。

柷：乐器。形状如箱子，木制，外表漆成红色，是整个祭孔音乐开始起乐的乐器。

敔：古击乐器。其形状似虎，虎背上有 27 个齿形的凹凸面。作用是当祭孔乐曲演奏结束时，用竹片或木片刷击凹凸面，表示乐曲全部结束。

二　舞曲构成解析

《中国礼乐文化展演》，依据孔子“礼教寓于乐教”的思想和古代韶乐、雅乐的元素，撷取中国古代礼乐制度的精华，将礼乐形式与内容艺术地结合在一起，更直观地将中华古典礼乐文化和古代冠礼、婚礼、射礼、乡饮酒礼等礼仪活动呈现给观众，用音乐舞蹈的形式展示礼乐文化的内涵与魅力，是对中华优秀礼乐文化的继承和创新，也是倡导人们学习礼乐文化、树立社会主义核心价值观的一种尝试。整台演出分《序》《诗》《书》《礼》《乐》《尾声》六幕。

（一）《诗》

《诗经》是我国第一部诗歌总集，先秦时代称《诗》有三百多首。在《论语·为政》中，孔子曾说“《诗》三百，一言以蔽之，曰‘思无邪’”。《墨子·公孟篇》说“诵《诗》三百，弦《诗》三百，歌《诗》三百，舞《诗》三百”。经过孔子删定，最后剩余 305 篇。《诗》最初并不称《诗经》，到了汉朝，尊《诗》为经，才有《诗经》的称谓。《诗经》根据其内容分为《风》《雅》《颂》三部分，《风》主要是当时各诸侯国地区的音乐，《雅》主要是指周王直辖地区的乐歌，而《颂》则是宗庙祭祀的舞曲歌辞。《风》诗是从周南、召南、邶、鄘、卫、王、郑、齐、魏、唐、秦、陈、桧、曹、豳 15 个地区采集上来的土风歌谣，共 160 篇，大部分是民歌。《雅》诗是宫廷宴享或朝会时的乐歌，按音乐的不同又分为《大雅》31 篇，《小雅》74 篇，共 105 篇。除《小雅》中有少量民歌外，大部分是贵族文人的作品，内容多是歌颂祖先功业的。《颂》诗又分为《周颂》31 篇，《鲁颂》4 篇，《商颂》5 篇，共 40 篇，全部是贵族文人的作品。从时间上看，《周颂》和《大雅》的大部分产生在西周初期；《大雅》的小部分和《小雅》的大部分产生在西周后期至平王东迁时；《国风》的大部分和《鲁颂》《商颂》产生于春秋时期。

《芣苢歌》女群舞是根据《诗经·周南·芣苢》改编，《国风》是《诗经》中的精华，是我国古代文艺宝库中璀璨的明珠。《国风》中的周代民歌展示了一幅幅绚丽多彩的画面，是我国现实主义诗歌的源头，反映了劳动人民真实的生活场景。《芣苢歌》反映了古时候妇女采车前草时唱的歌曲，描写了她们劳动时的欢乐之情，表达了她们追求美好生活的信念。柔美的古典乐舞，曼妙动听的音乐，展现了欢悦、祥和的现场气氛，带领我们走进古代女子们欢乐劳动的生活世界。

《芣苢歌》女群舞

（二）《书》

1.《墨舞春秋》男群舞

《墨舞春秋》男群舞主要是着眼于六艺中的书来予以编排的，同时也部分反映了六经之特色。

墨在中华传统文化中占有重要的地位，春秋时期就有关于墨的使用记载，制墨的历史可以追溯到三千年以前，玄香、乌玉都是对墨的美称。舞蹈是从墨与水的结合中产生的灵感，重在写意，通篇以黑白色调为主，展现水墨风流。豪放、简易，却又包罗万象。时而酣畅淋漓，时而心怀意趣，画尽沧海横流，写罢墨舞春秋，疏放豁达间，端的是“画色久欲尽，苍然犹出尘”。将古典舞中加入太极等元素，变化有常，动静皆宜。舞服黑白二色，舞动阴阳二极和四象八卦，在“浑圆”中万变而又不变。人为笔，衣袂舞墨，挥动为舞，回归山水黑白宁静致远之中。

《墨舞春秋》男群舞

2.《学而》竹简舞

六艺是中国古代君子必修的课程。孔子及弟子倡导的“学而优则仕”的人生价值观当时产生了巨大的影响，进一步将等级制度下的“民”还原成具有普遍意义的“人”，使“礼”不仅成为身份形成的标志，而且具备更丰富的道德内涵。道德面前，人人平等，人格养成，礼仪为大。《学而》竹简舞在舒缓的音乐背景下，再现当时古代大学治学严谨的礼制氛围与学风，并从中感受出儒家学子的精神内核与君子风貌。

《学而》竹简舞

3.《求贤问道》双人舞

孔子一生执着地倡导德化社会与德化人生。德化社会的最高标准是“礼”，德化人生的最高价值是“仁”。其中“仁”是孔子思想的内在核心，“礼”则是“仁”的外在道德规范。“礼”是“仁”的形式，“仁”是“礼”的内容，有了“仁”的精神，“礼”才能真正充实。

《求贤问道》双人舞

求贤问道让我们联想起至圣先师孔子之学问人生。孔子正是求贤问道的绝好典范。他问礼于老聃，学乐于苌弘，学鼓琴于师襄，入太庙每事问，欲言于荷蓧丈人、楚狂人接舆等春秋时各国隐者。这一幕幕无不体现了先师发愤忘食、乐以忘忧、学而不厌、诲人不倦之高风亮节。

《求贤问道》双人舞以竹简和古琴为烘托背景，吟诵和古典舞完美结合在一起，对白、吟诵内容以儒家经典著作《大学》章句，厚重苍劲的音乐表达出主人公对天下的忧思，对未来礼制社会的向往、期盼的情感。

（三）《礼》

1. 冠礼

凡人之所以成为人，是因为有礼义。礼义的开始，在于端正姿容体态，整饬面部表情，理顺言谈辞令。姿容体态端正了，面部表情整饬了，言谈辞令理顺了，然后礼义才算略备，以此来端正君臣的地位，密切父子的亲情，谐和长幼的关系。君臣地位端正了，父子感情亲密了，长幼的关系和谐了，然后礼义才算成立。所以说冠礼是成人之礼的起始。因此古代圣王重视冠礼。

加冠使之为成人，就是将要求他行成人之礼。所谓将要求他行成人之礼，就是将要求他作为人子、人弟、人臣、晚辈之礼的实行。为人子而能孝，为人弟而能悌，为人臣而能忠，为晚辈而能顺，孝悌忠顺的品行树立了，然后才可以做人，可以做人了，才能够治理别人，因而圣王重视此礼。加冠礼要在祖庙里举行，表示自谦自卑而尊敬祖宗。

冠礼在宗庙举行，三加（冠）弥尊，三次加冠一次比一次尊贵，这都是勉励、尊重受冠者已经成年独立，从此要担当社会责任，以表明成年受

冠礼

冠者具备父亲理事的含义。

2. 婚礼

婚礼，就是将结合两姓的欢好，夫妇对上要事奉宗庙，往下要接续后代，所以君子重视它。因而婚前每当进行纳彩、问名、纳吉、纳征、请期等礼节。男方使者到来的时候，女方的父亲作为主人，都要在家庙中为先父神灵铺设几席，而自己亲自迎拜使者于大门之外，引入庙中，揖让升堂，在庙堂之上，在先父神灵之前，听受男方使者传致的辞命，这样做都是为了庄敬、恭慎、隆重，堂堂正正地对待婚礼。

婚礼

迎娶那天，男方的父亲亲自向儿子敬酒，而吩咐他去迎娶新娘，这样表示夫唱妇随，男先于女。儿子秉承父命而去迎亲，女方父母先在家庙中为先父神灵摆设几席，然后亲自出门拜迎男方使者，引入庙门，双方揖让而登堂，在庙堂里，在先父神灵之前，听受男方侍者转达男家的话，这一切都是为了庄敬隆重地对待婚礼。迎娶那天，父亲亲自为儿子行醮礼，吩咐他迎娶新娘，表示男方秉承父命而去迎娶，女方才跟男方而来。女方父母在家中设几席然后亲自在门外拜迎女婿。女婿捧着鹅走进去，彼此揖让而升堂，再拜至女婿将鹅奠放堂上，再拜叩头，表明女婿亲自从女方父母手中将新娘迎娶走的，然后女婿走下堂出来，把新娘的车驾好，并将车上的挽手绳交给新娘，然后驾着车向前走。当车轮转了三圈时，女婿就下车，将车交给车驭者驾驭。新郎乘坐自己的车先到家门外等着，新娘到了，新郎就向新娘作揖，请她进门。在寝室中，吃饭时，夫妇共用一碗食，共饮一杯酒，这样做都是为了表示夫妇合为一体，尊卑等同，今后彼此相亲相爱。隆重的婚礼后，新婚夫妇才彼此相亲相爱，男女有了界限，夫妻间有了道义，然后才会有父子亲情，然后君臣才能各安其位。

3. 乡饮酒礼

乡饮酒礼是卿、大夫、士举行的仪式。用以彰明长幼之序。乡饮酒礼的意义，设置正宾来象征天，设置主人来象征地，设置副宾（介）与主陪（僎，通遵）来象征日月，设置三位长宾来象征大火、伐、北极三大星辰。古代制定礼仪，法天效地，以天地为主，以日月为副，以三大星辰为辅，这是政教的根本。

乡饮酒的礼仪，六十岁的坐下，五十岁的站立陪侍，来听候差使，这是用以表明对年长者的尊重。给六十岁的设菜肴三盘，七十岁的四盘，八十岁的五盘，九十岁的六盘，这是用以表明对老人的奉养。通过乡饮酒礼，人民知道了该尊重年长者，该奉养年长者，然后才能回家孝顺父母，尊重兄长。人民进家能够孝悌，出外能够尊长养老，然后就能形成风教。形成了风教，然后国家才能安定。君子所倡导的孝，并不是到各家各户去宣传，也不是每日召见来训诫，只要各乡行乡射礼的时候，把人们集合在一起，教他们行乡饮酒的礼仪，孝悌的德行就从而树立起来了。

身份的尊卑贵贱分明，礼数的隆重、递减辨清，和乐欢洽而不流于放肆，年幼和年长的都沾惠而没有遗漏，安乐而不乱，有这五种德行就足以正身安国了。国家安定了，从而天下也就安定了。

4. 射礼

古代诸侯举行大射的时候，一定要先举行燕礼；卿、大夫、士举行乡射的时候，一定要先举行乡饮酒之礼。国君举行燕礼，用以彰明君臣之义；所以，射箭的人在赛场中前进后退、转身行走都必须要符合礼规。内志要端正，外体要挺直，然后手拿弓箭稳定牢固；拿弓箭稳定牢固，然后才谈得上射中目标。从射箭过程中的动作举止就可以观察到一个人的德行了。

射礼

各个阶层的人士明确各自伴射歌曲节奏的思想意义，从而不荒废各自应尽的职事，就能成就功业，确立良好的品德行为。德行确立就没有暴乱之祸了，功业成就国家就安定了。所以说，射礼是用来观察圣德的。因此，古时候天子是通过射礼来选拔诸侯、卿、大夫、士的。射箭是男子必会的技能，圣人因而对它用礼来加以文饰。世间找一件既能尽礼备乐，又能多次而为，且能用以树立德行的，没有比射箭比赛更合适的了，所以圣人致力于此。

君臣相互尽心于比射，来练习礼乐，既安乐，又荣耀。所以天子来制定这种射礼，而诸侯致力施行。这是天子用以调教诸侯，无须动用干戈而诸侯自行匡正的工具。

射礼中的较射，蕴含着仁厚之道。射箭要求端正自己，自己身心端正然后发射；发射不中目标，就不埋怨胜过自己的人，只是返回来寻求自己失误的原因而已。孔子说："君子没有什么可竞争的，必定要说有的话，那就是比赛射箭吧！不过，比赛射箭时，君子与对手揖让而升堂，射罢下堂而饮酒，这种射箭比赛的竞争是颇有君子风度的。"

（四）《乐》

1. 韶乐

韶乐据《尚书·益稷》记载：舜作竹箫，箫韶九成，凤凰来仪。《大韶》是舜帝时的乐舞，"韶"是继承的意思，是说舜帝能传承尧帝之德，作《韶》乐以感化反对自己的敌人，体现德的华育作用，是礼乐的最高境界。孔子对礼乐"崇德"的功能有着更高的要求，曾评价《大韶》"尽美矣，又尽善也"，《论语·述而》记载，"子在齐闻韶乐，三月不知肉味"。天子诸侯欢聚一堂，堂上石磬、琴瑟合奏配以歌声，堂下并列笛、鼓、笙、钟演奏。打着小鼓，吹起管乐，男女舞者模仿各类鸟兽跳起来，祥和的音乐引来凤凰一起共舞，展现韶乐带来的吉庆祥和的景象。

韶乐演奏

2. 祭孔乐舞（佾舞）

祭孔乐舞是祭祀舞蹈中的“文舞”，具有久远的文化传统和深刻的思想内涵。祭孔乐舞的道具即籥、翟。籥：古代乐器的一种，竹制成，形状如笛。作为舞蹈饰物之一，它是原始部落首领文德治世的象征。翟：以木料做成。朱红色柄，上刻龙首，饰以金彩，每支翟用三根雉尾，插入龙口中。文舞起舞前的准备姿势：舞生正立，籥在内，翟在外。将籥横置于胸前，翟竖置于胸前，两者相交如“十”字。左手执籥，即“左阳”；右手秉翟，即“右阴”，两者呼应。阳主声（歌乐），阴主容（舞蹈），籥内在，是平和顺畅之音乐和歌声保持于内在意境，主意在于雅颂大乐以修善心，使其思正、言正，具有高尚的品格境界；翟在外是指通过舞蹈将精英华彩表现出来，其主意在于规范人的行为，使其仪表端庄，身形文明。即内修于心，外化于行；引导人们的言行修养，陶冶人们的高尚情操。祭孔乐舞再现天下大同、千秋宁和的景象，表达了古人对大同社会追求的理想，对我们今天构建和谐社会有着积极的启迪意义。

三　结语

习近平总书记强调，未来世界发展的大趋势是综合国力竞争，提高和改善国民素质教育，提升国力的基础是高等教育。加强大学生素质教育是国家教育的重要方向，是当今世界许多国家高等教育发展的一个共同趋势，也是目前高等教育改革的重要内容。中国传统文化中儒学思想经过长期积淀，影响极为深远，借鉴和利用儒学的精髓，深化大学生的道德教育、培

与演员合影留念

养人文精神，树立正确的价值观，对全面推进教育改革和实施素质教育有着深远意义。

儒家礼乐文化的特征就是用礼乐展现和处理人际关系，进行社会调节和管理，其终极目标就是为了通过引导社会各个阶层按照“礼乐”的规范和原则来处理人与社会、人与自然的关系，从而在社会公共生活中形成一种良好的、稳定的社会秩序，达到建立和谐融洽的社会人际关系，从而构建起符合社会主义伦理道德和现代人文精神的新型道德规范、伦理规范和礼仪规范，并进而构建一个民主法治、公平正义、诚信友爱、充满活力、安定有序、人性化的新型社会。

孔庙和国子监作为中国古代教育和皇家“祭孔”的场所，历史教育的厚重和文化内涵的深沉无与伦比；作为博物馆则承担着当代政治思想教育的使命。运用古代礼乐的制度规范性与艺术熏陶性的特点，从美育陶冶、化育养成、情育培养等方面入手，对提升当代青年人，特别是大学生的生活、审美情趣、道德修养、文化素质，具有实际教育意义。

北京孔庙《中国礼乐文化展演进校园》是以中华传统礼乐为素材，经过提炼、改编，具有观赏性、艺术性的集乐曲、乐舞、吟诵三位于一体的演出。它继承了孔子的“礼”“乐”美学思想，将“礼”的内容赋予“乐”的形式，以“乐”求“礼”，以“乐”载“道”，以“道”育人，从音乐美学、舞蹈美学、声乐美学的角度，呈现给观众一台好看、好懂的表演节目，真正让观众感受到礼乐的“肃穆、庄重、典雅、含蓄、和谐、纯正”之美；

感受到中国传统礼乐文化之精髓，感受到孔子思想的时代精神，并起到升华人们思想，传递“以礼修身，以乐载道，以道育人”的艺术宗旨，引导人们共同为建设美丽中国、和谐世界而努力。

吴志友，孔庙和国子监博物馆馆长

◎党组织在运用“四种形态”中的职责定位和实践要求

◎ 陈静

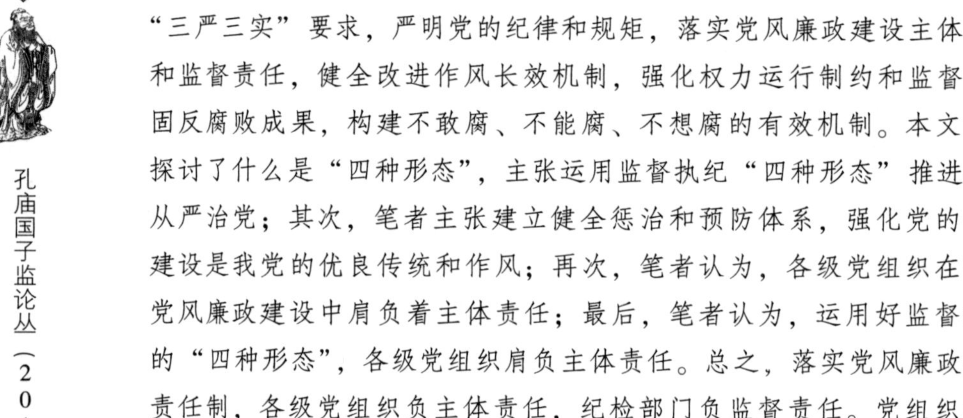

【摘　要】 党的十八届五中全会指出，要坚持全面从严治党，落实“三严三实”要求，严明党的纪律和规矩，落实党风廉政建设主体责任和监督责任，健全改进作风长效机制，强化权力运行制约和监督，巩固反腐败成果，构建不敢腐、不能腐、不想腐的有效机制。本文首先探讨了什么是“四种形态”，主张运用监督执纪“四种形态”推进全面从严治党；其次，笔者主张建立健全惩治和预防体系，强化党的作风建设是我党的优良传统和作风；再次，笔者认为，各级党组织在落实党风廉政建设中肩负着主体责任；最后，笔者认为，运用好监督执纪的“四种形态”，各级党组织肩负主体责任。总之，落实党风廉政建设责任制，各级党组织负主体责任，纪检部门负监督责任。党组织的主体责任是前提，纪检部门的监督责任是保障，离开党组织的坚强领导，纪检部门的监督作用就难以发挥，没有纪检部门的监督，主体责任也难以落实，“两个责任”相互依存、相互促进、缺一不可。因此运用监督执纪“四种形态”也应是党组织与纪检部门相互配合，相互呼应，共同履行的职责。

【关键词】 党组织　四种形态　职责定位　实践要求

党的十八届五中全会指出，要坚持全面从严治党，落实“三严三实”要求，严明党的纪律和规矩，落实党风廉政建设主体责任和监督责任，健全改进作风长效机制，强化权力运行制约和监督，巩固反腐败成果，构建不敢腐、不能腐、不想腐的有效机制。2015 年 9 月 24 日至 26 日，中共中央政治局常委、中央纪委书记王岐山在福建调研并主持召开座谈会，听取党员和群众代表对修订廉政准则和党纪处分条例的意见建议。他强调，要在思想认识、责任担当、方法措施上跟上中央要求，把纪律和规矩挺在前面，把握运用监督执纪“四种形态”，以严明的纪律推进全面从严治党。之后，中央纪委多次强调并解读监督执纪中的“四种形态”。这“四种形态”回答了“用什么执纪、为什么监督”等重大理论和现实问题，对于挺纪在前、执纪必严，以纪律建设推进从严治党、依规治党，具有重要战略意义和丰富实践价值。

一 什么是“四种形态”，运用监督执纪“四种形态”推进全面从严治党

监督执纪“四种形态”，即党内关系要正常化，批评和自我批评要经常开展，让咬耳扯袖、红脸出汗成为常态；党纪轻处分和组织处理要成为大多数；对严重违纪的重处分、做出重大职务调整应当是少数；而严重违纪涉嫌违法立案审查的只能是极少数。王岐山强调，党要管党、从严治党是党组织的日常工作，批评教育、组织处理、纪律处分都是党章规定的主体责任。党风廉政建设和反腐败斗争是全面从严治党的重要方面，但绝不是全部，不能把全面从严治党等同于反腐败。从严治党要靠纪律管全党，把纪律挺在前面要靠坚强的党性和责任担当。发挥党的领导核心作用，落实管党治党主体责任，严明政治纪律和政治规矩、组织纪律，要运用好监督执纪的“四种形态”。

那么，“四种形态”旨在何处？王岐山同志讲得很透彻，监督执纪之所以要运用“四种形态”，目的是惩前毖后、治病救人，必须改变要么是“好同志”、要么是“阶下囚”的状况。“四种形态”彰显了全面从严治党的鲜明态度。全面从严治党，关键在全，要害在严，重点在治。“全”，不是针对个别人，而是包含全体党员和各级党组织；“严”，不仅只抓涉嫌违法，而是更加注重日常的管理监督和违纪干部的处理挽救；“治”，不仅有打“虎”拍“蝇”的惩治，而且有日常的管治以及对违纪干部的救治。只有三者统筹兼顾，有机统一，才能实现全面从严治党的目的。监督执纪“四种形态”，不仅体现出了“全”，要求教育大多数、管住大多数、保护大多数，也体现出了“严”，处理违法、追究违纪，罚责相当、公平严格，还体现出了“治”，“正歪树”“治病树”“拔烂树”。“四种形态”的提出，对党员干部来说，要求不是放松了，而是更严了，标准不是降低了，而是更高了；对党风廉政建设和反腐败工作来讲，任务不是减少了，而是增多了，力度不是减弱了，而是增强了，节奏不是放慢了，而是加快了。

二　建立健全惩治和预防体系，强化党的作风建设是我党的优良传统和作风

2014年1月，习近平同志提出建立健全惩治和预防腐败体系是国家战略和顶层设计。中央印发了《建立健全惩治和预防腐败体系二〇一三—二〇一七年工作规划》，这是党风廉政建设和反腐败工作的指导性文件，各级党委要认真执行，把这项重大政治任务贯穿到改革发展稳定各项工作之中。各级纪委要把惩治腐败作为重要职责，更好协助党委加强党风建设和组织协调反腐败工作。各地区、各部门要制定实施办法，把惩治和预防腐败各项任务落到实处。那么党要管党、从严治党，靠什么管，凭什么治？就是要靠严明纪律。1964年10月，周恩来同志在音乐舞蹈史诗《东方红》演出人员大会上做报告时说，毛泽东同志说我们党是“一个有纪律的，由马克思列宁主义的理论武装的，采取自我批评方法的，联系人民群众的党”“毛泽东同志特别把有纪律放在最前面，这不是偶然的。因为这是决定党能否坚持革命、战胜敌人、争取胜利的首要条件”。干部出问题，都是因为纪律的突破。必须严明党的纪律，党各项纪律都要严，遵守党的纪律是无条件的，要说到做到，有纪必执，有违必查。如何才能使党员干部遵守纪律，不违规违纪，走到违法犯罪的地步？那么就要从教育全体党员树立纪律意识入手，更要使纪严于法，把纪律挺在法律的前面，这也是对党员干部的保护。从全局看，把纪律挺在前面是着眼于“四个全面”战略布局的需要，是推动全面从严治党的必然要求。习近平总书记指出，党面临的形势越复杂、肩负的任务越艰巨，就越要维护党的团结统一，越要加强纪律建设，把守纪律、讲规矩摆在更加重要的位置。“四个全面”战略布局是一个有机联系、相互贯通的顶层设计，其中全面从严治党是根本保证。管党治党、从严治党靠什么？当然是靠依规治党、严明纪律。只有用纪律管住8700万名党员，才叫全面从严治党。管党治党只有在“严”字上铆足力气、下足功夫，真正把规矩立起来，把纪律严起来，才能捍卫纪律的严肃性和权威性，保证党的团结统一。从全面从严治党，到把纪律挺在前面，既是严密的理论逻辑，也是紧迫的实践逻辑。早在延安整风运动中，我们党就从丰富的实践经验和深刻的历史教训中总结出“惩前毖后、治病救人”方针，正如毛泽东同志指出，好像医生治病一样，完全是为了救人，而不是为了把人治死。“四种形态”要求运用好批评教育、组织处理、谈话函询、纪律处分等方式，对党员干部违规违纪行为做到宽严相济、区别情况、对症下药，给有问题的干部“回头是岸”的机会，既是治“已病”，更是治“未

病”，真正体现“严管就是厚爱”理念，这是对干部最大的关心和爱护。因此实践“四种形态”也是对弘扬党的优良传统和作风的回归。

三 各级党组织在落实党风廉政建设中肩负着主体责任

王岐山指出，纪委要聚焦聚焦再聚焦，围绕“四种形态”，把监督执纪问责做深做细做实。那么作为各级党组织在运用“四种形态”中的职责定位又该是什么？在十八届中央纪委第三次全会上，习近平总书记强调指出，要落实党委的主体责任和纪委的监督责任，党委、纪委或其他相关职能部门都要对承担的党风廉政建设责任做到守土有责。王岐山同志也多次对落实党风廉政建设“两个责任”提出明确要求。“两个责任”的提出，抓住了党风廉政建设和反腐败斗争的关键环节。党的十八大以来，在党中央的坚强领导下，党风廉政建设和反腐败各项工作取得了新的明显成效。但我们也要看到，当前腐败现象仍然多发，滋生腐败的土壤依然存在，反腐败形势依然严峻复杂。影响反腐败成效的问题主要是反腐败机构职能分散，形不成监督合力，有些案件受到各种因素的影响难以得到坚决查办，有的地方腐败案件频发却追究责任不力。

坚决惩治腐败，遏制腐败蔓延势头，必须适应形势和任务的发展变化，有针对性地加强反腐败体制机制改革和制度创新，其中一个很重要的方面就是理清责任、落实责任。党风廉政建设主体责任和监督责任是党章赋予各级党委和纪委的重要职责，是深入推进党风廉政建设和反腐败斗争的“牛鼻子”。如果责任不明确，出了问题不追究责任，反腐败这个艰巨的任务就不可能完成，党要管党、从严治党就会成为一句空话。各级党组织必须坚持党要管党、从严治党，牢固树立“不抓党风廉政建设就是失职、抓不好党风廉政建设就是渎职”的意识，要在惩治和预防腐败方面更多地承担领导责任，把预防腐败的要求体现和落实到本地区、本部门、本单位各项改革和制度建设中去，加强领导班子自身建设，当好廉洁从政的表率，认真落实党委的主体责任。

落实主体责任，必须党委（党组）书记亲自抓、负总责，领导班子成员各负其责，解决好“谁来抓”的问题。落实党风廉政建设责任制，各级党政班子都有责任，每一名班子成员都有责任。党委（党组）书记是第一责任人，其他班子成员是分管范围内的主要责任人。要严格执行专题报告制度，各级党委（党组）每年要向上级纪委专题报告落实党风廉政建设责任制的情况。第一责任人要定期汇报阶段性工作进展情况。领导班子成员还要向党委（党组）报告个人执行党风廉政建设责任制的情况和廉洁自律情况。

落实主体责任，各级党委（党组）和领导班子成员要发挥好“三个作用”，解决好“怎么抓”的问题。一是领导班子成员要在领导班子开展党风廉政建设中发挥作用。第一责任人要把党风廉政建设摆在突出位置，纳入重要日程，与业务工作同步考虑，同步部署、同步实施。其他班子成员在研究党风廉政建设工作时要主动出主意、想办法，认真负责地参与决策，不能袖手旁观。二是在分管范围内要发挥主要责任人作用。班子成员在分管范围内也是第一责任人，对分管范围内的党风廉政建设负主要责任。要坚决落实领导班子抓党风廉政建设的部署和要求，对职责范围内的党风廉政建设要定期研究、定期布置、定期检查、定期报告，守土有责，对党负责。三是班子成员要发挥好表率作用。带头落实中央关于党风廉政建设的整体部署，带头廉洁自律。

要把党风廉政建设和反腐败工作作为一项重大政治任务，抓作风建设、抓严明纪律、抓惩治腐败，解决好“抓什么”的问题。一要狠抓作风建设，解决好保持党同人民群众的血肉联系问题。把作风建设作为永恒课题，经常抓、深入抓、持久抓，通过立破并举、扶正祛邪，不断巩固和扩大已经取得的成果，努力以优良的党风政风带动全社会风气根本好转。二要狠抓纪律建设，不断增强党员、干部队伍的凝聚力和战斗力。强化党员、干部党的意识和组织意识教育，严格遵守和维护党章，自觉与党中央保持高度一致。严格执行民主集中制、党内组织生活制度等党的组织制度，各级领导班子和领导干部都要严格执行请示报告制度。切实执行党的各项纪律，敢抓敢管，使纪律真正成为带电的高压线。三要严惩腐败，坚决遏制腐败现象滋生蔓延势头。各级党组织要通过全面深化改革和制度创新，把权力关进制度的笼子，对干部加强日常监督管理。

四　运用好监督执纪的“四种形态”，各级党组织肩负主体责任

“四种形态”前面的“监督执纪”四个字，让一些人认为，这仅仅是对纪委提出的要求。这也是误读。王岐山同志是这样讲的：发挥党的领导核心作用，落实管党治党主体责任，严明政治纪律和政治规矩、组织纪律，要运用好监督执纪的“四种形态”。显然，用好“四种形态”是对各级党组织落实全面从严治党主体责任提出的明确要求。首先，从“四种形态”的具体内容看，无论是党内关系正常化，开展批评与自我批评，还是组织处

理，党纪处分，乃至立案审查，都是管党治党的日常工作，都要由各级党组织特别是党委来领导决定和组织实施。其次，我们党实行党管干部原则，党组织负责选拔、任用和管理干部。管理本身就包含着监督，也就是说，党组织既要选准用好干部，也要把干部管严看住，为人“戴帽”时不愿当配角，给人念紧箍咒甚至“摘帽”时也必须当主角。最后，《党章》第七条规定，党组织必须严格执行和维护党的纪律。因此，把握运用好监督执纪“四种形态”是各级党组织特别是党委职责的应有之义，是管党治党主体责任的具体化。

不能把全面从严治党等同于反腐败。从严治党要靠纪律管全党，监督执纪“四种形态”就是路径和方法。党组织要通过“四种形态”，把管党治党落到日常工作中，了解干部情况要多问多听多看，听到反映就及时打电话问一问，或者当面谈一谈，随时提醒告诫；当干部取得成绩的时候，对存在的缺点不迁就纵容，督促其立行立改；当出现苗头性问题时，综合运用批评教育、组织处理、纪律处分等多种方式，让他猛警醒、刹住车。以纪律人是治病救人，而不是整人害人，既有严肃凛然的刚性一面，也有关心爱护的温情一面，这才能适应全面从严治党的要求。

综上所述，落实党风廉政建设责任制，各级党组织负主体责任，纪检部门负监督责任。党组织的主体责任是前提，纪检部门的监督责任是保障，离开党组织的坚强领导，纪检部门的监督作用就难以发挥，没有纪检部门的监督，主体责任也难以落实，“两个责任”相互依存、相互促进、缺一不可。因此运用监督执纪“四种形态”也应是党组织与纪检部门相互配合，相互呼应，共同履行的职责。

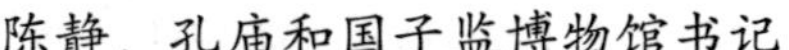

陈静，孔庙和国子监博物馆书记

◇孔庙进士题名碑和十三经碑保护棚修缮工程纪事（下）

◎ 高树荣

【摘　要】2010年，经北京市政府、市委宣传部、北京市文物局相关单位充分听取国内资深文物保护和考古专家的意见，孔庙和国子监博物馆决定实施“孔庙进士题名碑和十三经碑林保护项目工程”。此项工程的主要内容：一是对孔庙十三经碑林保护棚进行修缮、对孔庙进士题名碑进行适当调整，重新建造碑廊和碑亭；二是对孔庙进士题名碑和十三经碑林进行保护，包括石质状况采样调查、残裂修复、碑身排列调整等。进一步加强对进士题名碑和十三经碑林石刻文物的科学保护，旨在确保文物安全的基础上，积极发挥文物的科学价值、研究价值、文化价值、教育价值，为首都文化核心区建设、人文北京建设和世界城市建设提供服务，为中华文化的大繁荣、大发展和提升中华“软实力”提供智力保障。本文主要从修缮工程保护利用思路、领导重视、专家支招、明确方案以及修缮工程协调会纪要三方面进行了论述。

【关键词】孔庙进士题名碑　十三经碑　修缮工程

四　孔庙进士题名碑和十三经碑林保护工程协调纪要

（一）第一次会议

2011年6月27日下午1时30分，由孔庙和国子监博物馆馆长助理高树荣主持的孔庙进士题名碑和十三经碑林保护工程会议在孔庙和国子监博物馆小会议室召开。工程施工单位、业主方行政后勤、石刻保护、安全保卫等工程小组就孔庙进士题名碑和十三经碑林保护工程中各方职责进行了沟通、协调。

（1）开工前要召开有甲乙双方领导及工程监督、监理、设计各方参加的正式协调会。

（2）所有施工方案要先上报，做到方案先行，行动和方案要保持一致。如确需行动在前，要尽快完善方案并上报备案。涉及文物的施工，必须先进行沟通，做到甲方有监督和施工有方案。

（3）施工原则依据设计方案、施工合同、招标投标文件，缺少相关依据的双方沟通形成方案后商工程监督、监理、设计方，并报北京市文物局批准。施工方要启动安全保障机制，动碑要依据设计方案执行。

（4）坚持团结合作原则，甲方为施工方提供方便服务，双方有问题及时沟通。

（5）馆内工作分工是：石碑保护由李超英副馆长和徐政宗主任负责；后勤由郭昭副馆长和王贵金主任负责。保管部、保卫部、行政部要排班。

（6）施工方领导要参加相关会议。施工方要遵守甲方的相关规章制度，对人员进行相关培训。

（7）施工方要严格执行关于碑刻移动、安放工作的“孔庙进士题名碑和十三经碑林保护工程保护方案”中的各项要求，施工方会后尽快填写每块需移动石碑的保护方案。对承担石碑保护工程的施工方资质由施工办公室负责把关。

（8）进场前要签署安全协议，尽快提交安全保证金；对施工人员情况进行备案并履行相关手续。施工队要设立安全监督员。将施工组织设计报保卫部。消防、避雷报审工作尽快落实。

（二）第二次会议

2011年7月19日上午9时，北京市文物局局长孔繁峙视察孔庙十三经碑保护棚工程现场，市文物局文保处处长王玉伟、调研员毕建宇，北京市文物工程质量监督站副站长焦占红，孔庙和国子监博物馆馆长吴志友、馆长助理高树荣，工程设计方负责人及相关设计人员，以及工程施工方负责人及相关人员、工程监理方负责人及相关人员陪同视察了工程现场。

工程现场会上，设计方向孔繁峙局长提出了按原设计方案对化粪池、大学碑进行施工的方案。孔繁峙局长听取介绍后，觉得方案可行，并提出解决方案如下：

（1）如果旧化粪池与新化粪池的进出口标高符合要求，按原设计方案对化粪池进行外移，对旧化粪池进行回埋土夯实。

（2）对旧化粪池进行回埋土夯实后将大学碑往南移，具体调整尺寸由设计单位尽快出方案告知施工方。

（3）在十三经碑林南北小院电缆上施工，施工单位要对施工人员采取措施如戴绝缘手套、穿绝缘鞋或采取短暂拉闸等防范措施进行施工，防止安全事故的发生。

（4）持敬门甬道东北侧、西北侧的雨水管线要废除掉，需新建排水沟，由现在施工单位进行改造。

2011 年 7 月 19 日下午 2 时，在孔庙和国子监博物馆小会议室，召开了孔庙十三经碑保护修缮工程与古树保护相关单位协调交底会。出席会议人员有博物馆：吴志友、郭昭、高树荣、张磊；东城区园林局：徐丰、耿丽萍、张滟文，监理单位：聂振国、孙丽丽；施工单位：周羽、毕波等人，会上讨论了：挖石碑基础、使用垫层材料和如何用垫层材料而且基础地湿还不能侵扰碑座问题。经多方协商后，达成如下结论：

（1）在挖石碑基础时有部分地段可能会伤及毛根，这是难免的，古树复状保护时也难免伤及，但本着尽可能不伤或少伤的原则。从古树保护条例来讲，此项工程在古树旁开挖基础根本就行不通，由于此工程为市重点工程，而且又必须坚持要做，所以说，尽可能少伤为佳。

（2）在使用垫层材料上，考虑使用素混泥土或石料为最佳。因为这两种材料对古树伤害最小，最终确定用素混泥土。

（3）如何用素混泥土而且解决地潮湿又不浸蚀碑座问题。监理方提出在垫层与碑座之间用塑料包裹起来就能解决。通过各方商定，最后采用素混泥土做碑身垫层和用塑料包裹隔断基础与碑身垫层进行保护的方法。

最后，吴志友馆长在会上强调并要求：此项工程为市今年内的重点工程，必须在 10 月 20 日之前完工，这是一项政治任务，因为刘淇书记要亲自来剪彩。希望各方要通力协作，特别是施工单位和古树复状施工单位要相互理解、相互配合、相互协调，具体施工对接和交叉部分由双方施工单位拿出方案进行沟通和协商解决。双方解决有难度，需甲方出面协调的，我们会全力配合，帮助解决。

2011 年 8 月 12 日下午 1 时 30 分，“关于孔庙与国子监博物馆进士题名碑保护和移动”相关事项协调会在孔庙与国子监博物馆会议室召开。市文物局党组书记、局长孔繁峙、副局长王丹江、文保处王玉伟处长、毕建宇调研员、质监站焦占红副站长、国家级石刻保护专家付清远、孔庙与国子监博物馆吴志友馆长、高树荣馆长助理、古研所所长韩扬、工程监理聂振国、首华项目经理周羽等领导和相关人员出席了会议。会议就孔庙进士题名碑保护和移动的相关事项进行了研究、协调。会议由文保处王玉伟处长主持。

会上，专家付清远先生首先就进士题名碑的保护和移动问题提出了自己的观点与看法：

（1）进士题名碑是国家重要文物，首先应做好碑的保护工作，在对碑进行清洗工作后应立即做密封保护。

（2）现阶段应先做好碑身的抢救性保护工作，对于部分存在断裂的碑做好加固工作。

（3）移动和调整 43 块碑，数量较大应有充足理由、有方案、有批示，否则，不能轻易移动。

（4）移碑工作进行前必须做好碑的保护，每个碑的移动都应有具体工作方案。

王玉伟处长、焦占红副站长对施工各方提出了以下要求：

（1）移碑应在以下两个前提下进行：

1）在碑移动时，对古树可能造成危害的不移；

2）在碑移动时，对碑身可能造成危害的不移。

（2）移碑遵守能少移动尽量少移动的原则。

（3）井口天花是根据设计单位提供的图样由施工单位先做小样，于 2011 年 8 月 15 日早上 8 点前送文保处由孔局长审定。

（4）古建门楼新增的彩画因为工期原因暂不考虑，待以后施工。

（5）大学碑移动的图纸已给施工单位，从十三经北侧坐北向南调整到十三经碑亭内，改成坐西向东，工程需办理洽商，由建设单位签字认可。

（6）十三经北侧新建化粪池的排水问题采用自然排水。

（7）移碑必须有充分的理由，有充分的背景，移碑前必须制定具体的移碑方案，并经过文物局审批后才可进行移动。

（8）甲方加强与施工方的合作，盯紧工程，发现问题及时向文物局反映，关于工期问题实在不行由文保处找领导协商解决，但必须保证工程质量和工程的顺利进展，并做好施工安全工作。

孔繁峙局长在随后的讲话中对进士题名碑的保护与移动工作提出了以下几点要求：

（1）必须做好对碑的保护工作，避免在施工过程中发生对碑有损坏的事情。

（2）尽快确定需要移动的碑的数量与编号，并作为十三经碑林保护拓展项目上报国家文物局批示。

（3）尽快制订具体移碑方案，并请专家协作做出论证，在专家的帮助下找出目前状况下所存在的问题，上报北京市文物局。

（4）停止目前进行中的碑身清洗工作，等所有需移位的碑就位后，统一进行清洗工作，需要加固、封护的要按程序，喷洗完的需要马上封护。工程进展到哪步具体施工方案由设计单位安排。

（5）孔繁峙局长提出，每周要听取工程施工汇报和解决施工中出现的问题。

进士题名碑保护棚修缮前

进士题名碑保护棚修缮后

五　国家文物局领导和专家现场论证进士题名碑移动事项纪要

2011年8月16日上午9时，国家文物局文保司司长关强、处长刘洋、专家张之萍在市文物局孔繁峙局长、王丹江副局长、王玉伟处长、吴志友馆长、韩扬所长等人员陪同下，视察了孔庙和国子监博物馆施工现场，在现场听取古研所的设计方案和移碑说明后，提出如下意见：

（1）持敬门甬道北侧建保护棚有碍视线不可取，大量移动进士碑要有理由。

（2）叮嘱专家张之萍与设计人员对移动碑要进行实地考察提出意见后商议。

孔繁峙局长要求王玉伟处长为落实好关强司长的指示精神，召集文保处黄威副处长，质监站焦占红副站长，博物馆吴志友馆长、高树荣馆长助理，古研所韩扬所长、王倩等人与国家文物局专家张之萍女士就进士题名碑移动事项进行研究。张之萍听完古研所王倩提交的进士题名碑43块移碑方案的5点移碑理由后，提出了以下意见：

（1）落实市领导的指示精神，即石刻保护要“科学论证、审慎行事、最小干预、改善环境”。

（2）必须细化移碑方案，对所有石碑进行全面检查、监测，而不只针对移动的碑。移碑将改变历史痕迹、历史信息，要论证移碑的合理性，目前提出移碑的5点理由不充分。

（3）肯定原有碑棚对碑的保护作用，新碑棚的设计不仅保护碑，还改善形象，碑棚要做仰视平面图。局部可以保留原钢架再利用，全部保留需对钢架进行检查评估。

（4）有效保护石碑是目的，重点是通过改善碑周围的小环境（碑棚、地面、树坑）来实现。请园林部门把关，适当缩小树冠，修剪小树枝。

（5）真武庙碑有确凿证据证明是20世纪60年代移到孔庙的，与进士题名碑整体内容不符，可以移走；西南角46号、47号两块碑位置特殊，先探清基础是否为原基础，如果没有历史意义，可以考虑按方案移动；其余碑建议不移动。

会上，王玉伟处长强调：移碑的出发点一是消除安全隐患；二是整体上利于展陈；三是可能对石碑和古树造成损伤的坚决不移；四是严格按专家意见除真武庙碑、46号、47号碑移动外，其余碑不移。

六　孔庙进士题名碑和十三经碑林保护项目工程总结

2011年11月1日，孔庙和国子监博物馆“孔庙进士题名碑和十三经碑林保护工程”顺利通过验收，标志着历时五个多月的体现“高规格、高品

十三经碑林保护棚修缮前

十三经碑林保护棚修缮后

位、高质量”的文物保护惠民工程胜利竣工。“十三经、进士题名碑”展区以崭新的“面貌”迎接八方来客，展现儒家经典，弘扬历史文化。

“孔庙进士题名碑和十三经碑林保护工程”是对孔庙、国子监实施保护性利用的重要举措。此项文物保护工程中，参与工程保护的各方坚持“科学论证、审慎行事、最小干预、改善环境、方便展览”的原则，克服时间紧、任务重、标准高、责任大等因素，科学设计、周密部署、严密组织、精心施工，如期地完成了文物保护工程，同时也确保了博物馆全面开放，为国家和社会交上了一份满意的答卷。10 月 26 日，市委书记刘淇到孔庙、国子监调研时，对博物馆如期完成此项文物文化惠民工程给予了充分肯定，并对今后文物的保护利用工作提出要求、寄予厚望。

2011 年 6 月 24 日，“孔庙进士题名碑和十三经碑林保护工程”正式启动，至 8 月 25 日，已完成十三经碑林原保护棚拆除、化粪池清淤回填、地下电缆保护、部分十三经刻石调整方向、南小院歇山门木制结构搭建；进士题名碑的清洗、部分石碑碑座的抬升等工作。工程开工以来，局领导高度重视，多次视察工作并召开现场会；孔庙和国子监博物馆领导班子周密部署，相关部门齐心协力为工程提供全方位支持。通过一段时间的运转，孔庙进士题名碑和十三经碑林保护工程已逐步走入正轨，运行管理方式也初步通过检验。该项重要工程之所以取得如此大的成功，我们认为，主要基于以下方面：

（一）精心安排，周密部署，确保工程顺利实施

在孔庙进士题名碑和十三经碑林保护工程工作中，馆领导班子积极响应市委、市政府精神，按照“高规格、高品位、高质量”的指导思想，精心安排，周密部署，通过以机构制度配套为切入点，以安全保障为前提，确保“孔庙进士题名碑和十三经碑林保护工程”的顺利实施。

第一，机构保障。春节后，孔子和国子监博物馆成立了工程管理机构。该机构由工程办公室及文物保护组、展览工作组、后勤保障组、安全保卫组和工程监督组 5 个工作小组组成。各小组坚守岗位，各尽其责。工程开工以来，文物保护组、安全保卫组实行每日值班制度，确保一周 7 天每天都有馆内工作人员监督施工现场的文物安全和施工安全，及时消除安全隐患，有效地避免了施工可能造成的文物损伤及安全事故的发生。

第二，制度保障。工程管理机构各小组分别针对实际工作情况制订了相应的管理制度，为管理行为提供切实可行的制度保障。针对施工作业的主要对象是石刻文物的工程特点，馆内专门制订了《孔庙进士题名碑和十三经碑林保护工程保护方案》，围绕石刻文物保护过程中的各方面注意事项提出了石刻保护要求，下发工程监理单位和施工单位，并要求施工单位对需要修复、起重、迁移的每一块石刻文物制订保护方案；建立《进士题名碑、十三经文物保护工程项目承包工程实施细则》，凡涉及文物的施工作业，施工方必须先将施工方案提交建设单位、监理单位审批，有监理、文物保护组、安全保卫组人员同时在场才能施工。这从制度上杜绝了文物安全隐患。针对人员安全，馆方要求施工人员必须严格按照相关制度进行施工作业，施工现场必须设安全员负责安全巡视。

第三，全力确保博物馆正常开放。施工期间正值旅游旺季，游客量较其他季节明显增多，游客中学生比例多，管理难度也加大。鉴于施工现场

均在开放区域，为确保施工期间游客的正常参观，为游客提供安全、整洁、舒适的参观环境，我馆采取了以下措施：一是严格划定施工范围，规范施工人员言行，施工范围以外的开放区域不得堆放施工材料，最大限度地降低施工作业对博物馆正常开放的影响；二是施工范围外均设立围挡，并在围挡上覆盖彩绘喷涂装饰，使施工现场周围环境整洁、美观，有效地缓解了施工给观众心理上造成的烦躁情绪；三是将博物馆开放区域划分为若干责任区，各部门每天都有工作人员在责任区域值班，及时为游客提供服务、解决问题；四是强化开放接待人员的服务意识，认识到施工对游客心理的影响，通过热情周到的服务弱化施工对游客参观造成的不利影响。工程开工以来，未接到有关施工方面的游客投诉。

（二）高度重视，真抓实干，切实提供大力支持

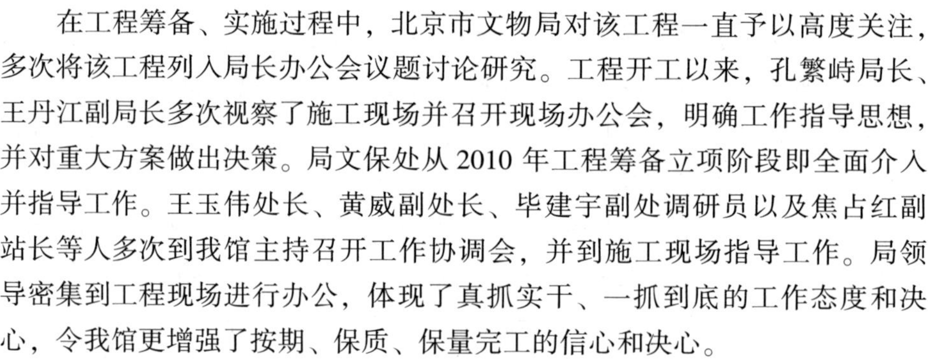

在工程筹备、实施过程中，北京市文物局对该工程一直予以高度关注，多次将该工程列入局长办公会议题讨论研究。工程开工以来，孔繁峙局长、王丹江副局长多次视察了施工现场并召开现场办公会，明确工作指导思想，并对重大方案做出决策。局文保处从 2010 年工程筹备立项阶段即全面介入并指导工作。王玉伟处长、黄威副处长、毕建宇副处调研员以及焦占红副站长等人多次到我馆主持召开工作协调会，并到施工现场指导工作。局领导密集到工程现场进行办公，体现了真抓实干、一抓到底的工作态度和决心，令我馆更增强了按期、保质、保量完工的信心和决心。

针对移动部分进士题名碑的问题，8 月 16 日，国家文物局文物保护与考古司关强司长、刘洋处长、文物专家张之萍女士在孔繁峙局长及相关工作人员的陪同下视察了进士题名碑的现状，体现了文物部门严谨的工作作风和实事求是的工作态度。关强司长对移碑工作提出了文物安全第一的指导原则。在随后的专家论证会上，张之萍女士提出了全面检查石碑现状，通过改善小环境保护石碑，细化移碑方案的专家意见，并初步确认可移动的石碑为真武庙碑和 46 号、47 号进士题名碑。

由于这是孔庙和国子监博物馆成立以来第一次开展大规模的石刻文物保护工作，在实施过程中，我馆随时总结经验，查找不足，进行调整和改进。

总之，孔庙和国子监博物馆认真领会市委、市政府关于“孔庙进士题名碑和十三经碑林保护工程”的工作精神，坚决贯彻落实各项工作部署，立足为保护石刻文物、提升博物馆展览展示水平，积极迎接挑战，抓住契机，着力打造一项“高规格、高品位、高质量”的工程。

（三）广纳建议，科学论证，周密制定保护方案

2010 年 8 月 24 日，市委、市政府邀请谢辰生、徐萍芳、王丹华、赵其

昌、吴梦麟等国内资深文物保护和考古专家实地考察座谈孔庙、国子监碑刻文物的保护利用工作。原市委常委、宣传部长、副市长蔡赴朝出席考察座谈会。座谈会上，与会的专家学者积极主张改善碑刻的外部环境，加强对碑刻本身的保护，以保护为主、合理利用，提高展陈水平和效果，并提出诸多具体建议。政府与专家在“科学论证、审慎行事、最小干预、改善环境、方便展览”等方面达成高度共识，一致认同在改善碑刻保护环境之后，充分挖掘其文化内涵，利用现代科技手段和媒体，传播和弘扬优秀传统文化，向观众普及历史文化知识。

2010 年 8 月 26 日，北京电视台、首都之窗、《北京日报》、《北京晚报》等首都多家媒体以《北京市广纳专家建议加强孔庙国子监保护利用》对孔庙、国子监碑刻保护工作进行了宣传报道，引起了社会广泛关注。

市文物局积极贯彻落实专家座谈会议精神，及时委托北京古代建设研究所对工程进行科学测量设计，制定文物改造、施工保护方案，其间先后多次征求专家学者意见，并对方案进行反复修改，最终获得专家认可，从而为工程的顺利实施奠定了坚定基础。

（四）严密组织，精心施工，确保工程进度和质量

在碑刻文物保护施工过程中，博物馆领导班子按照市委、市政府确立的“高规格、高品位、高质量”建设原则，通过以文物安全为前提，以机构制度配套为切入点，周密部署、严密组织、精心施工，确保工程的顺利实施。

建立工程领导管理机构，加强对工程组织、管理和协调。建立 5 个工作统筹小组，对各小组工作职责进行明确分工，在馆领导班子的统一领导下，各小组各司其职、各负其责。坚持每天值班巡查和监督检查，及时发现和消除施工中的安全隐患，有效地避免了施工可能造成的文物损伤及安全事故的发生。

完善工程保障制度，对工程施工实施科学检查指导。工程管理机构各小组分别针对实际工作情况制订了相应的管理制度，为管理行为提供切实可行的制度保障。针对施工作业的主要对象是石刻文物的工程特点，博物馆内部专门制订了《孔庙进士题名碑和十三经碑林保护工程保护方案》，围绕石刻文物保护过程中的各方面注意事项提出了石刻保护要求，下发工程监理单位和施工单位，并要求施工单位对需要修复、起重、迁移的每一块石刻文物制订保护方案；建立《进士题名碑、十三经碑林文物保护工程项目承包工程实施细则》，凡涉及文物的施工作业，施工方必须先将施工方案提交建设单位、监理单位审批，有监理、文物保护组、安全保卫组人员同

时在场才能施工。这从制度上杜绝了文物安全隐患。针对人员安全，馆方要求施工人员必须严格按照相关制度进行施工作业，施工现场必须设安全员负责安全巡视。

统筹兼顾开放区与封闭区，积极保障博物馆各项工作有序运转。施工正值博物馆旅游接待旺季，游客量较其他季节明显增多，游客中学生比例加大，管理难度也加大。鉴于施工现场均在开放区域，为确保施工期间游客的正常参观，尽量为游客提供安全、整洁、舒适的参观环境，博物馆研究制定了相应的有效措施，保障了工程顺利完成和未接到有关施工方面的游客投诉。

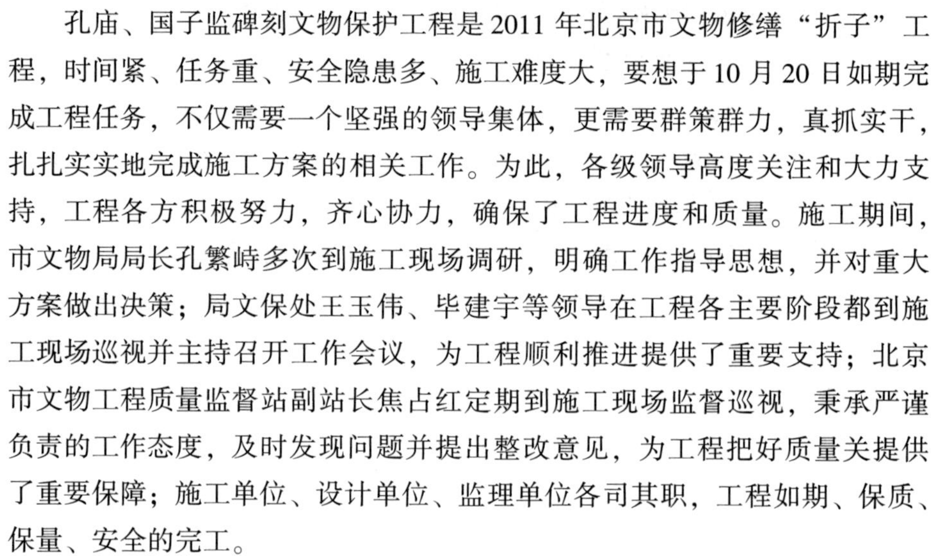

（五）群策群力，真抓实干，全力保障工程进度质量

孔庙、国子监碑刻文物保护工程是 2011 年北京市文物修缮“折子”工程，时间紧、任务重、安全隐患多、施工难度大，要想于 10 月 20 日如期完成工程任务，不仅需要一个坚强的领导集体，更需要群策群力，真抓实干，扎扎实实地完成施工方案的相关工作。为此，各级领导高度关注和大力支持，工程各方积极努力，齐心协力，确保了工程进度和质量。施工期间，市文物局局长孔繁峙多次到施工现场调研，明确工作指导思想，并对重大方案做出决策；局文保处王玉伟、毕建宇等领导在工程各主要阶段都到施工现场巡视并主持召开工作会议，为工程顺利推进提供了重要支持；北京市文物工程质量监督站副站长焦占红定期到施工现场监督巡视，秉承严谨负责的工作态度，及时发现问题并提出整改意见，为工程把好质量关提供了重要保障；施工单位、设计单位、监理单位各司其职，工程如期、保质、保量、安全的完工。

博物馆的全体职工为工程的安全、平稳、按期完工更是付出了艰辛的努力。尤其是保管部、保卫部的工作人员自工程开工起轮流值班，每天都有工作人员监督施工现场的文物安全和施工安全，及时消除安全隐患，有效地避免了施工可能造成的文物损伤及安全事故的发生。馆长全面协调，有效指挥，宽严相济，工作高效；书记和纪检委员全程监督保障；工程领导小组办公室的 4 名工作人员，担负起工程期间的各类程序性工作处理、公文办理、经费管理、信息简报报送、工程档案管理、工程会议组织、各方协调以及其他工程相关的工作，工作量大，内容繁杂，周末还牺牲休息时间轮流在施工现场值班。在近 5 个月的施工期间，工程领导小组办公室的 4 名工作人员几乎每天都到施工现场检查指导，周末和法定节假日也时常不休息，一心扑在工程中，每当工程遇到难题，他们都会冲到第一线，积极协调、想方设法解决问题推动工程进展。经过各方的共同努力和艰苦奋战，工程如期竣工。

十三经碑林保护棚修缮前内景

十三经碑林保护棚修缮后内景

（六）深入挖掘，充分展示，积极服务，繁荣文化

10月26日下午，中共中央政治局委员、中共北京市委书记刘淇带领北京市和东城区相关领导到博物馆调研。在北京市文物局孔繁峙局长、博物馆馆长吴志友的带领讲解下仔细参观了新完工的“进士题名碑和十三经碑林”工程。刘淇书记在充分肯定博物馆取得成绩的同时，还希望博物馆要进一步加强文物的保护和利用工作，深入挖掘碑刻的文化内涵，对碑上的

历史人物进行有效的展示，改进展览手段和形式，方便群众“寻根问祖”。

工程的胜利竣工和市领导的殷切希望，为我们下一步工作提供了契机，指明了方向。我们将以此为动力，结合博物馆实际，深入挖掘碑刻的文化内涵，积极创新博物馆展陈手段、形式和内容，探索把影视、动画等设备科学地运用到展陈中，建立好博物馆多语种语音导览系统、多媒体播放演示系统、触摸屏数字信息查询检索系统以及碑林直观展示说明系统。升级改造博物馆网站，研发“数字化博物馆系统”，将孔庙国子监的文物、历史、景观直接链接到网站上，吸引国内外中国传统文化爱好者足不出户查阅信息，收集资料，进一步增强展览的文化表现力，提高观赏性。

十七届六中全会通过的《中共中央关于深化文化体制改革、推动社会主义文化大发展大繁荣若干重大问题的决定》指出，立足发展先进文化、建设和谐文化，激发文化创作生产活力，提高文化产品质量，发挥文化引领风尚、教育人民、服务社会、推动发展的作用。我们将以六中全会精神为指针，以“人文北京”“世界城市”建设和市政府《关于大力推动首都功能核心区文化发展的意见》为目标，以科学发展为主题，以建设社会主义核心价值体系为根本任务，以满足人民精神文化需求为出发点和落脚点，以改革创新为动力，以提高全民族的文化自觉、文化自信和文化自强为己任，坚持社会主义先进文化前进方向，深入贯彻落实科学发展观，全面贯彻落实市文物局确定的工作任务，进一步加强博物馆的“安全、保护、利用、管理、经营、服务”工作，积极推进孔庙国子监博物馆的健康发展，为文博事业的大发展、大繁荣和提升中华文化的“软实力”做贡献，以优异成绩迎接中国共产党第十九次全国代表大会召开。

高树荣，孔庙和国子监博物馆副馆长

专题研究

◎话说耤田兼述耤田礼在中国古代社会的重要意义

◎ 董绍鹏

【摘 要】耤田礼，是中国古代孑遗至今的中华文明古礼之一，不仅缘起悠久，而且在后世中华文明的进程中扮演着重要角色，是古代天子体恤民情、以为民先的政治行为。在几千年的文明发展中，尤其是在两千多年的封建专制大一统政治社会中，耤田礼的重要性从早期恢复周礼的简单状态，晋升到晚期维系国家经济政策和社会安定的重要高度（这在清雍正时期达到巅峰）。考察耤田礼的起源、发展等诸多演进历程，不仅可以管窥中国古代国家农耕农业立国的国家属性形成的一个侧面，更可以看到，事实上延止当下的所谓复兴民族文化传统中，仍然包含着浓厚的农业文化情结而无法为当代新的文化内涵所替代，本文试图引发这一角度的文化思考。

【关键词】耤田礼 古代意义

中华民族的文明史之所以在世界自豪，根本原因在于我们的历史是一个不间断的、连续的文明史，历经几千年的风雨未断。能做到这一点，依靠口头文学代代相传远远不够，中华民族主要依靠的是浩如烟海的历史文献。

诸多远古时代的习俗，因为延续时间太久而对后代影响深刻。在人们的潜意识中，这类习俗成为不可忘却的规条，并逐渐演变为后代奉行的礼仪。耤田与耤田礼，尤其是耤田礼，这个概念的出现和神圣化，就是中华文明礼仪演化史中独特而又接地气的重要内容。其独特与接地气，都是围绕最高统治者亲自耕地这一貌似执行者身份与行动不符的“矛盾”而体现，以再平常不过的农耕形式为承载。耕地这一普通而又不能再普通的民生实践行为上升到礼仪层次，是与耤田这个概念的原初意义不可分割的。

耤田的含义，与历史上为人熟知的“井田制”密不可分。

《周礼·冬官考工记》说："匠人为沟洫。耜广五寸，二耜为耦。一耦之伐，广尺、深尺，谓之甽；田首倍之，广二尺、深二尺，谓之遂。九夫为井，井间广四尺、深四尺，谓之沟。方十里为成，成间广八尺、深八尺，谓之洫。方百里为同，同间广二寻、深二仞，谓之浍。专达于川，各载其名。凡天下之地埶，两山之间，必有川焉，大川之上，必有涂焉。"众所周知，《周礼·冬官考工记》是一部追拟周代百工作法的制度之书，大抵较为真实地反映了秦代以前存在的各个实业领域中工匠的制作规范，是一部极为重要的、也是最早的中国古代技术典章大成。对于秦代之前农业耕作中的田亩丈量划分，该书以不同大小的田亩中间的分割沟洫作为起点，以农耕的基础工具耒耜之耜宽度作为技术依据，以此类推，逐步扩大，依据大小设立不同度量单位，其中提到"九夫为井，井间广四尺、深四尺"，这是井田"井"字之意的技术表述。按照书中所述的田亩，放眼看去，是一片片"井"字纵横的壮观景象，地块之间为深浅、宽窄不一的沟洫分割。因此，这种田亩形态，又称为井田。

当时，可耕作的土地就是这样人为分割为一块块田地，由等级不同的人分领耕作。

什么是井田制呢？简单地说，自夏、商、周三代或更早以来，土地为氏族公有制，氏族拥有可耕土地的所有权，出现氏族联盟后，随之全联盟的可耕土地由联盟共有。进入国家时期后，土地所有权仍为国有，但因天下是天子的天下，"溥天之下，莫非王土；率土之滨，莫非王臣"（《诗经·小雅·北山》），国家是天子个人所有的"家天下"，因此土地所有权自然也属于天子。三代天子封土为侯、建土为邑，实行逐级分封，由天子将国家公有可耕地分封给诸侯，再由诸侯以下逐级分封。分封的土地不能买卖，但领有者可以世袭拥有。作为国家土地拥有的重要形式，它既关乎农业生产、国家税收等经济行为，也体现出对建立在经济基础之上的国家典章制度的影响。因此，井田制早已超出它的原始内涵，成为商周时期国家经济制度的一个代名词。

早期文献中未见井田制的图形资料，晚至后世才有所描绘（诸如宋代聂崇义《新定三礼图》、元代王祯《农书》）。根据描绘，我们得知所谓井田制的示意形象：在一块巨大的田地上，土地被划出井字形的分割，被分成九大块；四面的田地为私田，是出产供养领有土地者吃穿之用的土地，由领有土地者自己行使耕作；中间的田地是公田，它的出产用来祭祀供奉祖先之宗庙。私田有专人耕作，但公田的土地耕作是没有专人完成的，因为没有分配给任何个人，因此要由该井田的领有者（天子、诸侯或士大夫）

带领人们“借私力以助公田”，一同完成春耕秋收，将收获的农作物送入宗庙祭祀祖先或天地、山川、社稷，这就是“以供粢盛”（《礼记》有“昔者天子为耤千亩……以事天地、山川、社稷、先古”之语。原本“粢”为祭祀时盛放祭品、粮食的器物，盛满后以体现敬祀的诚意。以后，便以粢盛一词象征和涵盖祭祀）。公田因要依靠借助私力才能完成农事，所以又称耤（音 jiè，借字的通假）田。后世又因耤、籍、藉通假，也称藉田、籍田。故读作 jiè、jí 二音虽然都可以，但其本意就是借之意，《说文解字》里说“籍，帝籍千亩，古者使民如借，故谓之耤”，就是这个含义。

可见，所谓耤田，就是“借助私田之民力完成耕作的公田”。这就是耤田的真正含义。

《孟子・滕文公》有“方里而井，井九百亩，其中为公田，八家皆私百亩，同养公田”的记载，叙述的就是井田的布局以及完成公田农事的要求。

当然，井田制的存在，更多地还是关系到国家经济命脉，特别是以土地出产物作为国家税收的经济活动：

> 夏后氏五十而贡，殷人七十而助，周人百亩而彻，其实皆什一也。
>
> ——《孟子・滕文公上》

后世朱熹《四书章句集注》也说：“夏时一夫受田五十亩，而每夫计其五亩之入以为贡。商人始为井田之制，以六百三十亩之地画为九区，区七十亩，中为公田，其外八家各授一区，但借其力以助耕公田，而不复税其私田”，意指井田和井田产生之前或原始时期的国家土地税收，实行的是十一税，即土地的十分之一出产为国家税收。而在井田制中，拥有公田以外私田的领有者一起出力耕作公田，将公田之收获作为税收上缴国家。公田的收获，直接关系到国家经济命脉。在一个农耕经济国家中，农业税收是国家几乎全部的经济来源。这在商周时期尤显重要。

在这种保留浓重远古氏族公社时期土地分配制度的影响下，天子作为国家的最高统治者，已经不可能像先祖一样经常下田与他人一起耕作，只能代之以有限的推耕方式实现自己与民共助公田的政治需求，象征性地完成农耕行为。这种象征性地进行率先耕作，借以带动国人（国家内的自由民）并主要依靠国人完成公田农耕的行为，随着时间的推移演变为礼仪形式，成为一项国家礼仪，称耤田礼或耕耤礼。

需要特别强调的是，耤田属于井田中的公田，由于是各级统治者亲自耕作的土地，因此它的收获不再作为税收上缴国家，而是以为粢盛，专门敬神之用。因此，耤田是井田中公田的特例，只针对天子、诸侯、九卿等士大夫统治阶层。建立在耤田基础上的耤田礼，既是国家经济活动的表率（天子以为天下先，给天下之人做出发展经济的榜样、带头人的作用），更是耤田服务对象的特殊性所决定的制度载体。这就是后世宣扬的耤田礼的双重意义所在。

商代虽有个别见于金文所记的“耤”字，但并不是制度的记叙而只是记事。周天子是否亲行过耤田礼，史书虽未出现具体明确的记载，但通过文献的一些侧面记述，周天子亲行耤田礼之真实性应当是可信的：

臣工一章十五句

噫嘻成王既昭假爾率時農夫播厥百穀駿發爾私終三十里亦服爾耕十千維耦

《诗经》书影：周颂·噫嘻　　《诗经》书影：周颂·载芟

噫嘻成王，既昭假尔。率时农夫，播厥百谷。骏发尔私，终三十里。亦服尔耕，十千维耦。（《诗经·周颂·臣工·噫嘻》）

作为后世儒家重要典籍之一的《礼记》，更多地追述了周代耤田礼的相关制度：

昔者天子为耤千亩，冕而朱纮，躬秉耒；诸侯为耤百亩，冕而青纮，躬秉耒。以事天地、山川、社稷、先古。以为醴酪斋盛，于是乎取之，敬之至也。（《礼记·祭义》）

（孟春三月）是月也，天子乃以元日祈谷于上帝。乃择元辰，天子亲载耒耜，措之于参保介之御间，帅三公九卿诸侯大夫，躬耕帝耤。天子三推，三公五推，卿诸侯九推。返，执爵于大寝，三公九卿诸侯大夫皆御，命曰劳酒。（《礼记·月令》）

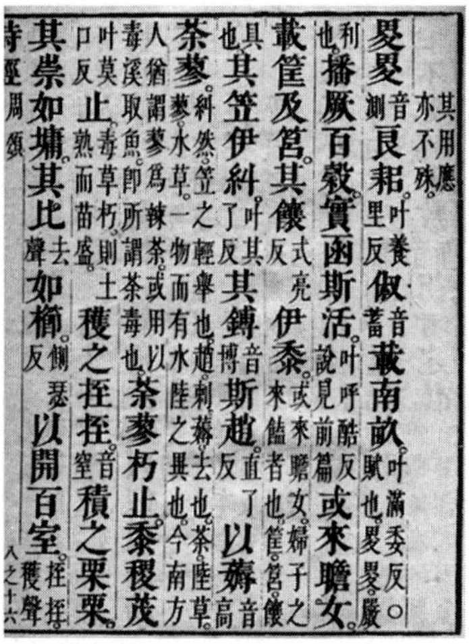

《诗经》书影：周颂·良耜　　《诗经》书影：周颂·丰年

> 凡天之所生，地之所长，苟可荐者，莫不咸在，示尽物也。外则尽物，内则尽志，此祭之心也。是故，天子亲耕于南郊，以共齐盛，王后蚕于北郊，以共纯服；诸侯耕于东郊，亦以共齐盛，夫人蚕于北郊，以共冕服。（《礼记·祭统》）

天子的耤田是千亩，诸侯的耤田是百亩，九卿士大夫五十亩；天子三推三返，三公五推五返，诸侯九卿九推九返；日期为孟春三月（即农历三月）；天子亲耕于王都南郊，诸侯亲耕于国都东郊——这一切，构成后世历代统治者亲耕耤田、行耤田礼的重要制度依据。

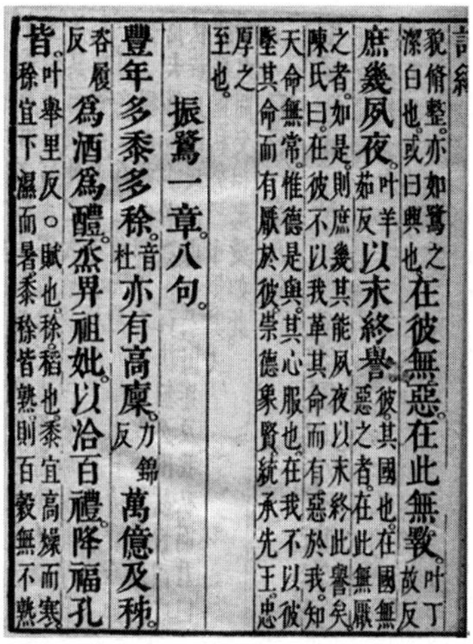

> 三公是中国古代最尊贵的三个官职的合称，始于周代。西汉今文经学家据《尚书大传》《礼记》等书以为三公指司马、司徒、司空，古文经学家则据《周礼》以为太傅、太师、太保为三公。秦不设三公。西汉初承秦制辅佐皇帝治国者主要是丞相和御史大夫，另有最高军事长官太尉，但不常置；从武帝时起，因受经学影响，丞相、御史大夫和太尉也被称为三公。西汉九卿是列卿或众卿之意，人们以秩为中二千石一类的高官附会成古代九卿。以后，三公九卿成为以三省六部制为专制国家政府结构核心的诸大臣的统称。

耤田礼因涉及宗庙粢盛和发展经济，因而在国家政治生活中扮演着重要角色。周代有一重要而特殊历史事件，即因耤田礼而生始终，这就是《国语·周语·上》所载的“宣王即位，不耤千亩”事件，说的是力挽国家颓势的西周宣王中兴时期，周宣王要施行国家经济体制变革，不想实行藉田之礼，对当时社会触动很大，导致周之贵族不满，《国语·周语·上》记载：

> 宣王即位，不藉千亩。虢文公谏曰：
>
> 不可。夫民之大事在农，上帝之粢盛于是乎出，民之蕃庶于是乎生，事之供给于是乎在，和协辑睦于是乎兴，财用蕃殖于是乎始，敦纯固于是乎成，是故稷为大官。民用莫不震动，恪恭于农，修其疆畔，日服其镈，不解于时，财用不乏，民用和同。是时也，王事唯农是务，无有求利于其官，以干农功，三时务农而一时讲武，故征则有威，守则有财。若是，乃能媚于神而和于民矣，则享祀时至而布施优裕也。今天子欲修先王之绪而弃其大功，匮神乏祀而困民之财，将何以求福用民？
>
> 王不听。三十九年，战于千亩，王师败绩于姜氏之戎。

周宣王不行藉田之礼、藉田之事，虢文公坚持认为：天子行藉田礼是富国安民、保全宗庙的关键大事，发展农业在于天子要做出表率，鼓励百姓顺应农时、勤恳务农、创造税收，使国家和平时期能够积累足够的财富，战争时期国家有足够的可以支持作战的、以维护天子威严的经济依靠。只有这样，才能供奉好神祇（媚于神），才能让人民太平（和于民）。如果天子不亲行藉田礼的话，就不能使祭祀神祇有足够的祭品，就不能给天下人勤于务农做出表率，而天下人没有了天子的表率，天下财富就不会有足够的产出，就不能有效取信于民。虢文公的阐述，直截了当地点明藉田之礼在国家政治经济生活中的重要地位。可以看出，藉田对周代统治秩序的重要性兼具经济、政治两方面，因此也就不难想象出，藉田中上演的耕藉礼一幕对于国家政治经济生活的重大意义。

春秋战国时期随着诸侯争霸的愈演愈烈，社会经济伴随着铁器的大量使用、商业往来的日益兴盛，社会生产力的发展对于土地分配制度也日益强调着变革，原有的土地制度不能满足社会生产力提高后对土地的持有欲望。土地出现大量集中的现象，新的土地所有者开始出现，“废井田，开阡陌”成为时尚。随着各个诸侯国变法的不断出现，井田制逐渐废去，这个古老的带有氏族公社属性的田亩经济制度被新兴的土地私有制所替代。伴随着周王室的日衰，诸侯连年征伐混战，导致“人心不古、礼崩乐坏”，藉田礼失去了制度以及政治环境的依托，已不可能再继续下去，因此在相当长的历史时期内，耤田礼事实上已被人们遗忘。这从孔子身后的文献对耤田礼的描绘“昔天子为耤千亩”，已经体现得淋漓尽致。

后世以周礼为制度之始，周代天子因“帝耤千亩”，所以耤田也称作“帝耤”“千亩”，一直沿用到清亡。

通过前述我们可以看出，耤田礼这一礼仪的缘起，事实上远超出世人的想象。它是中国古代少有的将日常生产生活中的劳作活动演变为国家礼仪活动的特殊代表之一，它与另一代表——始自周代的王后亲蚕礼——一道，成为中国传统小农自然经济社会中的基础经济元素男耕女织经济的体现。

古人说“一夫不耕天下或受其饥，一妇不织天下或受其寒”，俗语常说“民以食为天”，朴素地道出人类社会中衣食之需是社会存亡的大事。

中华民族受制于地理环境所限，文明成长于黄河流域、长江中下游流域，文明的发端与演进的自然载体，并没有脱离大自然中其他生物演化需要遵守的天条，那就是：自然环境决定演化。有什么样的自然环境，就会有什么样的人类体质特征，也会有什么样的人类社会组织形式。华夏先民兴盛于华夏两河的流经平原地带或冲积扇地域（长江、黄河中下游地区），这些地区土壤肥沃、可利用土地面积相对广阔，在气候适宜的先决条件下，开展农耕农业几乎是唯一选择。因此，南北两方的华夏先民在温带、亚热带气候环境下，选植培育出旱作农作物、非旱作农作物，其中，旱作农作物品种最多，在中国古代社会中的影响力也最广。而非旱作农作物，基本只局限于水稻。但无论什么作物，都需要人类的辛勤耕耘和不断优育品种，从而避免这些人类后天培育的植物出现品种退化。只有这样才能保障人类生存所需。

越原始、越常见、越简单的人类行为和后天创作，通常也最能为人们所称道和怀念，并奉为经典加以保留。因为，这些创作和行为，大抵出于人们最朴素的认知、对于大自然最朴素的感悟，蕴含着先民们对自然科学和自然规律这个天道的直觉认识，反映的也往往是最为基础的自然原理。我们熟知的很多后天发明创造，体现的就是这一思想。

人类的社会组织形态，在由简单到复杂、由低等到高等的演化过程中，对于社会组织形态中人们需要遵循的组织规范和精神层面的指导思想，也往往像在物质领域中一样，保留许多初民时代的做法和思维，他们随着历史的演进，成为沉淀于社会组织成员文明细胞中的文化遗传基因，成为不自觉指导后代人行为的规范。

耤田礼的原初作用，是满足农耕民族万物有灵、多神崇拜之需的一个具体物质准备和实践形式。对于华夏民族这个农耕民族来说，像其他世界上的原初之民一样，奉行着对大自然一切的神秘恐惧，包括祖先、山水、树木森林、风云雷雨闪电、蝗虫猛兽等。其中由于祖先崇拜涉及对氏族血亲的集体记忆和缅怀，祖先崇拜的特殊意义在中华民族崇拜的潜意识里有着别于其他崇拜的重要性。但因为农耕民族的生活物质成本中，植物性膳食占绝对成分，也就是说作为农耕民族的我们多以植物为取食对象，因此，在敬奉祖先的祭祀活动中，也不可能拿出更多的非植物性食物作为贡品献祭。为此安排稳定持续的食物生产，既保障自身生存所需，也兼顾祭祀神灵所需，就成为农耕民族的头等大事之一。这与远古时期不同氏族部落之间为了领地、人口和其他可利用资源的争夺而发生战争、争斗一样，都是共同的大事，因而古人有“国之大事，惟祀与戎”之说。生存资源的争夺，以及后世经济资源的争夺，事实上构成人类社会产生至今的一系列重大历史事件的根本因素，也是人类社会演化的一个原动力。保障基本生存之需的劳动，逐渐为人们所提升为礼制之需，就是耕耤礼产生的原初之因。

虽然，远古时期耕耤礼的产生确切时间无从可考，但从已知的各种资料做出推测，我们能够感受到它的古老性和朴素性。据民族学资料显示，20世纪三四十年代时的云南边远山区仍然处于原始氏族部落阶段的个别少数民族，保留着氏族、部落酋长每年春耕时带领氏族部落成员一起耕作、放火烧山的习俗，在这个习俗中，酋长的表现与往常主持部落会议或部落祭祀神祇时的举动一样，体现出庄重性与严肃，而不像普通部落成员平日耕作时的神情轻松或伴以说笑、谈论。因此这不仅仅是普通耕作农田，而是酋长带领部众进行的针对土地或劳动形式的一种虔诚敬祀。它可以看成华夏文明远古时代耕耤礼产生时的一个文化人类学标本。这种提炼于生产活动的礼仪行为，保留着促成礼仪产生的朴素原初成分，也就是耕作——虽然，耕作的象征性大于实用性。

人类的后天文化现象，随着时间的演进，不少行为逐渐脱离原初具化内涵而成为抽象的行为形式。产生于现实，而后超离于现实，成为纯粹的表意性行为。能够保留足够原初内涵且形式上与原初行为相同或接近，这种已经上升到礼仪阶段的文化行为弥足珍贵。就像生物学中经过千万年而外在生物学特征或生理机能没有出现改变的生物品种一样（比如鸭嘴兽、拉蒂迈鱼等）。发端于远古而孑遗于后世的耤田礼或耕耤礼，就是这种属性。它是文化人类学中的人类早期行为组织形式的活化石。

“夫民之大事在农，上帝之粢盛于是乎出，民之蕃庶于是乎生，事之供给于是乎在，和协辑睦于是乎兴，财用蕃殖于是乎始，敦纯固于是乎成。”

(《国语·周语·上》) 农事与否，决定着农耕国家的根本和一切。因此，体现形而下农业与国家兴亡休戚相关、体现形而上敬神粢盛的耤田礼，就不可能是一个农耕农业占主导地位的古代国家不予重视的重要礼仪形式。

耤田礼早于炎帝神农氏崇拜，也就符合前述所说。炎帝神农氏的崇拜，开始于西汉，其中农的崇拜成分，很明显与耤田礼的外在形式和内在政治含义相吻合，因此，自西汉开始，汉之天子超越周天子将耕地的礼仪与祭祀农业之神的礼仪分开来做的原始朴素形式，而在天子亲耕的帝耤田边设先农祠，将耕作与祀神一道进行，成为一套礼仪的前后两个部分。据此，形而下的耕田与形而上的敬神有机结合一起，构成自汉以降两千余年中国古代大一统专制国家重要典章之一。天子因农事以为天下先，扮演农夫执耒耜推耕农田，完美地成为天下农人的最高代表，并且在仪式过程中，自觉或不自觉地客串了先农之神，在精神上实现了对天下子民的归化与自我神化，顺理成章地、合情合理地扮演父仪天下的主人公，体现了专制国家家天下的政治夙愿。

这就是耤田礼在中国古代农业社会、农业国家中曾经体现的终极意义和全部价值所在。

董绍鹏，北京古代建筑博物馆保管部主任、副研究员

◇红瑶花裙研究

——以修复的广西民族博物馆花裙藏品为例

◎ 张璟　赵旭铭

【摘　要】艳丽的服饰是少数民族的一种特殊文化语言，广西红瑶的花裙是姑娘的节日盛装，最能代表红瑶女性服饰的特色和工艺。在对广西民族博物馆馆藏的一件红瑶花裙进行保护性修复的过程中，为确保修复工作的科学性，对红瑶花裙的形制、制作工艺、纹饰图案以及发展变迁展开了细致的研究。针对红瑶传统服饰手工艺正在逐渐衰退和消失的现状，对其价值应给予更多的重视，并研究保护措施。

【关键词】红瑶花裙　纺织品文物　修复

绪　言

笔者于2013年下半年参加了由国家文物局主办、中国文化遗产研究院承办的馆藏纺织品文物保护修复技术培训班，培训过程中在广西民族博物馆工作了三个月，其间对广西民族博物馆提供的两件纺织品藏品开展了保护修复工作，其中一件藏品是一条红瑶花裙。

瑶族是中华民族古老的一支，在漫长的历史变迁中，因为频繁的战乱，有过多次的大规模举族迁徙，现在主要分布在广西、湖南、广东、贵州、云南、江西等省（自治区），不同的支系他称有几十种之多，分布广泛，以山居为主，生产方式以山地林业、农耕为主，也有部分平地农耕瑶民。服饰因地域不同和生产、生活方式的差异各具特色。瑶族自古就是一个热爱生活、有着丰富审美情趣的民族，艳丽的服饰是瑶族的一种特殊文化语言，五彩斑斓、绚丽多彩是瑶族传统服饰文化的普遍性特征。桂北地区龙胜各族自治县的“红瑶”，则是瑶族中的一个支系，因妇女上身外衣的花纹图案以红为主色而得名。红瑶具有悠久的历史和丰富多彩的民族文化，主要分布在广西桂北地区龙胜各族自治县的泗水和平乡一带的山区里。

红瑶女性的衣着为上衫下裙，分夏衣和冬衣两种，无论夏装还是冬装，下身均着及膝百褶裙，上山下地或是冬天较冷的时候还要扎上绑腿。红瑶女性喜欢穿裙。隋唐时，莫瑶“其女子青布衫，斑布裙，无鞋履”。金坑、潘内、周家、细门等村的红瑶，现在当地人仍称红瑶为“莫人”，汉译为“莫瑶”。宋代周去非《岭外代答·外国门下·049 猺人》有详细记载，“桑江寨。瑶人椎髻临额……妇人上衫下裙，斑斓勃翠”。说明自古红瑶女性的着装习俗就是上衫下裙。民国时期，汉族官僚认为少数民族的生活习俗是愚昧落后的表现，因而不顾少数民族人民意愿和文化特点，企图以行政命令强迫少数民族改装，妇女改裙为裤。情势所迫下，龙胜县内壮、苗等少数民族纷纷改装，红瑶则顽强抵制，保持了女人着裙的传统。当地人描述说：“过去在国民党的时候，你看哪个要是穿裤子，人家笑死你去，讲你像个什么人？人不像人，鬼不像鬼，你背了祖宗了，我们祖宗要穿裙，你都不穿。”穿裙成为族群认同的标准和符号，不可由个人喜好随意选择。至今一些老妇人还一直穿着百褶筒裙，说她们穿惯了，换穿裤子怕被人笑话。① 由此可见，裙子在红瑶女性服饰中占有极其重要的地位，是红瑶民族文化的重要载体。

历史上，红瑶女性的服饰“五彩斑斓”，但在民国时期，红瑶男人不分长幼，全部穿黑衣黑裤，女人也不分长幼，全部穿对开襟黑色短衣，下着裙子。当时的红瑶服饰以黑为主是受到政治、经济、社会等多方面因素制约的结果。中华人民共和国成立后，红瑶的服饰才又逐渐恢复原来的民族特有风格。现在的传统红瑶下装是百褶裙，分为青裙和花裙两种。青裙用青布制作，是劳动裙和老年妇女的着装，易于缝制。而花裙则和花衣一样，是姑娘的节日盛装，最能代表红瑶女性服饰的特色和工艺。

本文将以笔者修复的一件广西民族博物馆红瑶花裙藏品为例详细介绍红瑶花裙的形制、制作工艺、纹饰图案以及发展变迁。

一 红瑶花裙的形制

花裙为龙胜红瑶姑娘节日盛装的下装。花裙在抽褶前展开为长方形片状，不缝合。裙头两端有裙袢，用于束带。花裙长度及膝，裙褶上细下粗，上半截褶为下半截的两倍，呈微喇叭状，且两端褶密，中间褶稀。如此工艺使得裙身极富伸缩性，方便穿着，穿着时正面花纹显露无遗，十分美观。

因颜色和花纹差异，花裙分为上、中、下三节，上节染成青色，中节有蜡染的青、白相间的纹饰图案，下节为红、绿色相间的二十块布拼缝。

① 徐赣丽：《红瑶妇女服饰的符号意义及其文化传承》，《原生态民族文化学刊》2013 年第 5 卷第 1 期。

蜡染纹饰图案与红绿色拼布之间的衔接处有一条白地粉色绿色绒线的挑花绣绦带，裙脚滚青地花边。

穿花裙时一般在前面配以青布围裙，长度要比花裙稍短一些，这样围在裙子外才不至于把裙子全部挡住。因红瑶女性的衣服都是无扣的，穿的时候需用腰带束紧。腰带宽约 50cm，以大红色为主，系于腰间，带头置于腰后，行走时随裙摇曳，百态千姿。花裙裙头两端各有一个布带，用于系“东把”。“东把”是一种装饰品，穿裙时交叉系合，垂于臀部两边。将东把串在裙带上的结法也很有讲究，将东把穿过裙带的袢纽，然后将东把带绕过袢纽上方折至东把的左侧，穿至孔内打成活结。①

以笔者修复的这件红瑶花裙藏品为例，此藏品为现代服饰——龙胜红瑶蜡染女裙，腰部为黑色平纹地起暗花包边，裙膝上为蓝布接几何纹蜡染图案，蓝布与腰部相接处有不规则裙褶，左右两侧密集，中间部位稀疏，下摆有粉、绿色线挑花绣花边接粉、绿色拼布，粉、绿色拼布之间左右各有 5 条黑、白色绦带，裙脚为黑地白绿红色纹绦带。织物尺寸：腰围 82cm，裙长 48cm，裙摆长 310cm（见图 1）。

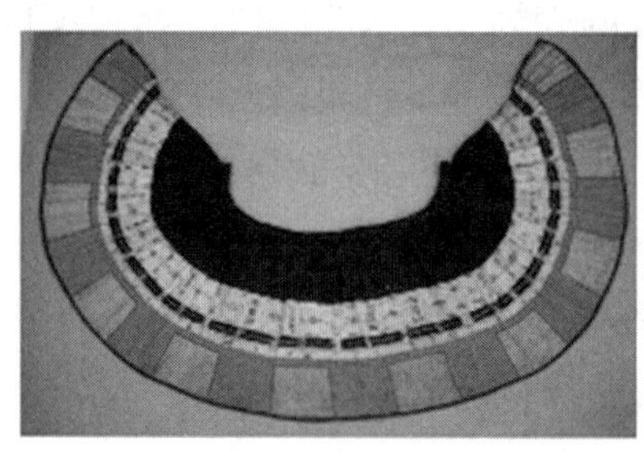

图 1　红瑶花裙

二　红瑶花裙的制作工艺

红瑶花裙制作过程繁杂。涉及的制作工艺主要包括染蓝靛布和蜡染。

染蓝靛布的主要染料是蓝靛膏，是用蓝靛叶发酵而成。蓝靛染布的制作方法如下：先将蓝靛膏和清水按一定的比例放入桶中，再放入数百克自酿的糯米酒，便为染料。每天要用木棍在水中搅动一次，数日后，待桶中的水呈现黄色时，便将布料放入桶中染制。每天浸泡两三个小时左右，然后拿出来晾至半干，又再次浸泡染制。每次浸泡前，都要用木棍在桶中搅动，不让蓝

① 田宇：《红瑶服饰文化研究——以广西龙胜大寨村红瑶服饰图案为例》，硕士学位论文，广西民族大学，2012 年，第 12 页。

靛膏沉淀于桶底。如此反复浸染多次，直至染制出所需要的颜色为止。①

蜡染是红瑶女性突出的手艺之一，《岭外代答·服用门·112 猺斑布》记载："瑶人以蓝染布为斑，其纹极细。其法以木板二片，镂成细花，用以夹布，而溶蜡灌于镂中，而后乃释板取布，投诸蓝中。布既受蓝，则煮布以去其蜡，故能受成极细斑花，炳然可观。故夫染斑之法，莫瑶人若也。"说明很久以前红瑶人民就已经熟练地掌握镂花蜡染技术，染成自己喜爱的花布，用以做花裙。现今它仍然保留在红瑶制作花裙的工艺当中。

以笔者修复的这件红瑶花裙为例，其制作步骤如下：裙子用白棉布裁成八块布料手工缝制拼接而成。首先绘制蜡染花纹图案，进行蓝靛染布，染后的布上节为"瑶斑布"，中间一节蜡染，下节仍是"瑶斑布"。其次把整块裙布浸湿捻成细褶。最后将宽 2cm 的挑花绣绦带缝在第二节蜡染纹饰图案的下沿。将买来的红、绿色布分别裁成 10 小块，红绿间隔缝在裙子的第三节，上沿与挑花绣绦带拼合。红、绿色拼布是用缝纫机与蓝斑布缝制到一起的。缝制过程是：首先将拼布下端折边与蓝斑布背面下端匝在一起。其次将拼布上端与青布正面匝在一起，上端位于挑花绣绦带下沿。再次在拼布正中位置用缝纫机从左到右匝一道白色缝线，每隔 2cm 缀一朵白色六瓣花装饰，与白色缝线组合构成"米"字。最后缝上裙脚绦带，上好裙头布和两端的带袢，即成一条完整的花裙。

此裙由于难做，一般是在节庆日子、办喜事或下街赶圩时才穿，平时则穿旧的花裙或青裙。

三　红瑶花裙的纹饰图案

红瑶服饰装饰图案多以菱形、正方形组合，造型简练而富于变化。纹样虽只有三角形、四方形、菱形、齿形、草木形等几种基本形，但能组合出人物、动物、植物等繁多形象和以对称式、水波状、二方或四方连续排列构成的象征性图案。②

红瑶花裙的纹饰图案主要分布在蜡染蓝布和红、绿色拼布上。笔者修复的这件红瑶花裙上的蜡染纹饰图案主要为抽象几何图案、动物图案；红、绿色拼布上的纹饰图案主要为花草、吉祥文字。以笔者修复的这件红瑶花裙藏品为例，具体纹饰图案如下：

1. 抽样几何纹样

蜡染纹饰图案中的抽象几何纹样主要有万字纹、圆圈纹、锯齿纹等。

---

① 参见玉时阶《濒临消失的广西少数民族服饰文化》，民族出版社 2011 年版，第 48 页。

② 粟卫宏等：《红瑶历史与文化》，民族出版社 2008 年版，第 125 页。

这些几何纹样都是以简单的点、线、面，以及正方形、三角形、圆形、菱形为基本要素构成的，通过点、线、面的移动构成各种不同的轨迹，层次丰富，生动朴实，突出地表现了蜡染艺术简洁明快的特点，具有浓郁的民族风格（见图 2 至图 7）。

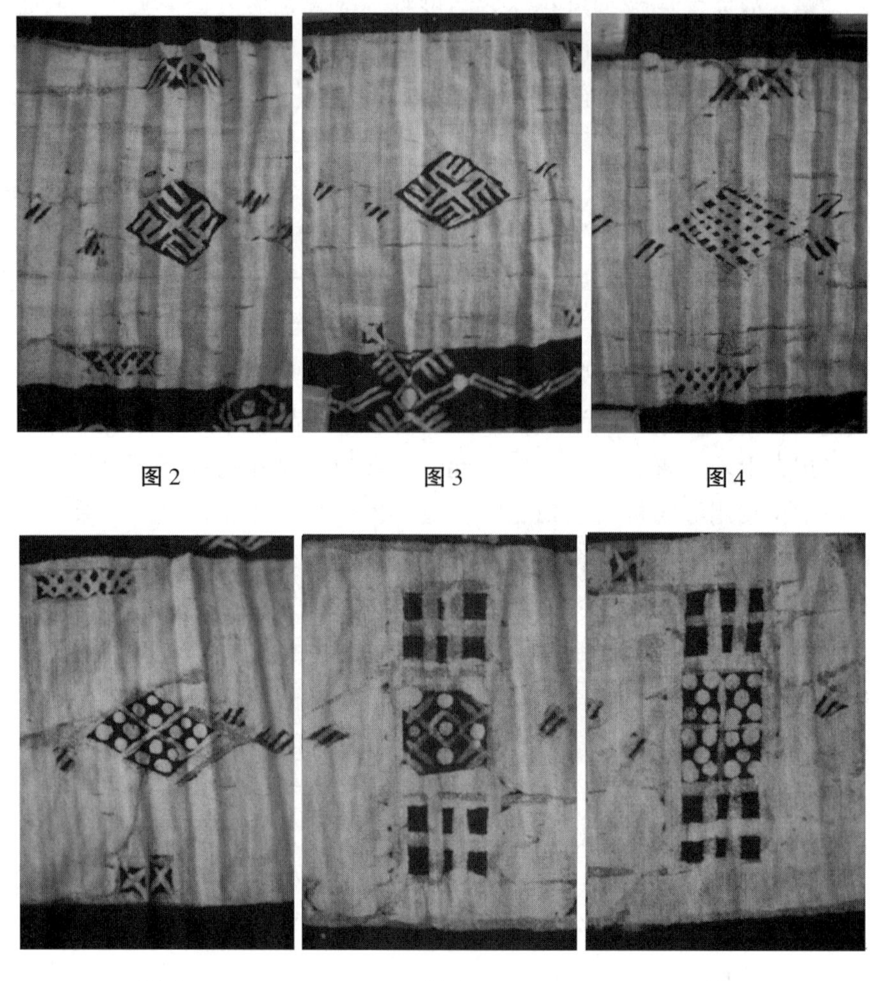

图 2　图 3　图 4

图 5　图 6　图 7

2. 动物纹样

动物纹样大多是用几何折线构成抽象的动物形态。这件红瑶花裙上的蜡染动物纹样主要有鱼、鸟、狗、螃蟹。

（1）鱼

在红瑶传统的宗教观念中，鱼是繁殖能力最强的一种生物，历来被视为多子的象征（见图 8）。

（2）鸟

瑶族神话传说中经常可以发现关于鸟崇拜、鸟文化的记载。农历二月

图8 鱼

初一是红瑶历史上较为重要的节日。过鸟节又称“忌鸟节”“忌鸟仔”“赶鸟节”。瑶族还有“敬鸟节”，反映了鸟崇拜的遗留，也反映瑶族自古以来对自然的敬畏及其生态环保意识。①如今鸟节习俗在渐渐消失，但红瑶服饰上的鸟形纹饰图案（见图9）体现了红瑶人的信仰，也表达了红瑶人对生活的热爱。

图9 鸟

（3）狗

瑶族历史上便存在以盘瓠为代表的狗崇拜习俗，龙胜红瑶先辈大都信奉狗图腾，当地的民间传说中，有狗为红瑶带来谷种的传说，过农历年要举行抬狗辞旧岁迎新年的活动（见图10）。

图10 狗

① 田宇：《红瑶服饰文化研究——以广西龙胜大寨村红瑶服饰图案为例》，硕士学位论文，广西民族大学，2012年，第32页。

（4）螃蟹

红瑶服饰上还有一些其他的动物纹饰图案，如螃蟹（见图11），当地人也不明其意，更多的是对自然的崇拜和生活现实的反映。

图11　螃蟹

3. 植物纹样

红瑶服饰上的植物纹样多取自自然界中的花草树木。这些植物纹样大多用简洁而抽象的线条。这件红瑶花裙的红色拼布上有梅花、兰花、菊花、竹等纹饰图案（见图12至图15）。因是市场上采购的成品布料，纹饰图案更符合普遍审美和文化需求，民族特色被弱化。

图12　梅花

图13　兰花

图14　菊花

图15　竹

4. 吉祥纹样

这件红瑶花裙的绿色拼布上有寿字等吉祥纹饰图案（见图16）。因为是市场上采购的成品布料，纹饰图案更符合普遍审美和文化需求，民族特色被弱化。

图16　寿字

四　红瑶花裙的变迁

红瑶花裙的变迁主要体现在面料材质、制作工艺、穿着场合三个方面。

1. 面料材质

新中国成立前，红瑶地区基本上还处于自给自足的自然经济阶段，自种蓝靛自养蚕、自染自织。几乎家家都种有蓝靛，很多人家里都有自制的织布机。① 那时红瑶服饰的面料均是妇女们自种的棉花或麻，自己纺纱、织布、染色，做成服饰面料。自己种桑养蚕，抽蚕丝、染色、挑花、刺绣。

20世纪80年代后，因土棉布、麻布、蚕丝等制作工艺太复杂、费时，随着机织布、化学纤维、人造丝等不断进入广西少数民族地区市场，且价格越来越便宜，红瑶也改用市场上出售的机织棉布、化纤面料做服饰面料，用市场上买回来的红色毛线或红色腈纶毛线取代蚕丝、麻线、棉线挑花、刺绣。

笔者修复的这件红瑶花裙，裙头布和红、绿色拼布经显微镜切片检测为化学纤维或化学纤维与棉交织，而非传统的丝绸（见图17至图22），色泽显得浮夸。

2. 制作工艺

新中国成立前，红瑶花裙的面料是按照传统方法自织、自染，绣线也是自己抽丝、自己染色。20世纪80年代后，红瑶人在制作花裙时更多的使用市场上采购的成品面料和人造丝，更有到市场上买成衣回来穿的现象。制作工艺上也使用了缝纫机取代手工缝制。笔者修复的这件红瑶花裙的红、绿色拼布就是用缝纫机匝到蓝斑布上的。这些制作工艺的改变降低了红瑶花裙的制作难度，缩短了制作周期，但同时也减弱了花裙的民族特征（如

① 粟卫宏等：《红瑶历史与文化》，民族出版社2008年版，第54页。

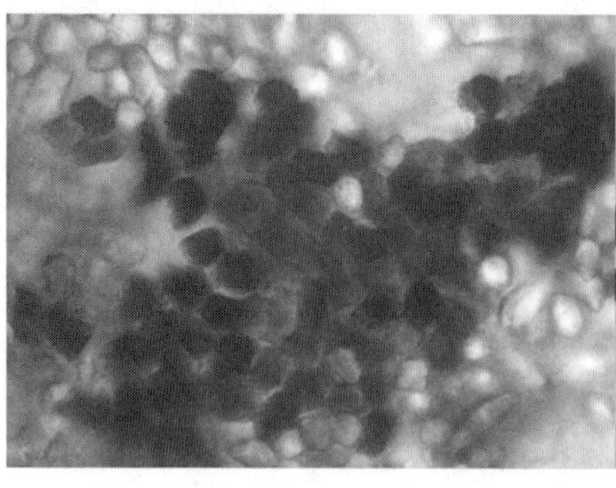

图 17　裙头黑色纤维纬线横截面（40X）

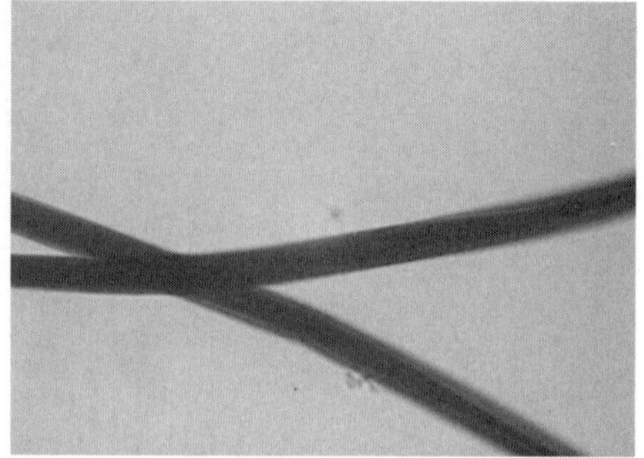

图 18　裙头黑色纤维纬线纵面（40X）

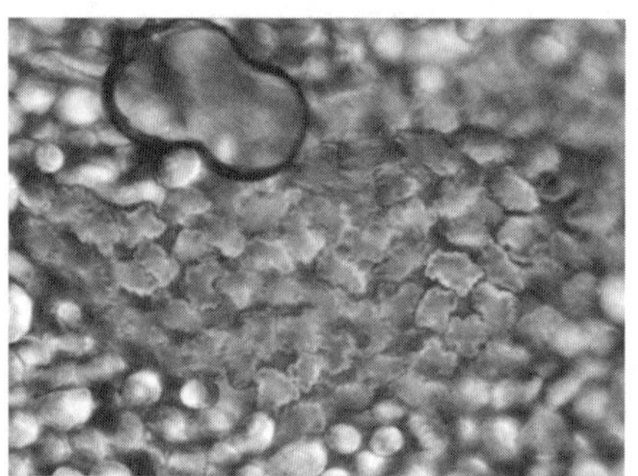

图 19　绿色拼布经线横截面（40X）

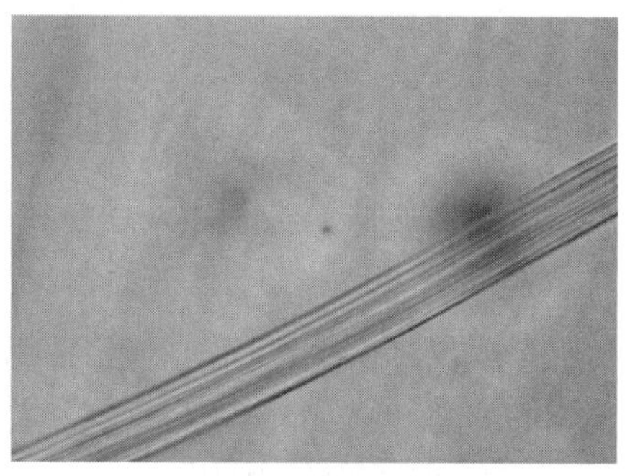

图 20　绿色拼布经线纵面（40X）

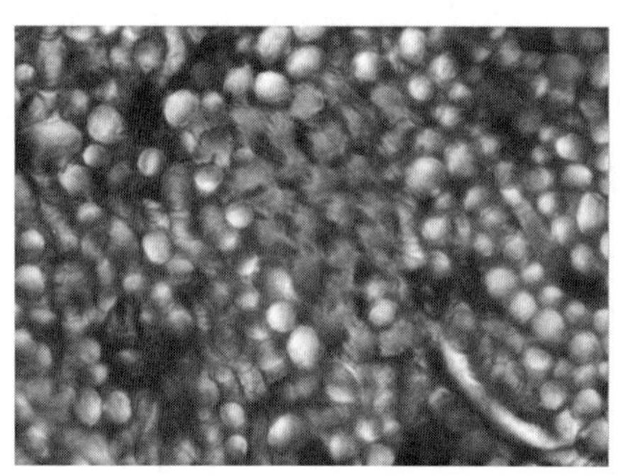

图 21　绿色拼布纬线横截面（40X）

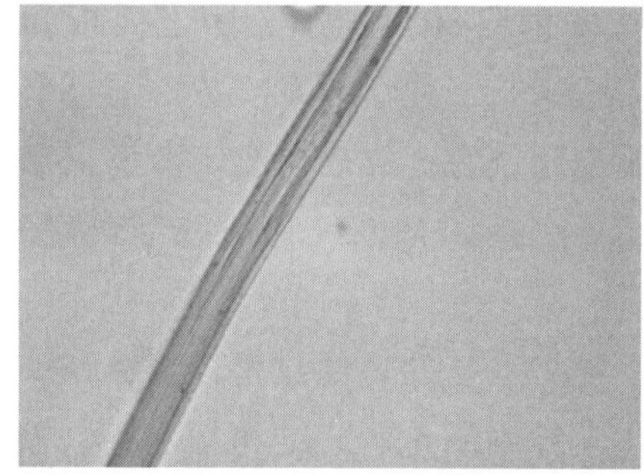

图 22　绿色拼布纬线纵面（40X）

成品面料上的纹饰图案更符合普遍审美，而非红瑶传统纹饰图案）。更令人感到忧心的是红瑶服饰制作工艺传承的断代。掌握和使用传统制作工艺的人越来越少，青年人因对外界的向往离开聚居地，也造成继承者的缺乏，并且他们对于服饰文化的了解也远不及其父母辈深厚。

3. 穿着场合

改革开放以来，随着红瑶对外交流频繁和受到现代化影响，时装在红瑶地区流行，特别是在青年群体中流行。绝大部分中青年已改穿时装。一般在过传统民族节日和参加民族传统活动时，才会重新穿上民族传统服饰，使其与民族文化活动的氛围相吻合，从而使瑶族民族传统服饰逐渐成为瑶族民众参加节日活动的礼服。①

结 语

红瑶花裙是红瑶传统文化的结晶，是红瑶文化的外在表现和形象展示。由于外来文化的冲击，红瑶服饰文化正在发生变化。红瑶服饰作为一项珍贵的少数民族非物质文化遗产，如何有效地保护、传承和弘扬红瑶服饰文化与传统制作工艺是当前迫切需要研究和解决的问题。

附录：红瑶花裙藏品保护修复操作步骤

织物主体为单层，裙摆部位为夹层。蜡染蓝布整体完整，局部有残缺和污染，污染主要是血渍、黏合剂；绿色裙摆残缺严重，占50%，其中两块整体糟朽，局部有污染；粉色裙摆为经线缺失，局部有污染，污染主要是血渍、外来污染物。综合评估病害为中度。至今尚未进行过修复。

根据文物保护修复的原则，即最小干预原则、可识别原则、可再处理原则、不改变原状原则，结合文物的保存状况，确定以丝绸、纯棉背衬加持针线法固定为主对文物进行保护修复，制定保护修复方案。

以下为文物修复步骤：

1. 拍照

拍照是记录文物修复前的原貌，将文物原有的正面、反面、局部病害用拍摄留影的方式记录下来，作为修复前的依据及资料留存，记录织物的原料、颜色、大小、织造工艺。

以下为修复前照片：

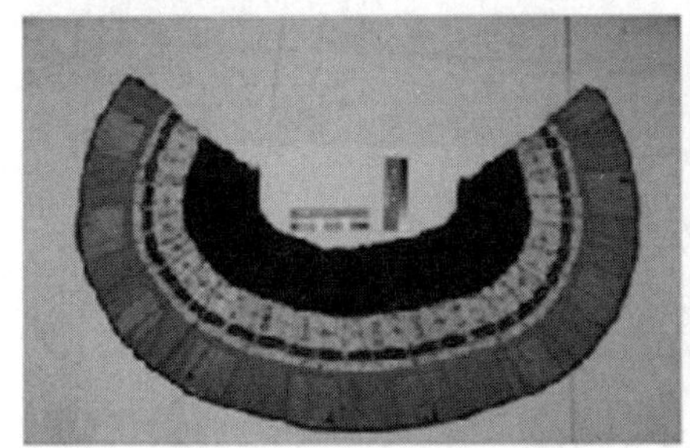

修复前文物照片（正面）

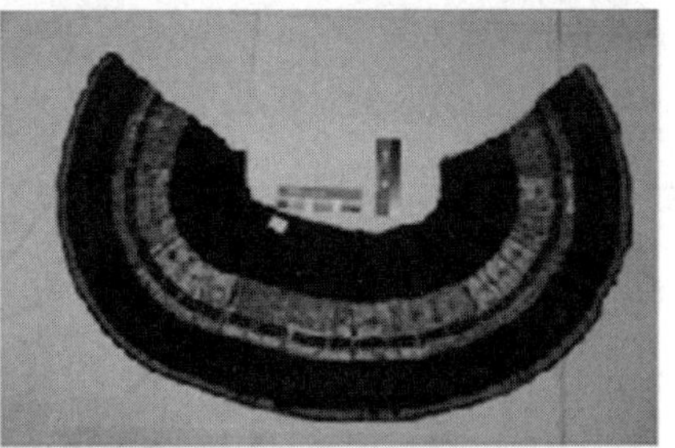

修复前文物照片（背面）

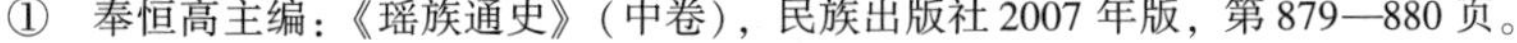

① 奉恒高主编：《瑶族通史》（中卷），民族出版社2007年版，第879—880页。

局部病害照片：

（1）残缺

（2）经线缺失

（3）污染

（4）糟朽

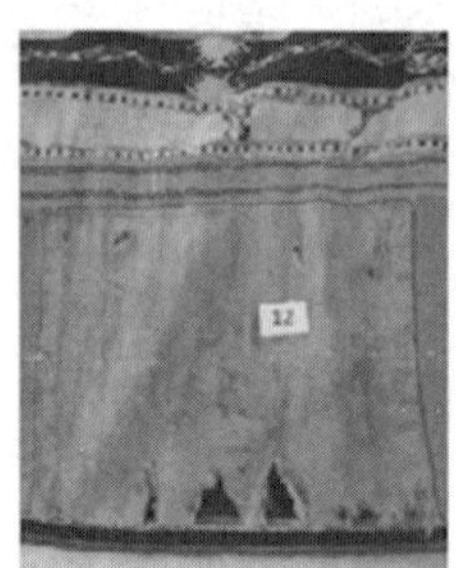

2. 病害图的绘制

通过病害图的绘制，了解织物在长期使用、流传、保存过程中，因物理、化学、生物损害而造成的一系列不利于藏品安全或有损于藏品外貌的变化，并以图示为主要特征记录表示。使用 Adobe Illustrator CS5 绘制文物病害图。

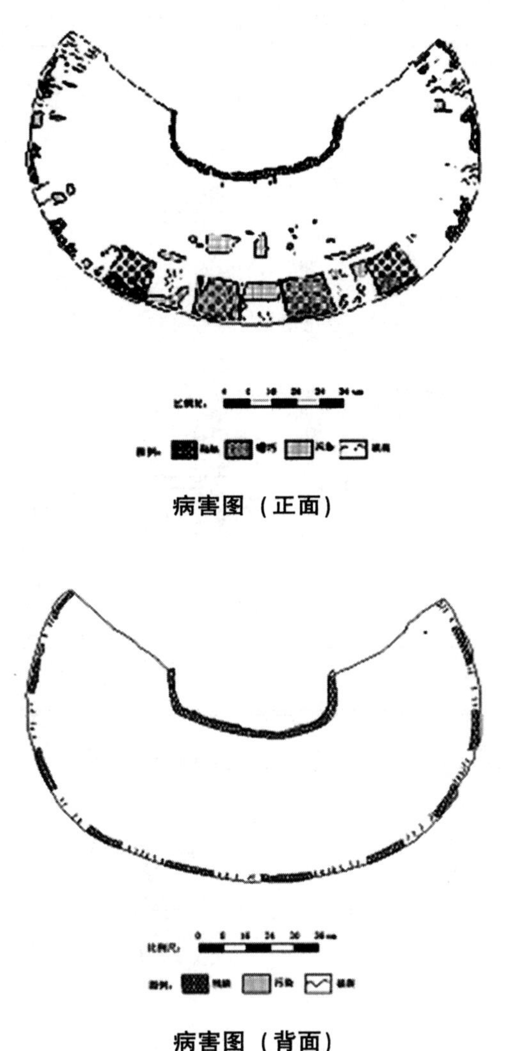

病害图（正面）

病害图（背面）

3. 裁剪图的绘制

用曲、直、斜、弧线等特殊图线及符号将服装款式造型分解展开成平面裁剪方法，同时也是对原物的一种有效保护措施。

单位：mm

腰部

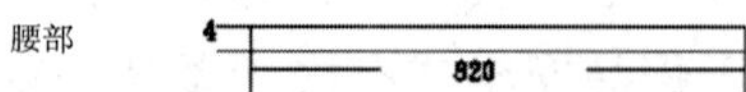

挑花绦带

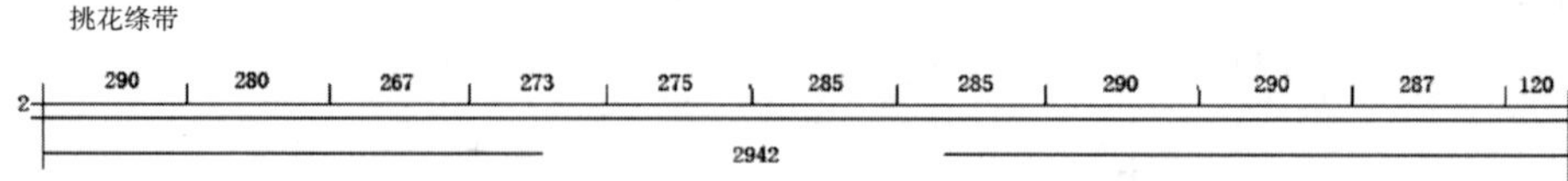

裙摆黑白色绦带 *10

裙摆拼布：粉色 *10 块，绿色 *10 块

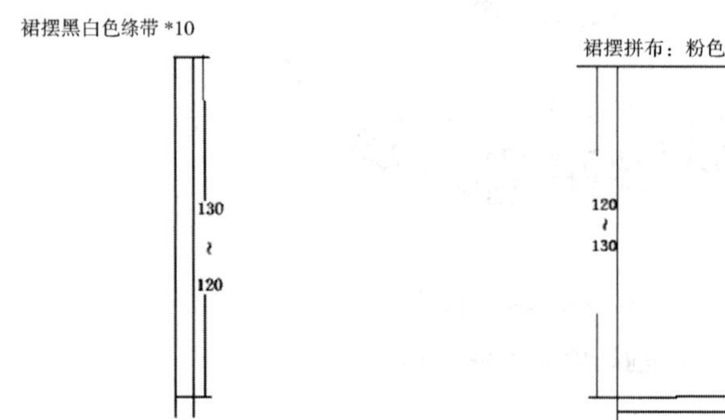

孔庙国子监论丛（2016年）

裙边绦带

6

1550

6

1550

说明：裙边绦带全长 3100mm，宽 6mm，因篇幅限制，平分为两段进行绘图，实为一整条。

蜡染蓝布 *8 块

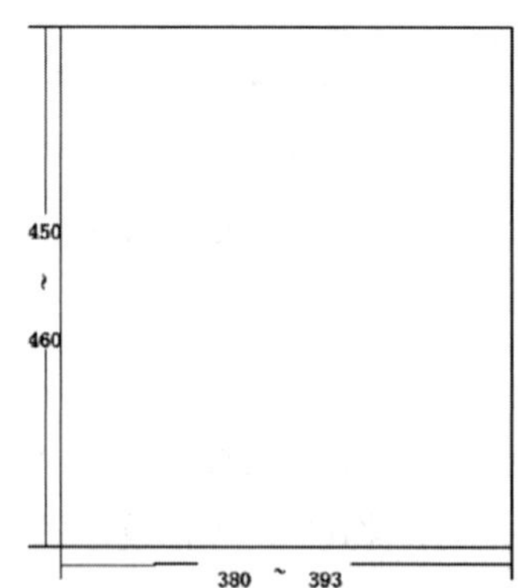

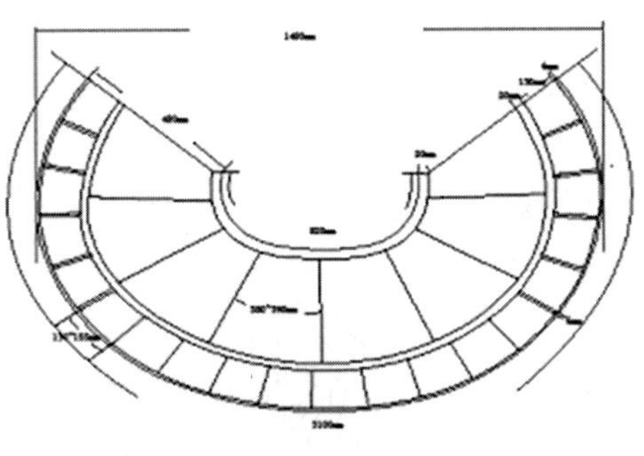

款式图

4. 纹样图的绘制

裙摆粉色拼布纹样：

（1）菊花

（2）兰花

（3）梅花

（4）竹

裙摆绿色拼布纹样：寿字纹等

5. 组织结构检测

利用手持式电子显微镜对此文物做织物结构分析，结果显示，此文物组织结构主要为平纹组织。

腰部：织物密度为经线 42 根/cm，纬线 28 根/cm；纱线细度为经线 0.27mm，纬线 0.26mm；纱线无捻；组织结构为平纹地起暗花。

蜡染蓝布：织物密度为经线 25 根/cm，纬线 21 根/cm；纱线细度为经线 0.30mm，纬线 0.40mm；纱线捻向为 Z 捻，捻度为弱捻；组织结构为一上一下的平纹组织。

挑花绣绦带：经线细度为 0.28mm，纬线细度为 0.62mm。

绿色裙摆：织物密度为经线 44 根/cm，纬线 23 根/cm；纱线细度为经线0.26mm，纬线0.30mm；纱线无捻；组织结构为变化平纹地起暗花组织。

粉色裙摆：织物密度为经线56根/cm，纬线28根/cm；纱线细度为经线0.24mm，纬线0.25mm；经线无捻，纬线捻向为Z捻，捻度为弱捻；组织结构为变化平纹地起暗花组织。

黑白绦带：织物密度为经线35根/cm，纬线8根/cm；纱线细度为经线0.58mm，纬线无法测量；纱线捻向为Z捻，捻度为弱捻；组织结构为一上一下的平纹组织。

裙边绦带：织物密度为经线36根/cm，纬线9根/cm；纱线细度为经线0.46mm，纬线无法测量；纱线无捻；组织结构为一上一下的平纹组织。

蜡染蓝布：一上一下平纹组织（200X）

6. 斑点实验

选取此文物蜡染蓝布靠边一处，放吸水棉，使用棉棒蘸去离子水垂直擦拭，观察吸水棉是否有褪色现象，仅擦拭10秒，就发现有褪色现象。此文物蜡染蓝布上的污染物主要是黏合剂和陈旧血渍，通过水洗难以去除，且血渍位于白色纹样区域，如果水洗则会造成晕色，裙摆上的污染物主要是陈旧血渍和外来污染物，水洗可能造成蜡染蓝布晕色到上层织物，考虑到文物安全，因此决定只采用干燥刷子沿经纬线方向对织物进行表面清洁。

7. 切片显微镜观察法

为了准确的确定织物的纤维种类，在不破坏织物完整性的情况下，采集脱落纤维利用视频显微镜观察纤维的纵向和横截面形态，鉴别出纤维组织成分。检测分析后，确定蜡染蓝色织物为平纹棉织物，腰部包边织物为平纹地起暗花化纤织物，裙摆绿色织物为变化平纹地起暗花化纤织物，裙摆粉色织物为变化平纹地起暗花织物，纬线为棉，手工缝线为棉，缝纫机线为化纤。

使用的工具有：切片器、火棉胶、乙醚、刀片、载玻片、甘油。

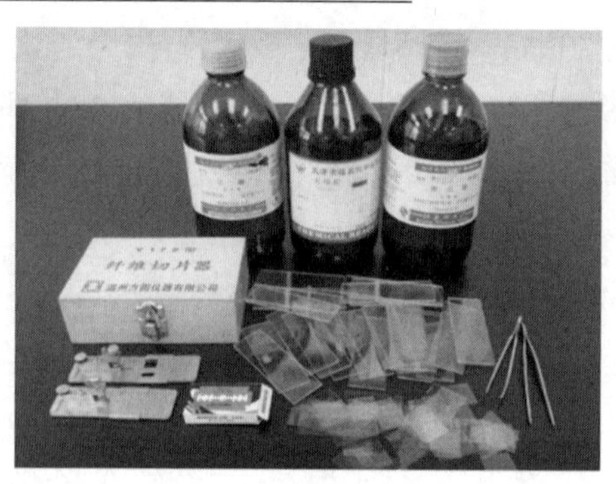

切片工具、试剂

8. 背衬材料和缝线的选购

选择纺织品补配材料的原则是能够加固织物但又不能使其变硬或是效果变化很大，选择的补配材料要与修复对象相匹配。对于背衬、缝线的选择，一般选择与所修文物的材质、组织结构、颜色相近，背衬厚度一般稍低于原件，有利于加衬后，整体颜色、质感的和谐。由于此文物腰部、蜡染蓝布和裙摆粉、绿色拼布都有残缺、破裂病害，需要在局部加背衬，因此需用同样组织的材料，染色后进行补配，每种背衬都需要相同颜色的缝线。腰部背衬采用平纹丝绸，蜡染蓝布背衬采用平纹棉布，绿色裙摆背衬采用斜纹丝绸，粉色裙摆背衬采用平纹丝绸，所有缝线均采用熟丝。

9. 染色

染色要求效果与原件整体一致，但又要有所区别。在这次修复中，主要是蓝色背衬、黑色背衬、粉色背衬、绿色背衬、绿色缝线、粉色缝线、黑色缝线、蓝色缝线的染色。本次染色主要使用化学染料，在经过多次试验后，获得与原件基本一致的颜色，再对染色后的织物进行化学做旧处理。(1) 蓝色背衬的染色：平纹蓝色棉布，直接深蓝、直接宝蓝、直接特黑，Nacl。(2) 黑色背衬的染色：平纹白色真丝面料，直接特黑、直接大红、直接深蓝、直接黄，Nacl。(3) 粉色背衬的染色：平纹白色真丝面料，酸性大红、酸性玫瑰红、酸性枣红、酸性特黑，Nacl、硝酸铵。(4) 粉色缝线的染色：白色熟丝加捻线，酸性大红、酸性玫瑰红、酸性枣红、酸性特黑，Nacl、硝酸铵。(5) 绿色背衬的染色：选择与目标色相近的斜纹真丝面料，酸性果绿、酸性棕进行做旧处理，Nacl。(6) 绿色缝线的染色：白色熟丝加捻线，酸性果绿、酸性金黄、酸性棕，Nacl。(7) 黑色缝线的染色：白色熟丝加捻线，直接特黑、直接大红，Nacl。

染好的布：

蜡染蓝布　　腰部黑色包边

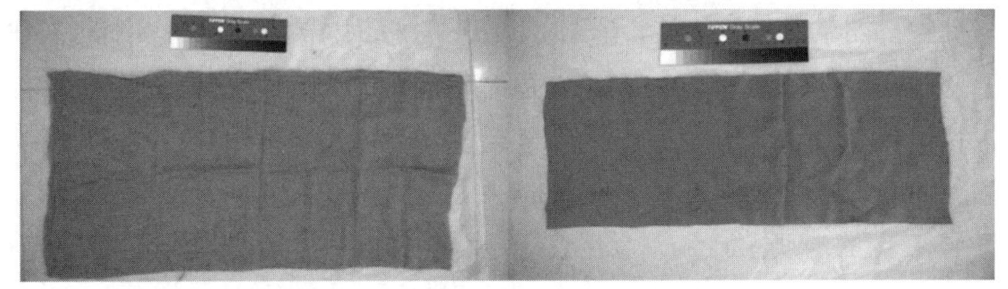

粉色裙摆　　绿色裙摆

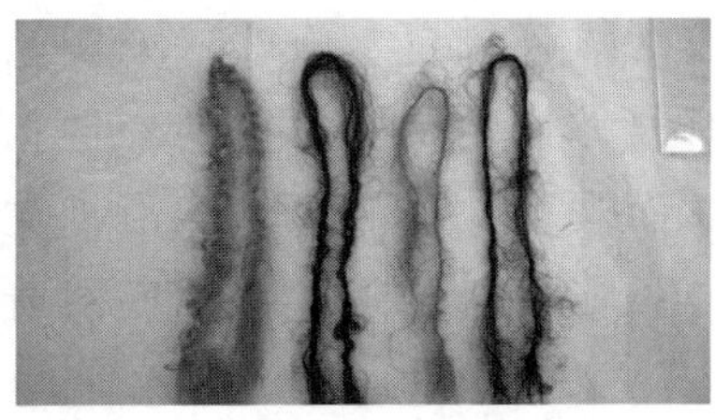

绿色缝线、黑色缝线、粉色缝线、蓝色缝线

10. 平整

由于此文物是百褶裙，蜡染蓝布区域不能进行平整。腰部黑色包边和裙摆粉、绿色拼布区域没有固定的裙褶，可以进行平整，且由于腰部包边和裙摆区域残缺、破裂严重，需在文物背后加背衬，如不加平整，两层缝合时会出现偏差，所以为了达到修复目标，有必要在修复之前对文物和背衬进行平整。在半干状态下进行平整效果是最好的，所以将回潮后的文物平铺在工作台上，然后用磁块压住。对于破洞处，用直头镊子和弯头镊子将经纬线梳理，然后用磁块压住。背衬清洗后平铺在工作台上，调整经纬线后用磁块压住边缘进行平整。

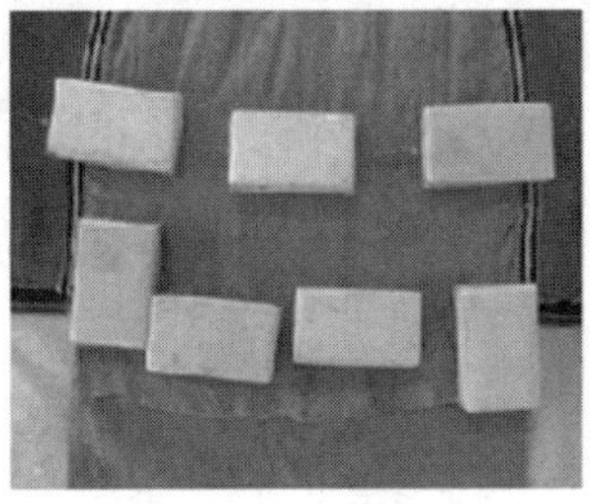

11. 修复

此文物的修复采用针线加固法，此方法也是国际上最为常用的一种修复方法，它通过在织物主体背后加上染过色的背衬材料，再通过针线的连接，将两层织物缝合，以起到加固文物破损部分与整体相吻合的作用。在修复过程中应注意的地方是，背衬不宜太松，这样在缝制过程中会出现背衬突出，影响修复整体效果，修复中针和线的选择也尤为重要，针线如果较粗会影响织物的美观，出现大小不一的针孔，纺织品的修复所使用的缝针应细小，所使用的缝线要牢固不能僵硬，大部分纺织品修复中所用的是生丝线，细度比头发丝还细，但有一定的强度和弹性，能给原织物起到支撑和保护的作用，对纺织品无损害，而且染色容易成功，修复起来不易看出针线的痕迹，在修复黑地绣字花草抹额帽的过程中所采用的针线法有：铺针、锁针、缠针、回针等。

传统的针线修复是运用缝制服饰的针线技术来修复纺织品文物的一种方法。此方法是通过针线缝合技术将两层或多层织物缝合。针线修复法是一种纯粹的物理修复方法，具有可再处理性，即修复部位的材料在将来必要时可拆除，从而恢复文物的原状。由于文物面料纤维强度极低不宜承受缝纫力度，使用背衬织物附在文物面料背面，将缝纫力度转移到背衬上。

（1）喷壶回潮

在针线法修复前，先使用喷壶对文物进行回潮，用镊子梳理破损处的经纬线，尽量梳理平整，遮挡衬布，减小破口。然后用包缝过的磁块按压。用针线法修复时，针法要与织物的纹路相符。

（2）针线法

首先将破损面料的缝边拆开，将背衬织物附在文物面料背面，运用铺针、鱼骨针缝合固定，针起针落于原面料空隙部位。

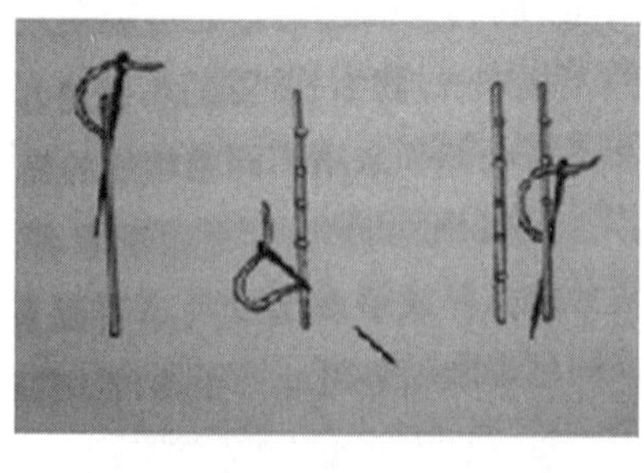

锁针主要用于在大破洞处没有残留经纬线的情况下将文物和背衬固定在一起。

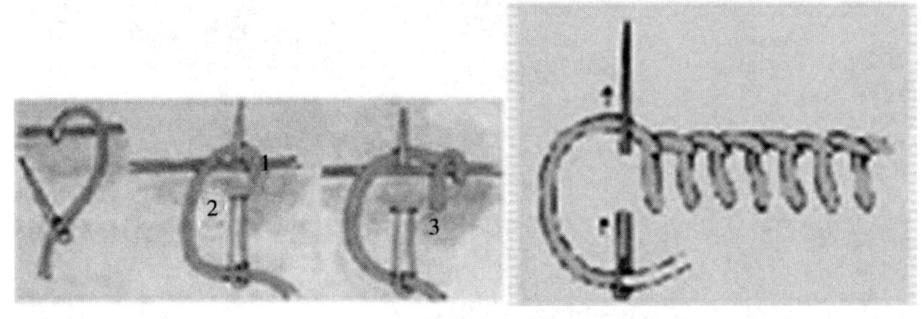

缭针主要用于重新固定加背衬后的文物边缘，这样不显露针脚。

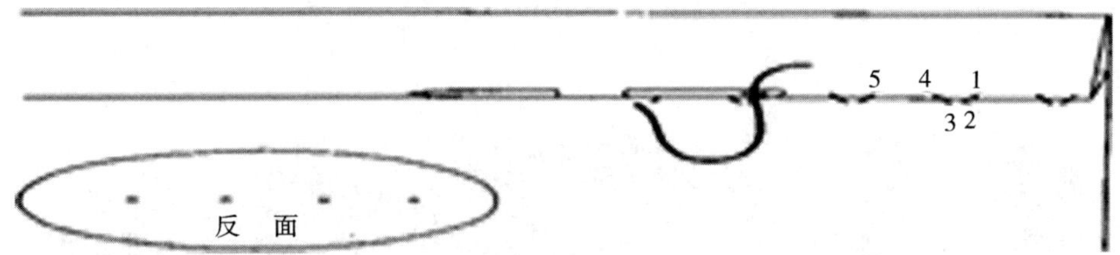

短跑针多用于两层或多层织物的缝合，此时使用跑针主要用于临时固定文物面料与背衬，利于固定残缺部位。

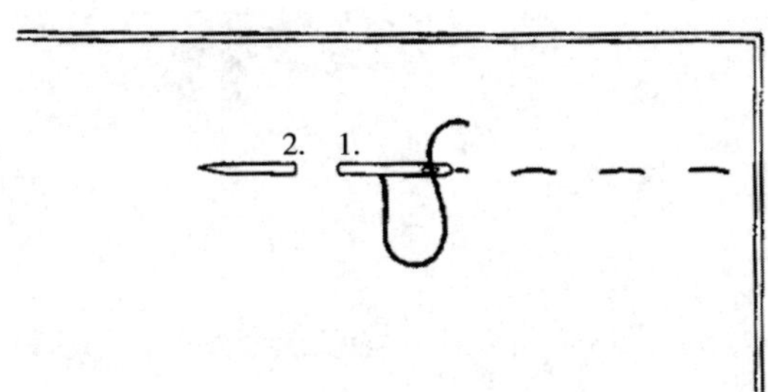

回针多用于两层或多层织物的缝合，此时使用回针主要用于固定文物面料与背衬，利于固定残缺部位。

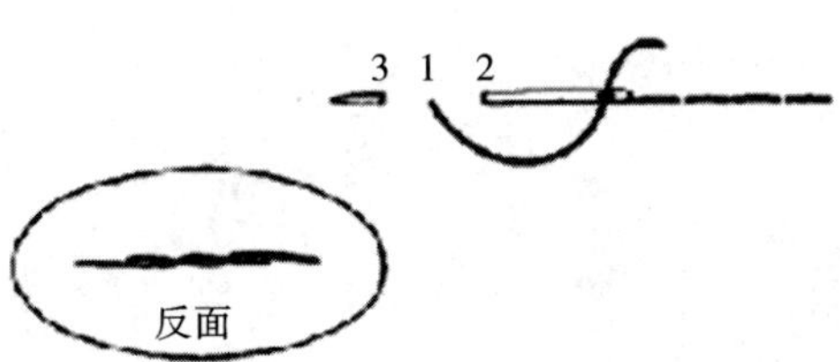

针线修复过程：

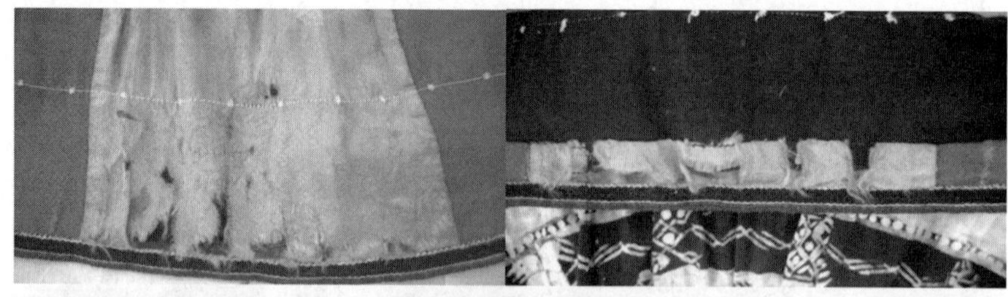

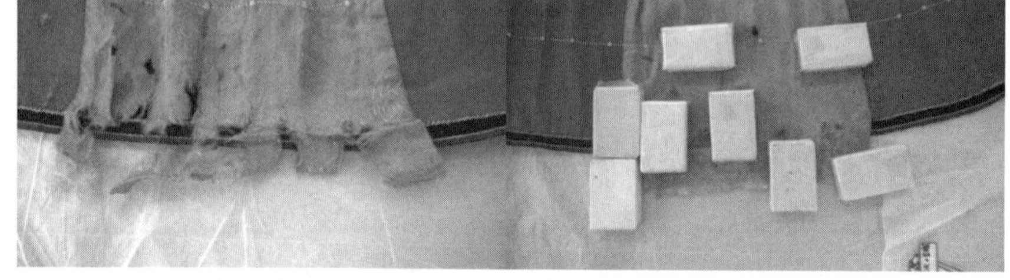

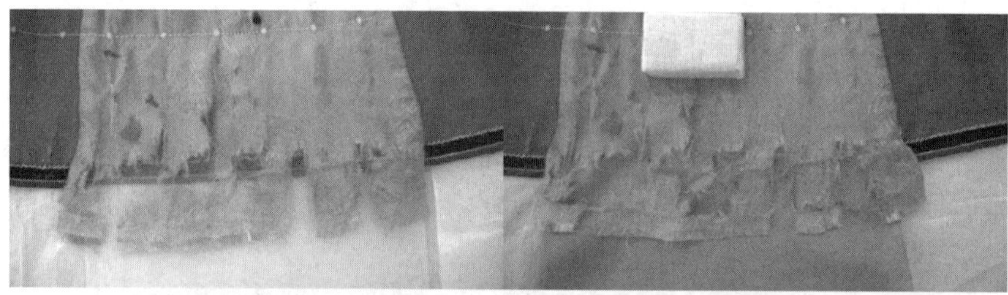

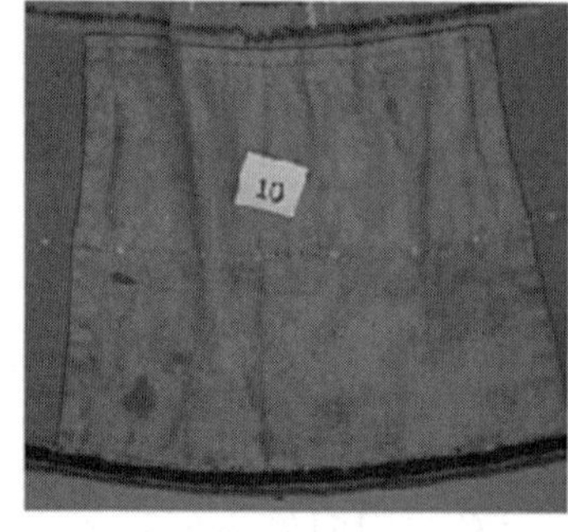

修复前后照片对比：

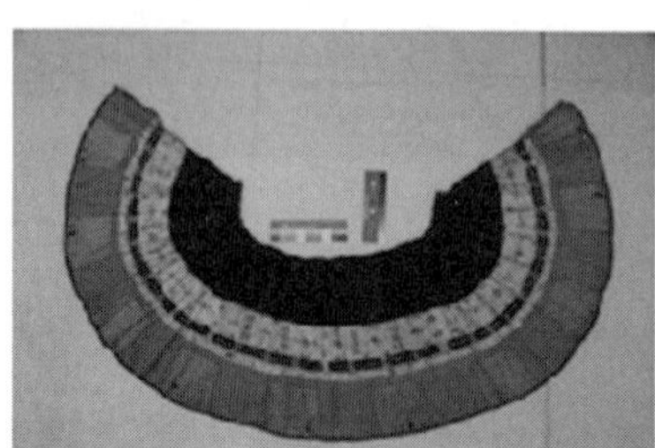

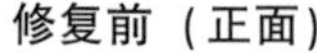
修复前（正面）

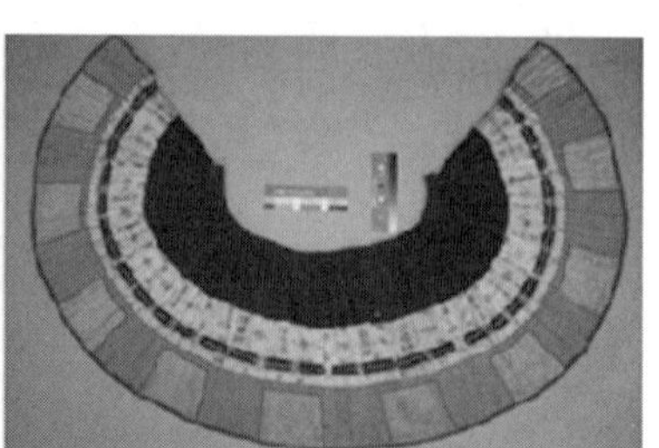
修复后（正面）

孔庙国子监论丛（2016年）

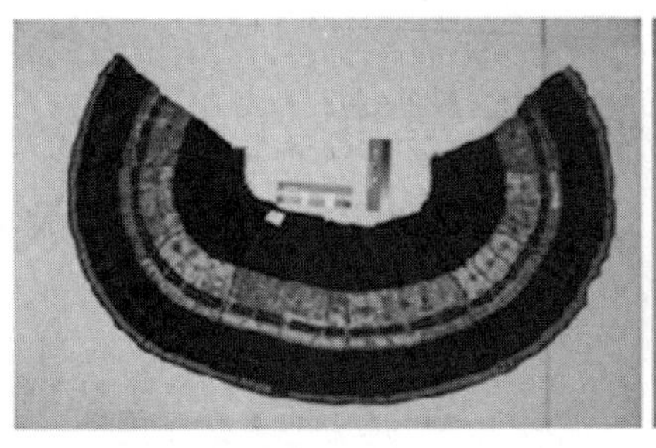
修复前（背面）

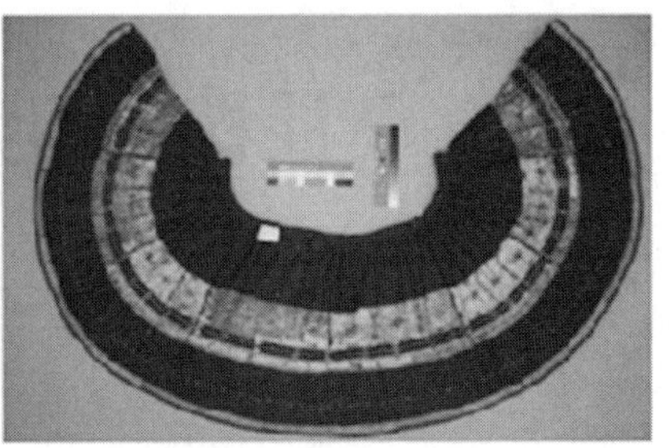
修复后（背面）

12. 包装与保存

修复加固后的纺织品，应放入无酸纸盒中，既便于保存又便于运输。纺织品应平摊放置，平摊可以使纺织品纤维获得最大限度的放松是一种最理想的保存方法，但由于此件织物面积较大，可采用折叠放置，为防止保存时出现皱褶，可采用无酸纸卷筒在对折部分支撑。

张璟，孔庙和国子监博物馆保管部副主任、副研究馆员
赵旭铭，广西民族博物馆馆员

◇社稷文化起源与变迁

◎ 杨明进　盖建中　贾明

【摘　要】 中国古代国家政治，非常看重祭祀。社稷祭祀在国家祭祀体系中占有重要地位，它被列为“吉礼”之首。从最初发端于土地崇拜，到后来完整的等级体系，社稷祭祀经历了一个不断发展完善的过程。明、清两朝不仅在各项祭祀制度上集大成，而且社稷祭祀的场所——社稷坛亦保存至今。本文拟在仔细梳理相关历史文献资料，并结合其他学者相关研究成果的基础上，较为系统地考察与研究明清时期北京社稷坛的祭祀礼仪及建筑等相关问题。

【关键词】 北京　社稷坛　祭祀

本文的研究对象是明清时期北京社稷祭祀。明清时期社稷礼仪经历了深刻的变化，进入最为成熟的阶段。这一选题的意义在于：首先，对中国古代社稷祭祀活动的研究很有意义。祭祀社稷对国家的安定、社会的发展有着重要的意义。因此，研究古代社稷祭祀制度，明清社稷祭祀这部分是十分重要的。其次，有助于更深刻的认识明清时期社会政治发展变化。最后，研究北京历史、北京文化，社稷坛研究不可缺位。

一　社稷的起源与历代社稷沿革

从《说文》“社，地主也，从示也”等文献中不难看出，社神来源于对土地崇拜，稷神来源于谷神崇拜。

有关夏社、商社记载很少，具体礼仪形态也难以考证，但夏社、商社的意义却非常巨大。夏社与原始土地崇拜有了质的区别，已经发展为一种国家的象征。商代社祀已有后代社稷的本质内涵和基本的礼仪形态，是谓社的“初始”。与夏商两朝相比，周代社的最大意义在于确立了社稷的分级制。春秋战国时期，州、里等地方行政组织的作用得到加强，出现了州社、里社等地方社。经过夏、商、周三代发展，社完成了从土地崇拜到国家权力象征的转变，有了一套祭祀礼仪，并拥有了与国家权力与行政体系相配备的等级社，真正意义上的社稷祭祀制度开始建立起来。

秦代社稷，文献并没有记载。史书只记汉高祖“除秦社稷，立汉社稷”①。由此看，秦代应有社稷。刘邦起事之初，就曾在枌榆社祈祷，第二年又建立“公社”。西汉末，社稷制度有过一次改变，官社（太社）中分出官稷，但很快又被废除。刘秀建立东汉后，建立太社稷，没有官稷。曹魏初期时，社稷的形态沿袭两汉一社一稷，明帝另建帝社，始有“二社一稷”。其后南北朝，都因袭此制。② 隋时在含光门内之右设立太社太稷，不再设帝社。唐承隋制。③ 宋承唐制。金海陵王迁都中都，北京开始成为金代的首都，金、元两朝社稷坛也是今天北京社稷坛的前身。

二　北京社稷坛的建筑

（一）建筑格局

明初在南京建社稷坛时，沿袭元代太社、太稷分立的理念，社稷坛为异坛同壝。洪武二年（1369），在社稷坛北建祭殿和拜殿，备遇风雨祭祀。洪武十年（1377），明太祖采纳礼部尚书张筹建议，将社稷两坛合为一坛，其配属建筑也出现了一定变化。此次改建，除了将社稷坛由两坛合为一坛，成为“同坛同壝”外，社稷坛位置也由宫城西南方移至午门外右方。坛内配属建筑也有一定变化。清代明而立，社稷坛的规模、格局均沿用明制。

（二）建筑规制

1. 坛台

现存社稷坛坛台方，二层，白石，四面踏跺，东、西、南三面均为四级石阶。上层铺五色土。台高和层数方面与文献记载有部分出入。

2. 壝垣、围垣

坛台四周有壝垣，方七十六丈四尺，高四尺，厚二尺。清前期，壝垣以五色土随方垩色，乾隆二十一年（1756）奏准改以四色琉璃瓦，依然随方覆瓦。四面各一门，门柱和楣阈都是石质，朱扉有棂，壝垣北门外放置鼎炉两座，西北隅有瘗坎两座。④

---

① （元）马端临：《文献通考》卷八十二，《郊社考十五·社稷》

② （明）章潢：《图书编》卷一百一·社稷：“宋仍晋旧，无所该作。”（清）陈梦雷：《古今图书集成》经济汇编礼仪典第一百八十四卷，社稷祀典部汇考一：“梁社稷坛承晋制。”“陈社稷依梁制。”

③ （元）马端临：《文献通考》卷八十二，《郊社考十五·社稷》。

④ 《咸丰太常寺则例》卷四十，《社稷坛·规制》。

社稷坛外有围垣，周长二百六十八丈，方形，内外丹覃，围垣四面有门，北门三间，东西南门各一间，覆黄琉璃瓦。围垣南门外有看守房，左右各三间，均北向。在围垣北门外，东北一隅朝东向开设门三面，是皇帝乘舆诣社稷坛祭祀的出入之门。①

3. 拜殿、祭殿

拜殿、祭殿（又称享殿、戟殿）厅堂式架构，单檐歇山顶，黄琉璃瓦屋面，宽 5 间，进深 3 间，前后门各三面，两殿前后对称，拜殿之南与祭殿之北各有三出踏跺（三出陛），拜殿之北与祭殿之南各有一出踏跺，两殿左右各一出踏跺。两殿中间有甬道相连，祭殿每扇门两侧各列戟十二个，以示威权，六面门七十二个戟。

4. 宰牲亭、奉祀官署

宰牲亭位于社稷坛西坛门外南。宰牲亭外旧有三面矮墙，从北转南、转东与社稷坛围垣相连。矮墙北面有门一座，歇山形制，黄琉璃瓦屋面，北向。宰牲亭为方形，结构与宰牲门基本一致，重檐。宰牲亭以南有退牲房一间，宰牲亭以东有铁锅两只，井一口，为祭祀时屠宰牲牢所用。

奉祀官署位于宰牲亭南边，东西各三间，南向，为奉祀官驻地，官署外有短垣一道。

三　社稷祭祀的礼仪

（一）祭品、祭器

所献祭品，最主要包括：牺牲、粮食蔬菜、酒醴、玉帛等几大类。除了大宗牺牲外，在供案前还要供奉各式种类繁多的肉干、粮食谷物、蔬菜、果品，以及香、蜡等物品。这些祭品用笾豆等祭具盛装。如果是遣官代祭，祭品有一些变化。

明、清两代大量仿制三代的礼器，但与此同时，在制材的选择上也兼具实用性的考虑。明代祭器多用瓷。清初祭祀制度大都因袭明朝，祭器也都是沿用明朝瓷质碗、盤。雍正以后多有更变。色彩因社稷与方泽都祭地为黄色。② 上述祭器祭祀时需按照规定供奉位次摆放。

（二）斋戒

洪武十一年（1378）后，祭祀社稷坛致斋三日。斋戒期内经常会遇到

① 《咸丰太常寺则例》卷四十，《社稷坛・规制》。

② 《内务府来文（礼仪）》全宗第 4 包 1 号，《礼部题为遵旨详议具奏事》（乾隆十三年五月）。

国家典礼，一般都将典礼提早或延后，以保证斋戒的完整。为了提醒斋戒百官，使其恪守斋戒规定，设立斋戒牌及铜人。

（三）神主

明、清两代社稷祭祀时兼用石主和木主。石主立在社稷坛中，固定不变；木主则别称“神牌”，祭祀时才放置在坛中，祭祀结束后，储于神库中。明初社稷祭祀，太社用石，太稷无。洪武十年（1377）始，太社、太稷都用木主。清太社、太稷皆用石主。①

明代石制社主高五尺，阔二尺，上部微尖。② 清代社主、稷主亦同。清初，太社、太稷木制神牌高度为二尺五寸，底座高一尺五寸，共四尺。雍正六年（1728）将底座加高一尺，这样总共高五尺，符合了“土为五数”的古制。

（四）祭文

明朝沿唐宋建立完善的祭文各项制度，③ 并且内容更加完备。社稷祭文属于国家公文，有着严格而固定的格式，基本结构为“祭祀时间＋主祭人＋太社之神、太稷之神＋赞颂（祭祀原因）＋祭享物品＋配享”，文末，常祀以“尚飨”，祈求、告祭通常以“谨告”。祝文需要写在祝版之上。④

（五）乐舞

历代祭祀乐章都选用佳名，明代采唐之制，用“和”字。如迎神，《广和之曲》等。洪武十一年（1378），社稷合祀，重新制定太社稷祭祀乐章七章，改动后七章的篇幅字数相同。句式由“四四”句式改用“八八”句式。明清社稷坛用中和韶乐，乐律则随月用律，“春夹钟清商立宫，倍应钟清变宫主调；秋南吕清徵立宫，仲吕清角主调”。乐器构成与乐舞形式方面明清基本一致。社祀乐舞为佾舞。

（六）行礼

祭祀中礼节包括迎神、奠玉帛、三献行礼、送神、撤馔、望瘗等环节。这些仪式在明清两代已经到了一种成熟时期，无论从纵向与唐宋相比，还是横向间祀天地、太庙、社稷等大祀都基本一致，除了一些细节的改动外，没有太大的变化。因事祇告的仪式与常祀遣官行礼基本一致，只是不作乐，服色也不相同。如果遇到雨雪，通常做法是在拜殿望祭，但有时为了表示

① 赵尔巽：《清史稿》卷八十二，《志五十七·礼一》（吉礼一）。

② 《明太祖实录》卷二十四，洪武元年八月癸丑。《明史》志二十三·礼一·吉礼一 称“高五尺，广二尺”，似有误。

③ （明）章潢：《图书编》卷一百零一，《人道·社稷坛》。

④ （清）张廷玉：《明史》志二十三·礼一（吉礼一）祝册。

对社稷的虔敬，皇帝仍有可能在雨中行礼。

明清分别由礼部、太常寺、光禄寺、内务府、鸿胪寺、钦天监掌管祭祀事项。都察院和六科负责祭祀监察。社稷坛等坛庙维修一般由太常寺坛庙工程处提出，工部承担实际工程，也涉及太常寺、户部、内务府等其他部门，并有一套细致的制度。

四 社稷祭祀的内涵性阐释

（一）在农业生产中的意义

春秋常祀固定时间是春分和秋分。这种顺应天时而为的行为，被认为是统治者对农业的重视。有祈即有报，在每年农作物收获之时举行祭祀仪式，向社稷进行报祈。古代人们改造自然、征服自然的能力非常有限，在灾害面前没有有效的方法来应对，而且社稷又是被认为掌管土地与五谷发生的神祇，所以当遇到水旱灾异，农业生产受到影响的时候，人们首先采取的便是到社稷等祭坛去祭祀，向上天、神祇祈求显灵，以图消弭灾害。

（二）在国家管理中的意义

所谓“受命于天”，但“天”是虚无缥缈的，祭祀就成为沟通人与神的一个桥梁。通过致祭表达对“天”的尊崇，并接受“天”关于权力的赋予。所以历代皇帝在即位时都要向天、地、庙、社进行告祭，升配祔庙时也要告祭祀社稷坛等处，以成为这个帝王家族中“祖宗列圣”的一员。君王既拥有天下，也必然要承担因此而带来的如“治国安邦”等种种责任，祭祀则从侧面体现了这种责任承担方式。另外，祭祀在道德教化、维护等级秩序、强化乡村管理上发挥着重要的作用。

（三）祭祀礼仪改制中的多维思考

实用主义体现。明清两朝除了继承历代祭祀社稷坛规制外，通常更加注重现实统治的需要，既表明自身皇权的正统性，又体现自己对国家至高无上的权威。例如嘉靖帝“大礼仪”之争。

五 结论

北京是历史文化名城，它的历史文化内涵是极其深邃和丰厚。通过对北京社稷坛的研究，我们发现包括社稷坛在内的北京诸多坛庙是在农耕文明基础之上的敬天敬土思想的外在物化形式，也是宗法制、儒家文化以及土地崇拜的具体体现。社稷坛作为与天坛、太庙同级的重要国家祭祀场所，它的精神实质是对农业的重视、对土地对自然的敬畏，以及对国家兴亡的关注，对它们的保护和研究具有很重要的现实意义。

最后需要特别说明的是，以上对明清北京社稷坛祭祀制度的认识，仅是针对文中所论述问题的一些总结。受限于作者的研究能力，依然有很多方面没有涉及或论述不够，所以在今后的研究过程中还要进行相应的补充和深化。

杨明进，中山公园副园长、高级政工师

盖建中，中山公园研究室主任

贾明，中山公园研究室科员

◇京剧古典精神（三）

◎ 姚秉正

【摘　要】 京剧，作为中国古典戏曲最高形式的完成，是与中国社会形式的发展状况相吻合的。这就是说，在作为中国古代社会形态的封建社会终结时，京剧适逢其时地完成了它的建构。在历史发生了根本变化后的现代社会，京剧存在的“精神气候”已丧失，自然也就无力再发展了，而成为古典戏曲的终结形式。

【关键词】 京剧　古典　精神

三　“游”的艺术

这里所说的“游”，自然是庄子的“游”。《庄子》第一篇就是谈“游”的，且是“逍遥游”。有人从哲学的人生的层面指出庄子的这种“游”是游世哲学，是游戏人生，并以为绝不可取。对此，我们不打算讨论，或许游戏人生确不可取；但我们要说，游戏艺术则很可取，游戏京剧艺术则尤其可取。这一点，连最不游戏人生的孔子也看到了，他不是说“游于艺”么！

其实，我们还可以换一种说法，所谓游戏亦即审美。徐复观曾说：“庄子思想的出发点乃其归宿点，是由老子想求得精神的安定，发展而为要求得到精神的自由解放，以建立精神自由的王国。”① “精神的自由解放”在美感领域，也就是审美；而在徐复观看来，庄子是以一个“游”字来象征的。② 徐复观还把庄子的这种思想与西人的思想相比较，并引述黑格尔在《美学讲义》中所说的“人是被安放在缺乏、不安、痛苦的状态，而常陷于矛盾之中。美或艺术，作为从压迫、危机中，回复人的生命力；并作为主体的自由的希求，是非常重要的”一段话，来说明黑格尔的“绝对精神王国”与庄子的“道”有“共同的祈向”③。

---

① 《中国艺术精神》，春风文艺出版社 1987 年版，第 53、54 页。
② 同上。
③ 同上。

在我们联系到京剧艺术来讨论庄子和黑格尔的这些思想时，想起了马叙伦的一段文字，这就是记于他那著名的“石屋余渖”中的《听余叔岩歌》：

忽焉有感，肠回意惨，悲从中来，书李后主词以解之，而悲愈甚。乃与智影往开明听余叔岩歌。叔岩不应歌者数年矣，今晚为救济湖北水灾而出，座无虚席，其所演为打棍出箱，往年观谭鑫培演此，出神入化，可谓观止。叔岩虽不及，而闲淡尚得鑫培之遗风余韵，歌音顿挫处无俗响，马连良直小巫耳。然问樵最佳，闹府次之，至打棍出箱，实已强弩之末，盖叔岩体弱，虽养息数岁，犹不能任也。数月前曾观谭小培演闹府至出箱，毫无父风，今观叔岩演此，又如食橄榄，可数日味矣。然余忽起一念，谓智影曰，此时此中曾有人念及国将亡耶？於乎，余乃亦此中一人耶？①

这里要做点说明。余叔岩演出的这天是1935年10月31日，是时日本人已染指华北，民族危机日甚一日，已经是“华北之大放不下一张平静的书桌”了。所以马氏的这篇文章中有“国将亡耶”的文字。

下面可以进行讨论了。这里值得十分注意的是，马氏这天去听余叔岩歌的动机。从马氏的记叙看，在去开明戏院（今北京珠市口民主剧场）听余之前，曾因“肠回意惨，悲从中来”而“书李后主词”；为什么要书李煜这个亡国之君的词呢？是因为要用“以解之”；岂料不但未能“解之”，反倒“悲愈甚”，于是，这才有了“往开明听余叔岩歌”；毫无疑问，往开明听余叔岩自然是为了“解之”，“解”了没有呢？从“今叔岩演此，又如食橄榄，可数日味矣”的记叙来看，是“解”了。这就是说，马氏因“国将亡耶”而从内心深处生出的悲痛、惨情是靠余叔岩的“数日可味”的艺术、美来排遣的；换言之，马氏至少在听余的“当下”（还不说“数日味”）是处于一种“游”的状态的，是建立了“精神自由的王国”而得到了“精神的自由解放”的，是从黑格尔所说的“不安、痛苦的状态”中，通过“美或艺术”而“回复”了“人的生命力”的。

我们说了，游戏京剧尤其可取，马叙伦听余叔岩足可证之。

当然，对于审美接受来说，“游”也是有条件的。结合对京剧艺术的认识，我们认为，这种“游”的条件表现在如下三个方面。

① 见《石屋余渖》，上海书店1984年版，第164页。

1. “心斋”“坐忘”的审美状态

“心斋”是庄子在《人间世》中提出来的；“坐忘”则见于他的《大宗师》。徐复观认为，“心斋”“坐忘”“是庄子整个精神的中核”①，足以见出其在《庄子》这本大著中的位置，亦可想见它们在庄子的“游”中的重要作用。什么是“心斋”呢？庄子借孔子的话说是：“气也者，虚而待物者也。唯道集虚。虚者，心斋也。”陈鼓应是这样译解的：“气乃是空明而能容纳外物的。只要你到达空明的心境道理自然与你相合。‘虚’（空明的心境），就是‘心斋’。”② “坐忘”又怎么讲呢？庄子又借颜回的口说：“堕肢体，黜聪明，离形去知，同于大通，此谓坐忘。”对此，陈鼓应是这样译解的：“遗忘了自己的肢体，抛开了自己的聪明，离弃了本体忘掉了智识，和大道通融为一，这就是坐忘。”③ “心斋”“坐忘”是两个内涵丰富的美学命题，我们无力也无须在此评论，只作一些简单的讨论。概括地说，所谓“心斋”“坐忘”就是一种心境空明、忘怀一切、无挂无碍的心理状态，而这种心理状态正是审美观照所必不可少的心理条件。我们先看“忘怀一切”的“忘”。

庄子有许多关于“忘”的概念，如“忘年”“忘义”（《齐物论》），“忘足”“忘要（腰）”“忘适”（《达生》）等。庄子这许多“忘”的思想，集中表现在“物化”（《齐物论》）这一点上，也就是要达到一种主客两忘的境界。所谓“相忘于江湖”，“两忘而化其道”（《大宗师》）等，都是这个意思。而这无论是在创作主体方面，还是在接受主体方面都是能体验得到的。从前者看，宋人曾无几曾说自己画草虫时，是“不知我为草虫，草虫之为我”；清人石涛也说过“山川脱胎于予，予脱胎于山川，山川与予神遇而迹化也”④。就后者说，陆游赞隐逸派的诗，是“读之遗声利、冥得丧，如见东郭顺子，悠然意消”，胡应麟则说王维的诗是“读之身世两忘，万念俱寂”⑤。

我们再看马叙伦听余叔岩。可以肯定地说，马氏在进入听余叔岩的过程中时，其心理是处于一种“忘”的状态的，套用一句陆游的赞语，不妨说是：“听之遗声利、冥得丧，如见谭氏鑫培，悠然意消。”不是么？马氏此时听到的是余叔岩的“得鑫培之遗风余韵，歌音顿挫处无俗响”，想到的是“往年观谭鑫培演此，出神入化，可谓观止”，那些“肠回意惨”“悲从

---

① 《中国艺术精神》，春风文艺出版社 1987 年版，第 61 页。
② 《庄子今注今译》，中华书局 1983 年版，第 117、121 页。
③ 同上书，第 205、207、208 页。
④ 转引自李壮鹰《中国诗学六论》，齐鲁书社 1989 年版，第 274 页。
⑤ 同上。

中来”“悲愈甚”自然也就遗忘了。试想若马氏在听余的过程中，对于“国将亡耶”，念兹在兹，始终不忘，那还能有“如食橄榄”之“味”吗？恐怕只能是继续“意惨”而绝不会“意消”的。事实上，马氏听余的“当下”，对这些确乎是“忘”了的，不然就无所谓“忽起一念了”（可以推想，马氏是在听余达到意兴的高潮，或者说是处于马斯洛的所谓高峰体验的那一“瞬”时，而“忽起”“国将亡耶”的“一念”的）。

徐复观说，“能‘忘’故能‘游’”①，马氏正是因“忘”才“游”在“听余叔岩歌”中的。

2. “乘物以游心”的审美胸怀

“游”须得要“忘”，如何才能“忘”呢？这就要靠“心境空明”了。徐复观认为，要达到“心斋”和“坐忘”须通过两条道路，“一是消解由生理而来的欲望，使欲望不给心以奴役，于是心便从欲望的要挟中解放出来”；“另一条路是与物相接时，不让心对物作知识的活动；不让由知识活动而来的是非判断给心以烦扰，于是心便从知识中无穷地追逐中，得到解放，而增加精神的自由”。② 这就是说，只有彻底排除因“欲”、因“知”带来的利害、得失，是非的计较、判断，心境才能空明，那么也就在事实上忘怀了一切。庄子在这里提出的是审美活动中的一个重要命题，就是它的超（非）功利性。这种超（非）功利性在人们的日常生活中，当然是不易做到的，但它在审美活动中却做得到，而且必然做到，否则你就无法把握到美，因为你“心”不“空”，“境”不“明”；而一旦为利害、得失、是非所充塞，其“心”又如何能“游”呢？

马叙伦正是带着这种超越功利的空明的心境去听余叔岩歌，去“游心”的。

我们知道，马叙伦在实际生活中，其功利是非观念极强，在人们的心目中，他是一位民主的斗士，他也曾自称是“革命阵线上的一个小卒”：辛亥革命前他就参加了同盟会，主编过宣传排“满”的《国粹学报》；民国后袁世凯称帝时，他曾愤然离职，有“挂冠教授”之称；而1946年6月他更有率上海市人民团体代表团赴南京请愿要求和平而在下关遭国民党特务毒打的无畏之举，等等。这里之所以不厌其烦而大谈马氏的革命历史，只是想说，何以这样一个忧国忧民的“斗士”，会在“国将亡耶”的民族危亡之际，跑去听什么余叔岩，而且听的是与当时国内外形势都八不相干的什么《问樵闹府·打棍出箱》，似乎令人多少有些不可思议——这合乎马叙伦吗？

---

① 《中国艺术精神》，春风文艺出版社1987年版，第93页。

② 同上书，第62、63页。

合乎革命的马叙伦吗？

是的，这不大合乎革命的马叙伦，但是，这合乎审美的马叙伦。当然，我们可以设想，马氏视剧场如战场，带着他的“肠回意惨，悲从中来”的悲愤心情去“开明”，去指斥那些“座无虚席”的满场观众，为什么在这“国将亡”时来听这无助于救国救民的余叔岩。但是马氏未这么做。我们注意到，马氏是带着“悲愈甚”的心情到剧场去的，因之，在事实上他并没有完全忘记“国将亡”，故此才有“此时此中曾有人念及”与否的疑问（这也正是马叙伦之为马叙伦之处）；然而，马氏毕竟并未因此而干扰了自己，而是如庄子所说“用志不分，乃凝于神”（《达生》）地去品味余叔岩。这是因为，第一，马氏进剧场本来就是为暂时地排除这因“国将亡”所带来的“惨”和“悲”的；第二，更主要的则是他懂得通过“听余叔岩”是可以排除这种“惨”和“悲”的。

这里，我们又要说到与“游”相关的庄子的另一个观点了，这就是“人皆知有用之用，而莫知无用之用也”（《人间世》）。照徐复观的说法“无用”是“游”的基本条件，“游”的基点，就“是从现实的实用观念中得到解脱”；而“‘无用’在艺术欣赏中是必须的观念”①。在马叙伦听余叔岩歌这里，我们正看到了这种“有用”“无用”的辩证关系；“念及国将亡”是“无用”的；但它对“解”除“肠回意惨，悲从中来”却是“有用”的。或者更应该说，正因为有了“无用”于“国将亡”的“念及”，才能“有用”于“肠回意惨，悲从中来”的“解”除。这不正是庄子的“无用之用”吗！恰如钱穆所说：“乱世衰世，人心之哀怨多于和乐，故如平剧（即京剧）所唱，乃亦使听者心中得一大解放、一大安慰，音乐仍不失其陶冶心情之功用。”②

我们知道，马叙伦是以《庄子义证》称世的庄学大学者，他自然是懂得“无用之用”的道理的。

3.“至人”“圣人”的审美鉴赏

庄子有“至人无已，神人无功，圣人无名”（《逍遥游》）之说，这些“至人”“神人”“圣人”可以说都是能游的人，因之，他们才可以是美的创造者，也才能成为美的鉴赏家。这里我们只说后者。

作为审美主体的接受者是有层次的，并不是每一个接受者都能抵于“游”的高度。《礼记·乐记》说，“乐者乐也。君子乐得其道，小人乐得其欲”。这里的“乐得其欲”的“小人”当然是不能“游”的；还有那些拘

① 《中国艺术精神》，春风文艺出版社 1987 年版，第 55、56 页。

② 《现代中国学术论衡》，岳麓书社 1986 年版，第 259 页。

于“有用无用”、耽于某种情感（如前述的那种以为梅兰芳的唱“愁时不够苦恼”“哭时不够伤心”者）以及囿于是非得失的接受者，都是不能“游”的，而只有在艺术领域里获得精神自由的人，才能去“游”。若为“欲”、为“用”、为“情感”、为“是非”，便自受了束缚，何来自由？又何来“游”？

什么是“自由的人”？读过朱自清的名篇《荷塘月色》的人，恐怕都记得这么一段描述：

> 像今晚上，一个人在这苍茫的月下，什么都可以想，什么都可以不想，便觉得是个自由的人。白天里一定要做的事，一定要说的话，现在都可不理。

这就是“自由的人”。想的可不想，做的可不做，说的可不说，脱去了“欲”“用”，脱去了“情感”“是非”，于是，朱先生便得以“受用这无边的荷香月色”。

我们看到，马叙伦也是这样“自由的人”，至少是在那个晚上（如同朱自清一样），在那个“听余叔岩歌”的晚上，他是一个“自由的人”。

那么是否可以说，只要做到在观照某个审美对象时“忘怀一切”便可以成为“自由的人”呢？还不能这么说。“忘怀一切”在这里还只是个必要条件，没有它，固然不能成为“自由的人”；但有了它，也未必一定能成为“自由的人”。比如，在那个有“荷塘”有“月色”的晚上，假如是另一个人，他同样也不想、不做、不说，可是他对“荷塘”，对“月色”毫无兴趣，更准确地说他既领略不了“不能朗照”的“月色”的“别有风味”，又观照不到“曲曲折折的荷塘上面”“田田的叶子”的“风致”，何来“无边的荷香月色”的“受用”？又怎么能成为“自由的人”？这里的关键在于，他把握不到审美对象的“美”之所在，用庄子的话说，是未能“闻道”，（《大宗师》）也就是说，还不能在美的王国里获得自由。

虽然，这里所谓的“自由”与前面所说的（因“忘怀一切”而得到的）“自由”是不同的。庖丁解牛时，其动作，其声响，“莫不中音，合于《桑林》之舞，乃中《经首》之会”，文惠君惊诧他何以有这么好的技术，他答道：“臣之所好者道也，进乎技矣。”（《养生主》）庖丁所谓的“道”，就是经由其所获得“游刃有余”的自由而达到的艺术的创造、美的创造。这是对美的创造者而言。然而，对于美的欣赏者而言，又何尝不是如此？其所好者又何尝不是“道”？我们前面所引《礼记·乐记》，不就是说“君子乐得其道”吗？

“道”作为中国哲学的一个范畴，其主要方面是指某种规律、法则的东西。庖丁之所以能取得解牛的自由，就在于他“依乎天理”“因其固然”，掌握了其规律、法则。同理一个接受者，只有如庖丁般地掌握对象的规律、法则，才能取得欣赏的自由，成为“乐得其道”的“君子”。

我们再看马叙伦，可以说他是大得京剧之“道”的：言谭鑫培出神入化，言余叔岩无俗响，言马连良直小巫耳，言谭小培毫无父风，这就不是一般地懂得京剧的规律、法则了，而是鉴赏，是大的鉴赏，是官止神行、游刃有余的鉴赏。马氏有言：“今观余叔岩演此，又如食橄榄，可数日味矣。”行文至此，我们可以说了，马氏正是在取得双重自由（忘怀一切的精神自由、游刃有余的鉴赏自由）的充分而必要条件的前提下，而获得“可数日味”的美感的。

庄子在《田子方》中，借老子和孔子的对话，提出了“吾游心于物之初”；而其关于何谓“游心于物之初”和如何才能“游心于物之初”的问答，恰恰就涵摄着认识某种事物的本源、规律（亦即“道”）和不让外物困扰内心（亦即“忘”）的两方面的思想；① 而在庄子看来，若能达到“游心于物之初”的境界，便是“至美至乐也，得至美而游乎至乐，谓之至人”。依此而论，马叙伦即是“得至美而游乎之乐”的“至人”。

姚秉正，孔庙和国子监博物馆助理馆员

① 参看陈鼓应《庄子今注今译》《田子方》篇文前提示及注释、今译，中华书局1983年版，第528、541、542、543页。

◇陆锡熊"题匾"赘言

◎ 陈春玲

【摘　要】2015年11月28日至12月30日，宁波教育博物馆联合北京孔庙和国子监博物馆、北京励志堂科举匾额博物馆在宁波教育博物馆共同推出"首善之地，昌明国学：北京孔庙国子监文化艺术展暨古代科举匾额文化展"。在展出的22块匾额中，有一块匾文为"经传累叶"的大型匾额引起笔者注意，因为这是与纪晓岚同样出名的清代官员陆锡熊题写。本文主要对此匾进行了历史考证。

【关键词】陆锡熊　经传累叶　匾额

2015年11月28日至12月30日，宁波教育博物馆联合北京孔庙和国子监博物馆、北京励志堂科举匾额博物馆在宁波教育博物馆共同推出"首善之地，昌明国学：北京孔庙国子监文化艺术展暨古代科举匾额文化展"。在展出的22块匾额中，有一块匾文为"经传累叶"① 的大型匾额引起笔者注意，因为这是与纪晓岚同样出名的清代官员陆锡熊题写的。

陆锡熊，字健男，号耳山，上海人。乾隆二十六年（1761）进士，召试授内阁中书，累迁刑部郎中。

陆锡熊是一位满腹经纶的学者，他为谁题写"经传累叶"之匾？此匾的上款和下款写了什么内容？让我们来细读一下（括号里的文字为笔者加注）。

上款：使者（陆锡熊自称）临汀（地名，自南宋以来便是福建路的一个郡，下辖长汀、宁化、上杭、武平、清流、莲城六个县）童试（童试即科举时代参加科考的资格考试，在唐、宋时称州县试，明、清称郡试，包括县试、府试和院试三个阶段的考试）中得罗姓同族者五人，而罗子采最幼，丰仪俊爽（赞其仪表有丰采，风姿绰约），甚（非常）器（器重）之。

① 累叶，犹累世。《后汉书・耿弇传论》："三世为将，道家所忌，而耿氏累叶以功名自终。""经传累叶"大致含义是"家学深厚，代有传人"。

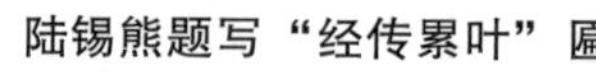
陆锡熊题写“经传累叶”匾

廪保（童生应考要有廪保二人，一个是官方指定的派保，另一个则由考童央请，俗称认保。当时考童对廪保，多少总得送一份礼）乃祖元。前谢询之元子（元子泛指长子）纬，亦列胶庠（胶庠，周代学校名。周时胶为大学，庠为小学，后世通称学校为“胶庠”）。其先人懋熼、嶷征、承钟，峻俱（指业峻鸿绩，功业高，成绩大）名噪（指由于名声高而引起人们的极大关注）。泮林（泮水边的林木。出处在《诗·鲁颂·泮水》：翩彼飞鸮，集于泮林，食我桑黮，怀我好音。成语“泮林革音”，比喻在好的影响感化下而改变旧习性）家学，渊源相承七叶（七世）矣。将来缵戎［《诗·大雅·韩奕》：“王亲命之，缵戎祖考，无废朕命。”孔颖达疏：“王身亲自命之云：汝当绍继光大其祖考之旧职，复为侯伯，以继先祖，无得弃我之教命而不用之。”后以“缵戎”指继承帝业或祖业］祖考（祖先），充闾（即光大门庭）亢宗（即庇护宗族），于（对）采（指罗采）有厚望焉。因（因此）为（题）匾以赠。

下款：钦命（皇帝的诏命）都察院（清代都察院是法纪监督机关，既审核死刑案件）左副都御史（为都察院左右都御史的副职，分左右，正三品）提督福建学政（学政为古代学官名，提督学政，主管一省教育科举，简称学政，俗称学台，正三品）加一级纪录十次（“加一级纪录十次”来源于清代对官员的一种考评制度，据《清会典·吏部》卷 11 记载：“凡议叙之法有二：一曰纪录，其等三，有纪录一次、纪录二次、纪录三次之别；二曰加级，有加一级、加二级、加三级之别，合之，其等十有二。”官员得到议叙，遇有升迁可随带以示荣誉，对于考核也是具有评定优劣等次的依据。官员因过受降级、罚俸处分时，可以本人所得之“加级、纪录”抵销。如纪录一次抵销罚俸六个月；军功纪录一次，抵销罚俸一年，纪录四次，可抵销降一级等类推。但若是大过，必须实降实罚时，则不准抵销。所以，在清代文献中，常见某某官员加若干级、纪录若干次的记载。由以上可以看出，纪录和加级都是用于议叙官员的，有具体政绩才能纪录，有纪录才能加级，有纪录、加级才能加衔。“加一级纪录十次”说明陆锡熊对朝廷有相当的贡献）陆锡熊为岁进生员（明、清指经本省各级考试入府、州、县学者，通名生员，习称秀才，亦称诸生）罗采立。乾隆丁未伍拾贰年（1787）菊月（即九月。古时，有人将一月称为“瑞月”，二月称为“花月”，三月称“桐月”，四月称“梅月”，五月称“蒲月”，六月称“荷月”，七月称“兰月”，八月称“桂月”，九月称“菊月”，十月称“阳月”，十一月称“辜月”，十二月称“霜月”）谷旦（“谷旦”一词源自《诗经·陈风·东之门》，诗中有：“谷旦于差，东方之源”之说。《毛传》解说：“谷，善也。”《辞海》中的“谷旦”，是表示晴朗美好的日子）。

1787年9月，身为朝廷重臣的陆锡熊怎么跑到福建临汀去主持“童试”去了？

这里有一段故事。乾隆三十八年（1773）是陆锡熊一生的转折之年。这一年，乾隆皇帝下令在广泛搜集民间图书的基础上编修《四库全书》，任命陆锡熊与纪昀（晓岚）为总纂官，主持《四库全书》的编写工作，同时又派陆锡熊担任《永乐大典》总校工作，升任为翰林侍读。从此，陆锡熊成为乾隆身边的重要文臣，越来越受到乾隆的重用。

乾隆四十六年（1781）年底，第一部《四库全书》抄写完毕，藏于北京皇宫内的文渊阁。第二年，第二部《四库全书》抄写完成后，陆锡熊就奉命与盛京（即今辽宁省沈阳市）将军永玮一起押运全书及御制“文溯阁”匾额去沈阳，藏书于沈阳故宫的文溯阁中。待七部《四库全书》陆续抄成，没想到乾隆五十二年（1787）三月，乾隆皇帝在阅读进呈的《四库全书》时，发现其中收录的明末清初人李清的《诸史同异录》，把顺治皇帝与明朝的崇祯皇帝相提并论，还说这两位皇帝有四样事相同，这让乾隆大为恼火。过了一两个月，他在翻阅文津阁全书时又发现有多处的抄写错误和触犯忌讳的词句，就委派和珅等官员对收藏于北京、承德的三部《四库全书》进行检查，从中发现了多处问题，乾隆于是下旨“着将文渊、文源、文津三阁书籍所有应行换写篇页及装订挖改各工价均令纪昀、陆锡熊二人一体分赔”。

《四库全书》是由人工抄写成书的，据统计先后曾有3826人担任抄写工作，这么多的人参与其事，难免会出错。

这时，陆锡熊已到福建担任学政，在得知《四库全书》中竟然出现抄写错误，而留在京城任职的纪昀仍在辛苦地赔写和检校。性格敦和、极重人谊的陆锡熊不忍让纪昀独自承担校书的重任，并想到了由他亲自送到盛京的文溯阁《四库全书》，于是在任满后奏请朝廷要求赴盛京详校文溯阁《四库全书》。就这样，陆锡熊放弃了升任之途，乾隆五十五年（1790）二月，奉旨前往盛京校书。经过七个多月的辛苦工作，陆锡熊等人终于将文溯阁全书做了细致的校对。长期夜以继日的校书工作极大地损害了陆锡熊的健康，他因此患上了多种疾病。乾隆五十六年（1791）十二月，各阁《四库全书》脱落遗漏及伪舛之弊再一次暴露，陆锡熊忧心如焚，又奏请朝廷，阐明重新校阅，于是在第二年年初，他第二次起程前往盛京校书。日夜兼程，风尘仆仆到达了盛京，他经受不住连日的冰雪严寒，就此一病不起，当年3月17日病逝，时年59岁。王昶评价陆锡熊时提到编纂《四库全书》，认为他做出了“腾今迈古，千载未有”的历史贡献。

“经传累叶”之匾正是陆锡熊在福建任学政时，为一名叫罗采的岁进生员题写的。尽管罗采还只是个秀才，但陆锡熊依然欣然为他题匾，给予厚望。陆锡熊的行书厚重又潇洒，请他题写匾额的还有别的生员。譬如，笔者从网页上又搜集到他为新进生员陈绍宗题写“儒宗领袖”，这四字比起“经传累叶”四字来更显刚劲魄力。

笔者在上海豫园的湖心亭也看到过他撰写的碑记，从碑记中你可以读到他拳拳的爱乡之心。

豫园湖心亭始建于清乾隆四十八年（1783），系明代四川布政使潘云端私家园林豫园中一景。咸丰五年（1855）此地改为茶楼。由于茶楼设在保护性明清结构的亭园建筑中，如今已成为上海人文历史的标志之一。当年陆锡熊撰写的《湖心亭碑记》记载：“八窗洞辟，循桄俯临，然后鱼鸟之出没，烟云竹树之暗霭，而倩丽无不尽于四瞩，因名之曰湖心亭。而砻石请识岁月。夫以数亩之园，一泓之池，视钱塘之西湖曾不足比拟百一。”杭州西湖之美世人皆知，但陆锡熊夸赞豫园湖心亭之美竟然大大超越杭州西湖，说明他对家乡上海的无比热爱。

雍正十二年（1734），陆锡熊出生在上海浦东的一个官宦书香之家。陆锡熊从小资质过人，勤奋好学。乾隆二十六年（1761），陆锡熊参加科举考试，中进士。第二年，乾隆皇帝南巡，召见他面试，评为一等，授内阁中书之职。之后，陆锡熊连续受朝廷委派主持山西、浙江、广东等地乡试及京师会师，并升任刑部郎中。

陆锡熊在主持浙江乡试时有否到过宁波有待考证。

或许陆锡熊与宁波没有什么瓜葛，但陆锡熊参与总纂的《四库全书》确与宁波有很大关联。

乾隆三十八年（1773），在北京正式开设了“四库馆”。一时之间，北京的“四库馆”内，鸿才硕学荟萃一堂：总纂官纪昀是个通才，戴震擅长经学、历数、音韵，姚鼐擅长文学、理学，翁方纲擅长金石学，王念孙擅长文字学、经学，陆锡熊擅长历史学，周永年擅长校勘学……这是一个360人组成的大机构，由皇室的郡王及大学士16人为总裁，担任正总裁的则是乾隆帝的第六子永瑢，他们聚集在一起开始纂修《四库全书》。直到乾隆四十七年（1782），全书告成。这部大丛书总计存书为3470部，共79070卷；存目6766部，共93556卷。书成之后，先缮写了4部，存放在北京大内的文渊阁、圆明园的文源阁、盛京（沈阳）的文溯阁、河北热河行宫避暑山庄的文津阁；接着又缮写了3部，分放在江苏扬州大观堂的文汇阁、镇江金山寺的文宗阁、浙江杭州的文澜阁。从四库馆开馆到七阁书完成，前后历时整整17年。

在正式开设四库馆的前一年，即乾隆三十七年（1772）正月，乾隆以编《四库全书》为由下诏，向全国各地征书；乾隆三十九年（1774）八月下诏谕销毁“有关碍”之书——据陈乃乾《禁书总目》的统计：被销毁的书至少在10万部左右（包括一些复本），册数就无法计算了。这个数字是《四库全书》著录与存目总数的10倍。

乾隆编《四库全书》的功与过自当别论，当年征书下诏时，人们对“文字狱”心有余悸，如惊弓之鸟，躲避犹恐不及，哪敢积极献书，各地的督抚们也抱观望态度。于是，第二年乾隆又下诏谕，并把当时中国“人文渊薮”的江苏、浙江两省作为重点，点名要两省的藏书家，如江苏的“传是楼”“述古堂”，浙江的“天一阁”“小山堂”等献书。

当年，范氏后人审时度势，突破家规，挑选善本，应诏进京。深得乾隆皇帝赏识。乾隆称：“浙江范懋柱家所进之书最多，因加恩赏给《古今图书集成》一部，以示嘉奖。闻其家藏书处曰天一阁，纯用砖甃，不畏火烛，自前明相传至今，并无损坏，其法甚精……今办《四库全书》，卷帙浩繁，欲仿其藏书之法，以垂久远。”宁波范氏天一阁从此跨出江浙，迈向全国，成为享誉海内外的中国第一藏书楼。后来，天一阁进呈本之书，近六分之一全本抄入《四库全书》，七分之五入选《四库全书总目》。天一阁进呈图书总计640种，比扬州马裕家略少，名列第二，但是论质量，天一阁进呈本绝对一流。它的进呈本以明代文献为主，有明人著述413种，其中不见于

《明志·艺文志》著录的有250余种，多为有关边疆、海防，有裨实用，有关国计民生的著作，具有不可磨灭的历史文献价值。也有各类《诗话》，如《竹庄诗话》二十四卷（浙江范懋柱家天一阁藏本）不著撰人名氏。钱曾《读书敏求记》作竹庄居士，不知何时人。遍蒐《古今诗评》《杂录》，列其说于前，而以全首附于后，乃诗话之中绝佳者。考《宋史·艺文志》有何谿汶《竹庄诗话》二十七卷，盖即此书。惟今本二十四卷，其数少异。或传写佚其三卷，或后人有所合并。

天一阁藏书普通人岂能读到？但有了纪昀、陆锡熊等共同编纂的《四库全书》，现在的你至少能读到当年范氏所进呈的六分之一的图书——106种。

陈春玲，就职于宁波教育博物馆，中学高级教师

◎2016 年大事记

1. 2016 年 1 月 28 日，孔庙和国子监博物馆召开了 2016 年退休职工新春座谈会。

2. 2016 年 1 月 29 日，孔庙和国子监博物馆与周边居民举办新春联谊会。此次联谊会，加强了博物馆与周边居民的沟通联系，增进了和社区之间的友谊，对做好春节期间烟花爆竹安全管理工作奠定了坚实的基础。

3. 2016 年 2 月 2 日，孔庙和国子监博物馆“金猴贺春——中国画名家联合展”开幕。此次画展由孔庙和国子监博物馆、李可染画院、中国艺术研究院美术创作中心、文华阁画院等单位联合举办。

4. 春节前夕，孔庙和国子监博物馆工会开展节前慰问活动。按照总工会“送温暖”的工作要求，馆领导分别带领相关人员，上门探望退休劳模、老专家、退休的老领导以及困难职工、困难党员和身体患病的职工，并对全体职工送上新春祝福。

5. 2016 年 2 月 4 日上午，北京市东城区副区长王中华来我馆检查消防安全工作，并对春节期间的电检工作、消防安全工作、增派保安力量等工作提出了具体建议。博物馆针对馆内安全进行消电检，并增加消防器材，按点位图进行防控，并与社区联防，确保春节期间的消防安全。

6. 2016 年 2 月 8 日（大年初一），孔庙和国子监博物馆为继承和弘扬中国传统文化，普及传统文化知识，开展“喜庆迎新春，欢乐猜谜语”活动，猜谜活动所涉及的内容是国学传统文化知识，既有趣味性，又有启迪性，为国学圣地增添了节日气氛。

7. 2016 年 3 月 8 日，“墨池古韵——郑怀义书法展”开幕式在国子监彝伦堂举行。本次展览由中共北京市委直属机关工作委员会主办，北京市老年书画研究会、孔庙和国子监博物馆承办。

8. 2016 年 3 月 31 日，孔庙和国子监博物馆召开第五轮岗位竞聘大会。

9. 2016 年 4 月 1 日—15 日，在国子监举办“问道 · 汤立花鸟画展”。此次展览与北京中文国艺会展中心合作，为书画专家和广大书画爱好者搭建一个鉴赏、收藏的平台，丰富了群众的文化生活。

10. 2016年4月4日，孔庙和国子监博物馆在孔庙举行了一年一度的祭拜孔子活动，我馆职工在孔庙一进院孔子像前向至圣先师行四拜礼，并为游客准备了祭拜用的鲜花，引领游客手持鲜花，恭敬肃穆地鞠躬缅怀先师。

11. 2016年4月23日，世界读书日当天，史家小学举办“学贯中西　博学多闻——史家小学读书会”活动，孩子们通过学习传统文化、分享读书心得、拍摄公益短片等在博物馆度过了一段意义深刻的美妙时光。

12. 2016年5月18日，是第40个国际博物馆日，孔庙和国子监博物馆根据博物馆日主题“博物馆与文化景观”，为继承和弘扬中国传统文化，展示北京文博战线风采，开展了一系列内容丰富、形式多样的主题宣传活动。其中包括《走进孔子看儒家》主题讲座、《礼乐文化》展览、手绘地图寻宝集章以及文化交流小卡片等活动。

13. 2016年7月4日，为纪念中国共产党建党95周年，孔庙和国子监博物馆党总支组织全体党员和入党积极分子到房山区没有共产党就没有新中国纪念馆开展“寻梦之旅”实地党课教育活动。

14. 2016年7月14日，局副巡视员田淑芳同志，于国子监敬一亭做了以“认清重大意义、强化政治自觉，努力学习，做一合格共产党员”为主题的专题的党课。

15. 2016年7月18—22日，为深入宣传中国优秀传统文化，进一步发挥博物馆中小学生社会大课堂职能，丰富学生暑期生活，由孔庙和国子监博物馆精心策划组织的，依托利用孔庙和国子监博物馆丰厚的历史文化资源，成功地举办了“走进古代最高学府国子监——体验‘小小太学生’”主题暑期夏令营活动。

16. 2016年7月21日，由北京师范大学二附中、北京师范大学党委宣传部共同主办，孔庙和国子监博物馆承办的“家道共话”第二届中学生中华传统文化传承高端论坛活动在孔庙和国子监博物馆拉开帷幕。此次活动共有来自内地、港澳台、新加坡等地的39所学校、42个代表队、200多名学生参加。

17. 2016年8月29日，孔庙和国子监博物馆党总支召开中心组理论学习扩大会，组织中心理论组成员及博物馆中层以上领导干部，围绕“严守纪律、做合格党员”进行专题学习。

18. 2016年8月5日—7日，孔庙国子监完成可移动文物普查数据。根据文物局博物馆处工作要求，将我馆全部1843条普查数据提交给中国文物信息咨询公司。

19. 2016 年 8 月 17 日—19 日，由秦皇岛市国学研究会主办、国际儒学联和会、河北省国学学会等指导的第四届北戴河国学论坛，中国孔庙保护协会常务副会长、孔庙和国子监博物馆馆长吴志友应邀参会，并做了《国学圣地，守望传统，让文物文化活起来》的主题演讲。

20. 孔庙和国子监博物馆内石刻文物在经历了数百年外界自然因素的破坏后，碑体表面出现了不同程度的风化，为尽力保存馆藏石刻文物的历史信息，截至目前，孔庙和国子监博物馆已对馆内石刻文物先后开展了两期数据采集和三维测绘扫描工作。主要采用数码拍摄和三维扫描方式，对石刻文物进行原始数据采集并对采集到的原始数据进行后期加工，完成了对碑身文字和纹路的三维数字化保护工作、完成了对碑身文字和纹路的虚拟修复、完成了碑文整理和三维数据存档等工作。

21. 2016 年 8 月 19 日，中共孔庙和国子监博物馆党总支严密部署、抓紧落实、切实做好换届选举和党费收缴工作。

22. 中共孔庙和国子监博物馆党总支部组织干部职工参观“英雄史诗不朽丰碑——《纪念中国工农红军长征胜利 80 周年主题展览》”。

23. 2016 年 9 月 28 日，祭孔大典在孔庙国子监博物馆隆重召开，今年是至圣先师孔子 2567 年诞辰，今年祭孔大典的亮点在于：一是确保孔氏后裔参与；二是欢迎大众参与，使更多的人在仪式中得到教化，感受庄严的氛围。

24. 2016 年 9 月 26 日，孔庙和国子监博物馆顺利通过局可移动文物验收，验收工作组听取了保管部馆藏品保管工作的汇报，随后分别对我馆建账建档情况及被抽检的 92 件藏品进行了账物卡核对。

25. 2016 年 10 月 24 日，孔庙和国子监博物馆参加中国孔庙保护协会第十九次年会。此次大会由中国孔庙保护协会主办，德阳市文化广播影视新闻出版局、德阳文庙承办，来自全国 78 家孔庙单位的 220 名代表参加会议。陈静书记代表协会向全体理事单位做《中国孔庙保护协会第十九次年会报告》。孔庙和国子监博物馆被授予“全国孔庙保护先进单位”，副馆长高树荣被授予“全国孔庙保护先进个人”。

26. 2016 年 10 月 25 日，孔庙和国子监博物馆顺利通过 4A 级旅游景区复核，检查组分别对博物馆的景观建设、旅游服务、环境卫生、安全保卫等进行了实地检查，并查看了博物馆的各项规章制度、日常管理记录、特殊时期和高峰时期的保卫预案、游客调查及游客投诉记录、文创产品等实物和文字资料。

◇征稿启事

《孔庙国子监论丛》前身为《孔庙国子监丛刊》，于 2006 年正式创刊。全馆上下一直非常重视科研工作，《孔庙国子监论丛》主要为我馆年度科研工作的论文集，不但为馆内外研究人员提供了一个学术文化平台，它也日益成为我馆展示优秀学术成果、拓展对外文化交流的重要窗口，且不断为我馆推出的各项陈列展览及大型文化活动提供智力支持。现向博物馆全体职工、社会各界及海内外相关专家学者发出征稿启事：

1. 稿件以孔庙研究、国子监研究、儒家思想研究、古代教育及科举制度研究、博物馆学研究等几个方面为主题。

2. 要求稿件观点鲜明，脉络清晰，层次分明，语言流畅。

3. 稿件字数原则上控制在 3000—7000 字，文前有摘要及关键词；引文标明出处；文末标明参考文献。

4. 稿件应是作者原创，若抄袭他人者，一经发现，不予录用。

5. 引用他人论著一定要用页下注注明作者、论著名、出版社（或期刊）、出版（或发表）时间、第几页等出版信息。

6. 禁止一稿多投，一经采用，即刻与您取得联系。

7. 每年 3 月 10 日前确定并提交论文题目，以免出现研究题目重复的现象。征稿截止时间为每年 7 月 10 日，作者按照征稿通知的要求，提交论文的电子文本（宋体小四号字）。

8. 研究部组织学术委员会专家匿名评审论文。委员严格按照征稿通知的要求评审论文，并标明是否录用。在不被录用的论文后，详细写出评语和不被录用的原因。

9. 来稿请寄：北京市东城区孔庙和国子监博物馆研究部，邮编：100007
电子邮件：149238703@ qq. com　　电话：010 - 64065795
联系人：常会营

孔庙和国子监博物馆研究部
2016 年 12 月